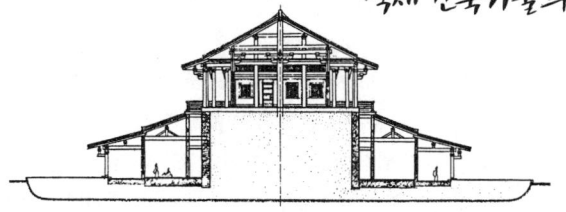

백제 건축기술의 대일전파

서경문화사

책머리에

필자의 고향은 백제의 고도 공주다. 초등학교부터 고등학교까지 봄·가을 소풍은 공산성과 곰나루, 그리고 무령왕릉이 매번 빠지지 않았다. 특히 공산성에서 이루어진 초등학생시절 보물찾기는 산성 곳곳을 헤매야 하는 적지 않은 고역을 주기도 했지만 이곳에서의 추억은 오늘의 필자를 가능케한 근간이 되었다.

공주대학교 대학원 사학과에 입학한 후 「백제 금동보살상의 조형적 특성」으로 석사학위 논문을 제출하고 불교고고학으로 전공을 바꾸었다. 박사과정 중 지도교수이신 장경호 선생님으로부터 현 우리나라 절터 발굴에 대한 인식부족과 연구성과의 미흡을 듣게 되었기 때문이다. 그 후 연구 과제를 찾던 중 건물의 하부 구조에 관심을 기울이면서 자연스레 건물지의 '기단'으로 초점이 맞춰졌다.

기단에 대한 관심은 와적기단을 필두로 하여 점차 이중기단, 가구기단 등으로 확대되어 갔고, 기단의 주체였던 백제의 造寺工에까지 이르렀다. 특히 『일본서기』 588(위덕왕 35)년조에 기록된 조사공의 일본 파견은 필자가 진행해온 기단연구의 주된 내용을 이루게 되었다. 또한 寺址 편년과 관련된 와당 및 瓦窯는 백제의 와박사와 직접적으로 연결되어 같은 테마속에서 다룰 수 있었다.

이러한 일련의 연구는 곧 『일본서기』에 기술된 백제의 장인 혹은 박사들의 건축기술이 비조·백봉·천평시대의 일본 건축문화에 그대로 투영되었음을 밝히는 한편, 그 모태가 사비천도 후 사지를 비롯한 백제의 여러 건물 유적에 존재하였음을 드러내는 작업이었다.

이 책은 위와 같이 백제와 일본의 대외교섭을 주제로 한 박사학위 논문을 부분적으로 수정한 것이다. 발굴조사 증가에 따라 유적 사례가 늘어나면서 와적기단의 새로운 형식 및 축조기법이 첨가되고 과거에 발굴된 이중기단 역시 새롭게 해석되면서 논문의 수정은 불가피하게 되었다. 필자의 게으름으로 모두다 수정되지 못하였지만 연구 과제로 삼아 꾸준히 진행해 보고자 한다.

  필자가 박사학위 논문을 쓰기까지 상명대학교 박물관장 최규성 선생님과 기전문화재연구원장 장경호 선생님, 그리고 기단에 대한 개념을 정의해준 김동현 선생님의 은혜는 이루 헤아릴 수 없다. 아울러 이호영 선생님과 황선희 선생님께서는 문장 하나하나를 매끄럽게 손질하는 수고를 마다하지 않으셨다. 다시 한번 깊이 감사드린다.

  학부때부터 현재에 이르기까지 고고학이라는 새로운 학문을 접하게 해주신 고 안승주 선생님과 이남석 선생님, 그리고 매사 게으르지 않도록 지도 말씀 해주신 윤용혁 선생님과 이해준 선생님의 은혜 또한 잊을 수 없다. 자료 정리에 도움 말씀을 주신 전 충청매장문화재연구원 박용진 원장님과 최맹식 선생님, 김종만 선생님 및 동학 선후배께도 지면을 빌어 감사를 드린다. 특히 이 책을 흔쾌히 출간해 주신 서경문화사 김선경 사장님과 교정·편집에 세심한 노력을 아끼지 않은 편집부 여러분께도 고마울 따름이다.

  끝으로 이 책이 나오기까지 많은 걱정을 해 주신 부모님, 그리고 휴일 대부분을 현장에서 마음 편하게 지낼 수 있도록 도와준 아내 및 아들 나한이게도 이 기회를 빌어 고마운 마음을 전한다.

조 원 창

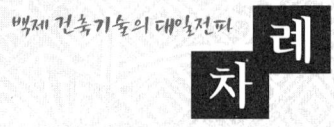
백제 건축기술의 대일전파
차례

I. 序論 / 13

II. 百濟 佛敎文化의 傳播 / 31
　1. 佛敎의 傳播 / 34
　2. 造寺工과 瓦博士의 派遣 / 42

III. 瓦積基壇의 築造術 / 49
　1. 百濟 瓦積基壇의 始原과 遺蹟現況 / 50
　2. 瓦積基壇의 型式分類와 編年 / 92
　3. 瓦積基壇 築造術의 日本 傳播 / 103
　4. 濟·日 瓦積基壇 築造術의 比較 檢討 / 129

IV. 二重基壇의 築造術 /137

1. 百濟 二重基壇의 始原과 遺蹟現況 / 138
2. 二重基壇의 造營的 特徵과 變遷 / 163
3. 二重基壇 築造術의 日本 傳播 / 172
4. 濟·日 二重基壇 築造術의 比較 檢討 / 196

V. 製瓦術 / 201

1. 熊津遷都後 百濟瓦當의 中國 南北朝要素 檢討 / 202
2. 熊津遷都後 百濟瓦當의 文樣變遷 / 224
3. 日本 飛鳥寺 瓦當의 製作과 其他 遺蹟出土 瓦當 / 281

VI. 結論 / 313

參考文獻 / 324

圖面目次

【圖面 1】臨流閣址 平面圖 / 53
【圖面 2】臨流閣址 出土 塼土混築基壇 / 53
【圖面 3】官北里 平積式 瓦積基壇 建物址(a) 平面圖 / 57
【圖面 4】陵寺 伽藍配置圖 / 62
【圖面 5】扶蘇山廢寺址 伽藍配置圖 / 66
【圖面 6】扶蘇山廢寺址 西回廊址 平積式 瓦積基壇 平·立面圖 / 67
【圖面 7】扶蘇山城 西門址 周邊 平積式 瓦積基壇 建物址 平·斷面圖 / 70
【圖面 8】定林寺址 講堂 西偏 平積式 瓦積基壇 建物址 平面圖 / 73
【圖面 9】錦城山 平積式 瓦積基壇 建物址 基壇 立面圖 / 78
【圖面 10】錦城山 平積式 瓦積基壇 建物址 土層圖 / 78
【圖面 11】窺岩面 外里遺蹟 平積式 瓦積基壇 建物址 平·斷面圖 / 80
【圖面 12】軍守里廢寺址 伽藍配置圖 / 85
【圖面 13】穴太廢寺 伽藍配置圖 / 106
【圖面 14】高麗寺 塔址 平積式 瓦積基壇 平·斷面圖 / 117
【圖面 15】樫原廢寺 8角塔址 平積式 瓦積基壇 平面圖 / 121
【圖面 16】上淀廢寺 中塔址 平積式 瓦積基壇 平·斷面圖 / 123
【圖面 17】大鳳寺 金堂址 平積式 瓦積基壇 復原圖 / 124
【圖面 18】崇福寺 彌勒堂 合掌式 瓦積基壇 / 128
【圖面 19】橫見廢寺 垂直橫列式 瓦積基壇 / 129
【圖面 20】定陵寺址 塔址 二重基壇 平面圖 / 138
【圖面 21】西漢 長安 明堂辟雍 遺址 平·斷面圖 / 139
【圖面 22】西漢 長安 明堂辟雍 復原圖 / 141
【圖面 23】定林寺址 金堂址 二重基壇 平面圖 / 145
【圖面 24】龍井里 南建物址 二重基壇 斷面圖 / 151
【圖面 25】扶蘇山廢寺址 金堂址 二重基壇 平·斷面圖 / 155
【圖面 26】金剛寺址 伽藍配置圖 / 158
【圖面 27】金剛寺址 木塔址 二重基壇 平·斷面圖 / 159
【圖面 28】彌勒寺址 東院 金堂址 二重基壇 平面圖 / 162
【圖面 29】彌勒寺址 東院 金堂址 二重基壇(架構基壇) 復原圖 / 162
【圖面 30】皇龍寺址 中金堂址 二重基壇 平面圖 / 166
【圖面 31】飛鳥寺 伽藍配置圖 / 177
【圖面 32】飛鳥寺 東金堂址 平面圖 / 178
【圖面 33】飛鳥寺 東金堂址 復原 平面圖 / 179
【圖面 34】飛鳥寺 東金堂址 二重基壇 復原圖 / 179
【圖面 35】檜隈寺 金堂址 二重基壇 平面圖 / 193

【圖面 36】飛鳥寺 瓦窯 平·斷面圖 / 281
【圖面 37】亭岩里 B-8號窯 土層 斷面圖 / 284
【圖面 38】隼上り瓦窯蹟 遺構配置圖 / 284
【圖面 39】隼上り瓦窯蹟 1號窯 平面圖 / 285
【圖面 40】三井瓦窯 平·斷面圖 / 286

圖版目次

【本文 圖版 1】官北里 建物址(a) 平積式 瓦積基壇 / 60
【本文 圖版 2】官北里 建物址(a) 平積式 瓦積基壇 細部 / 60
【本文 圖版 3】陵寺 工房址Ⅰ 平積式 瓦積基壇 / 63
【本文 圖版 4】扶蘇山廢寺址 西回廊址 平積式 瓦積基壇 / 68
【本文 圖版 5】扶蘇山城 西門址 周邊 建物址 平積式 瓦積基壇 / 71
【本文 圖版 6】定林寺址 講堂 西偏 平積式 瓦積基壇 細部 / 73
【本文 圖版 7】錦城山 平積式 瓦積基壇 建物址 全景 / 77
【本文 圖版 8】錦城山 建物址 平積式 瓦積基壇 細部 1 / 77
【本文 圖版 9】錦城山 建物址 平積式 瓦積基壇 細部 2 / 79
【本文 圖版 10】窺岩面 外里遺蹟 平積式 瓦積基壇 細部 1 / 81
【本文 圖版 11】窺岩面 外里遺蹟 平積式 瓦積基壇 細部 2 / 82
【本文 圖版 12】王興寺址 西回廊址 平積式 瓦積基壇 細部 / 83
【本文 圖版 13】軍守里廢寺址 中央基壇 垂直橫列式 瓦積基壇 / 87
【本文 圖版 14】軍守里廢寺址 中央基壇 合掌式 瓦積基壇 1 / 88
【本文 圖版 15】軍守里廢寺址 東方基壇 合掌式 瓦積基壇 2 / 88
【本文 圖版 16】軍守里 2號 平積式 瓦積基壇 建物址 全景 / 91
【本文 圖版 17】穴太廢寺 出土 A系統 瓦當 / 108
【本文 圖版 18】穴太廢寺 出土 B系統 瓦當 / 108
【本文 圖版 19】穴太廢寺 出土 C系統 瓦當 / 108
【本文 圖版 20】穴太廢寺 再建金堂址 平積式 瓦積基壇 細部 / 113
【本文 圖版 21】北白川廢寺 塔址 平積式 瓦積基壇 全景 / 113
【本文 圖版 22】高麗寺 金堂址 平積式 瓦積基壇 全景 / 118
【本文 圖版 23】檜隈寺 講堂址 平積式 瓦積基壇 全景 / 119
【本文 圖版 24】田辺廢寺 西塔址 平積式 瓦積基壇 細部 / 120
【本文 圖版 25】樫原廢寺 8角塔址 平積式 瓦積基壇 細部 / 122

【本文 圖版 26】上淀廢寺 金堂址 平積式 瓦積基壇 細部 / 123
【本文 圖版 27】近江國衙 建物址 平積式 瓦積基壇 細部 / 125
【本文 圖版 28】伊丹廢寺 金堂址 平積式 瓦積基壇 全景 / 127
【本文 圖版 29】陵寺 金堂址 二重基壇 全景 / 148
【本文 圖版 30】陵寺 木塔址 二重基壇 全景 / 150
【本文 圖版 31】扶蘇山廢寺址 金堂址 二重基壇 全景 / 156
【本文 圖版 32】法隆寺 金堂 二重基壇 細部 / 189
【本文 圖版 33】法隆寺 夢殿 二重基壇 細部 / 191
【本文 圖版 34】檜隈寺 金堂址 二重基壇 全景 / 194
【本文 圖版 35】武寧王陵 出土 蓮花文塼 / 204
【本文 圖版 36】武寧王陵 出土 蓮花忍冬文塼 / 204
【本文 圖版 37】龍井里廢寺址 出土 瓣端 尖形 A型 瓦當 / 212
【本文 圖版 38】龍井里廢寺址 出土 瓣端 尖形 B型 瓦當 / 213
【本文 圖版 39】雲岡石窟 第9號窟 前室 東壁 裝飾 蓮花文 / 215
【本文 圖版 40】鞏縣石窟寺 第3號窟 平棋 蓮花文 / 216
【本文 圖版 41】鞏縣石窟寺 第4號窟 窟頂 蓮花文 / 217
【本文 圖版 42】北朝 中·後期 蓮花文 瓦當 / 217
【本文 圖版 43】公州 西穴寺址 出土 蓮花文 瓦當 / 220
【本文 圖版 44】公山城 推定王宮址內 第1建物址 西南隅下 出土 瓦當 / 228
【本文 圖版 45】公山城 木槨庫 堆積土 出土 瓦當 / 229
【本文 圖版 46】公山城 圓形 蓮池 出土 瓦當 / 230
【本文 圖版 47】舊校里廢寺址 出土 瓦當 / 231
【本文 圖版 48】大通寺址 出土 曲折素瓣形 瓦當 / 232
【本文 圖版 49】定安 上龍里山城 出土 瓦當 / 232
【本文 圖版 50】官北里 推定王宮址 出土 瓦當 / 233
【本文 圖版 51】雙北里遺蹟 出土 瓦當 / 234
【本文 圖版 52】舊衙里 傳 天王寺址 出土 '大王' 銘 瓦當 / 235
【本文 圖版 53】公山城 圓形 蓮池 出土 瓦當 / 242
【本文 圖版 54】挽阿樓址 出土 瓦當 / 242
【本文 圖版 55】大通寺址 出土 瓦當 / 242
【本文 圖版 56】皇龍寺址 出土 瓦當 / 248
【本文 圖版 57】月城 出土 瓦當 1 / 248
【本文 圖版 58】月城 出土 瓦當 2 / 248
【本文 圖版 59】雁鴨池 出土 瓦當 / 248
【本文 圖版 60】六通里 窯址 出土 瓦當 / 248
【本文 圖版 61】勿川里 窯址 出土 瓦當 / 248
【本文 圖版 62】舊衙里 傳 天王寺址 出土 瓦當 1 / 250
【本文 圖版 63】舊衙里 傳 天王寺址 出土 瓦當 2 / 250
【本文 圖版 64】東南里遺蹟 出土 瓦當 / 252
【本文 圖版 65】扶蘇山 出土 瓦當 / 252

【本文 圖版 66】佳塔里廢寺址 出土 瓦當 1 / 254
【本文 圖版 67】佳塔里廢寺址 出土 瓦當 2 / 254
【本文 圖版 68】彌勒寺址 出土 瓦當 / 255
【本文 圖版 69】中井里遺蹟 出土 瓦當 / 257
【本文 圖版 70】公州 周邊 出土 三角突起式 瓦當 / 258
【本文 圖版 71】官北里 推定王宮址 出土 瓦當 / 261
【本文 圖版 72】陵寺 出土 瓦當 1 / 261
【本文 圖版 73】陵寺 出土 瓦當 2 / 262
【本文 圖版 74】陵寺 出土 瓦當 3 / 262
【本文 圖版 75】舊衙里 傳 天王寺址 出土 瓦當 / 264
【本文 圖版 76】東南里遺蹟 出土 瓦當 / 264
【本文 圖版 77】軍守里廢寺址 出土 瓦當 / 265
【本文 圖版 78】扶蘇山廢寺址 出土 瓦當 / 265
【本文 圖版 79】扶蘇山 出土 瓦當 / 266
【本文 圖版 80】金剛寺址 出土 瓦當 1 / 267
【本文 圖版 81】金剛寺址 出土 瓦當 2 / 267
【本文 圖版 82】彌勒寺址 出土 瓦當 1 / 270
【本文 圖版 83】彌勒寺址 出土 瓦當 2 / 270
【本文 圖版 84】彌勒寺址 出土 瓦當 3 / 270
【本文 圖版 85】聖住寺址 出土 瓦當 A / 273
【本文 圖版 86】聖住寺址 出土 瓦當 B / 273
【本文 圖版 87】聖住寺址 出土 瓦當 C / 273
【本文 圖版 88】聖住寺址 出土 瓦當 D / 273
【本文 圖版 89】官北里 推定王宮址 出土 瓦當 / 275
【本文 圖版 90】東南里遺蹟 出土 瓦當 / 275
【本文 圖版 91】金剛寺址 出土 瓦當 1 / 279
【本文 圖版 92】金剛寺址 出土 瓦當 2 / 279
【本文 圖版 93】軍守里廢寺址 出土 椽木瓦 / 279
【本文 圖版 94】王興寺址 出土 瓦當 / 279
【本文 圖版 95】雙北里遺蹟 出土 瓦當 / 279
【本文 圖版 96】飛鳥寺 出土 圓形突起式 瓦當 / 287
【本文 圖版 97】飛鳥寺 出土 三角突起式 瓦當 / 290
【本文 圖版 98】扶蘇山 出土 瓦當 / 292
【本文 圖版 99】雙北里遺蹟 出土 瓦當 / 292
【本文 圖版 100】豊浦寺 出土 瓦當 / 299
【本文 圖版 101】斑鳩寺 出土 瓦當 1 / 300
【本文 圖版 102】斑鳩寺 出土 瓦當 2 / 300
【本文 圖版 103】法隆寺 出土 瓦當 / 301
【本文 圖版 104】四天王寺 出土 瓦當 / 302
【本文 圖版 105】定林寺 出土 瓦當 / 304

【本文 圖版 106】橫井廢寺 出土 瓦當 / 304
【本文 圖版 107】石神遺蹟 出土 瓦當 / 304
【本文 圖版 108】坂田寺 出土 瓦當 / 304
【本文 圖版 109】奧山久米寺 出土 瓦當 / 304
【本文 圖版 110】和田廢寺 出土 瓦當 / 304
【本文 圖版 111】新堂烏含寺 出土 瓦當 / 304
【本文 圖版 112】豊浦寺 出土 瓦當 / 306
【本文 圖版 113】坂田寺 出土 瓦當 / 306
【本文 圖版 114】檜隈寺 出土 瓦當 / 307
【本文 圖版 115】石神遺蹟 出土 瓦當 / 307
【本文 圖版 116】奧山久米寺 出土 瓦當 / 308
【本文 圖版 117】北野廢寺 出土 瓦當 / 308

拓本目次

【拓本 1】龍井里廢寺址 出土 F型 瓦當 / 209
【拓本 2】艇止山遺蹟 出土 瓦當 / 240

表目次

【表 1】瓦積基壇의 編年案 / 102
【表 2】龍井里廢寺址와 西穴寺址 出土 瓦當 比較 / 220
【表 3】中國 南北朝系 百濟瓦當의 比較 / 224
【表 4】瓣端隆起形 瓦當의 編年案 / 227
【表 5】圓形突起式 瓦當의 編年案 / 238
【表 6】三角突起式 瓦當의 編年案 / 260

백제 건축기술의 대일전파

I. 序論

歷史時代는 先史時代와 달리 역사적 사실이 문자로 기록되어 있다는 특징이 있다. 따라서 고대사를 이해함에 있어서는 이러한 문헌기록이 제 1차 사료가 되고 있다. 여기에 문헌을 뒷받침할 수 있는 고고학 자료가 병행하면 고대사는 명실상부한 하나의 사실로 인식될 뿐만 아니라 생활상을 복원하는 아주 유용한 자료가 된다. 하지만 古記에 나타나는 한정된 사료는 전체 고대사를 이해하는 데에 있어 극히 일부분에 해당되기 때문에 근래에 이르러 고고학에 의지하는 경우가 점차 늘어나고 있다. 그러나 고고학 일변도의 연구는 다른 한편으로 학문적 파당이나 오류를 조장할 수도 있기 때문에 반드시 문헌과의 관련성 속에서 이해되어야 함이 마땅하다.

이처럼 고대사를 논함에 있어 고고학과 문헌학의 상보적 관계는 최근 들어 더욱 강조되고 있다.[1] 이러한 차원에서 『日本書紀』에 기술된 백제에서 일본으로의 造寺工과 瓦博士가 파견했다는 사실은 고고학과 문헌학의 상보관계를 살펴볼 수 있는 아주 중요한 자료가 아닐 수 없다.

백제는 일찌기 傳法僧團과 佛像, 佛經, 佛敎信仰, 伽藍 등을 일본에 전래하였다. 이러한 사실은 백제 승려의 일본 파견[2]과 일본 최초 비구

---

1) 朱甫暾,「韓國 古代史와 考古學의 對話」『4·5세기 한국 고대사와 고고학의 만남』, 한국고대사학회, 2001.
2) 『日本書紀』卷 第19 欽明天皇 15年 2月條.
"僧曇慧等九人 代僧道深等七人."

니인 善信尼 등의 백제 修學³⁾, 僧寺·尼寺 등의 전래⁴⁾ 등에서 부분적이나마 알려지게 되었다. 또한 부여 定林寺址나 陵寺址, 軍守里廢寺址, 金剛寺址, 扶蘇山廢寺址 등과 같은 1塔 1金堂式의 가람배치가 일본으로 건너가 四天王寺의 조영에 결정적인 영향을 미쳤음도 주지하게 되었다.⁵⁾ 아울러 『日本書紀』에 등장하는 각종 불상의 전래는 일부 일본 불상의 모태가 백제의 조각상이었음을 알 수 있게 하였다.⁶⁾

물론 불교문화 외에 기악, 공예술, 조각술, 농업기술, 조선술, 광산기

---

3) ① 『日本書紀』卷 第21 崇峻天皇 元年 是歲條.
 "以善信尼等 付百濟國使恩率首信等 發遣學文."
 ② 『日本書紀』卷 第21 崇峻天皇 3年 春 3月條.
 "學問尼善信等 自百濟還 住櫻井寺."
4) 拙稿,「公州地域 寺址研究」『百濟文化』第28輯, 公州大學校 百濟文化研究所, 1999, pp.134~135.
5) 가람배치 외에 중문과 탑 사이의 중심거리와 탑에서 금당까지의 중심거리가 거의 같음을 통해서도 비교할 수 있다. 즉, 백제의 군수리 폐사지, 금강사지, 미륵사지 등과 일본의 사천왕사가 이의 예에 속한다(張慶浩,「百濟와 日本의 古代 寺刹건축」『百濟佛敎文化의 研究』, 忠南大學校百濟研究所, 1994, p.238). 아울러 坂詰秀一의 경우는 군수리 폐사지와 사천왕사를 비교하는 과정에서 양 사지의 가람배치와 출토된 瓦, 그리고 크기가 아주 흡사함을 보고 상호 관련성이 있음을 살펴보았다(坂詰秀一,「日韓古代寺院の伽藍配置」『日本からみた古代韓國』, 學生社, 1990, p.155).
6) 『日本書紀』의 기록뿐만 아니라 두 나라 불상의 양식 비교를 통해 백제 불상과 조불공의 파견에 따른 도상과 양식의 일본 전파를 밝힌 논문으로는 金理那의 것이 있다(金理那,「百濟彫刻과 日本彫刻」『百濟의 彫刻과 美術』, 公州大學校 博物館·忠淸南道, 1992).

술, 성곽 및 교량·제방축조술, 大壁建物址 등의 문화 역시도 백제의 장인이나 流民들에 의해 전파[7]된 바 있으나 당시의 문화전파 정도에 있어서는 불교문화에 비해 상대적으로 미약하였던 것이 사실이다.

그러나 일본의 私宅佛敎[8]가 伽藍佛敎[9]로 변모하는데 있어 가장 결

---

7) 이에 대해선 다음의 글이 참조된다.
   ① 藤澤一夫,「韓日古瓦の系譜」『日·韓古代文化の流れ』, 帝塚山考古學研究所, 1982, p.58.
   ② 上田正昭·久野健·原島禮二·水野祐·李進熙,『古代日本と渡來文化』, 學生社, 昭和 60年.
   ③ 田中俊明,「百濟人の日本移住史(百濟系渡來人)の槪要」『日本所在 百濟文化財 調査報告書 Ⅰ-近畿地方』, 國立公州博物館, 1999, pp.172~180.
   ④ 西谷正,「古代 朝鮮과 日本과의 交流」『(財)朝鮮獎學會 創立100周年記念 古代史シンポジウロ』, 2000.
8) 사택불교란 비조사와 같은 가람불교가 등장하기 이전에 탑이나 불상 등을 집안에 모시면서 신앙행위가 이루어진 단계를 의미한다. 일본에서의 이러한 사택불교는 『日本書紀』敏達天皇 13年條의 기사를 통해 어느 정도 이해할 수 있다. 즉, "經營佛殿於宅東方安置彌勒石像…"이란 내용을 보면 집의 동편에 불전을 짓고 미륵석상을 안치하였음을 알 수 있다. 『일본서기』를 표기하는데 있어 사찰이나 殿閣의 이름 등이 구체적으로 기록되어 있음을 볼 때, 여기서의 불전은 사찰내의 금당이 아닌 미륵석상을 모신 일반 가옥이었음을 추정할 수 있다.
9) 伽藍이란 일반적으로 부처님을 모신 金堂과 부처님의 진신사리를 봉안한 塔, 그리고 中門, 講堂 등이 回廊으로 둘러싸인 공간을 의미한다. 가람배치는 나라마다, 혹은 시기마다 각기 다를 수 있지만 우리나라 삼국시대의 경우 俗界와 佛界가 회랑으로 구분되어 졌다는 특징이 있다. 이러한 회랑의 존재는 飛鳥時代에 조영된 飛鳥寺나 四天王寺 등에서도 확인할 수 있다. 따라서 私宅佛敎와 伽藍佛敎는 가람을 구성하는 여러 殿閣의 배치와 이를 둘러쌓는 回廊의 존재유무로써 구별할 수 있겠다.

정적인 역할을 담당하였던 백제의 造寺工, 瓦博士, 畵師, 露盤博士 등에 대해서는 이들의 존재만을 단편적으로 파악하였을 뿐, 그 동안 전반적인 고고 미술사적인 검토가 많지 않았다. 이들은 당시 大和政權의 실권자였던 蘇我馬子의 요청으로 588년(威德王 35) 일본에 공식적으로 파견된 백제의 전문 장인들이었다.10) 따라서 이들이 백제계인 蘇我馬子의 요청에 의해 일본으로 파견된 만큼 해당 분야에 있어 유능한 전문가였음은 의심의 여지가 없다. 예컨대 이들의 기술적 지도는 飛鳥寺(일본 최초의 사찰)를 비롯한 飛鳥(552~645년)·白鳳時代11)(645~710년)의 여러 寺址나 건물지 등에서 확인되는 건축술(瓦積基壇, 二重基壇 등), 瓦當文樣,12) 그리고 瓦窯 등의 유물·유적을 통해 쉽게 검토해 볼 수 있다.

일본 각지에서는 일찍부터 飛鳥·白鳳·天平時代13)(710~794년)에 해당하는 많은 寺址와 건물지, 고분 등이 발굴조사 되었다. 그런데 이

---

10) 『日本書紀』卷 第21 崇峻天皇 元年 是歲條.
11) 백봉시대는 奈良時代 전기(663년~710년)를 포함하고 있어 본고에서는 전자의 용어를 따르고자 한다.
12) 달리 수막새나 암막새로 구분되나 본고에서는 '와당'으로 통칭하여 부르고자 한다. 그리고 문양은 연화문 만을 대상으로 하였다. 이러한 연화문은 중국의 경우 동진 중·후기부터 등장하였으며, 8엽, 12엽, 16엽 등이 있는데 8엽이 가장 보편적이다(鄒厚本,「最近 南朝 考古의 新收穫」『古代 東亞細亞 文物交流의 軸』, 忠南大學校 百濟研究所, 2002, p.4).
13) 천평시대는 한편으로 奈良時代 후기를 의미하기도 한다.

들 중에는 일명 渡來人이라 하여 백제, 신라, 고구려, 가야, 중국 등지에서 일본으로 건너간 유이민 집단들에 의하여 조영된 것이 적지 않았다. 따라서 각각의 유적에는 그것을 조영하였던 집단 혹은 나라의 문화적 특징들이 남게 되었다.

본고는 이러한 고대 일본 문화에 남아 있는 諸國의 특징 중 백제적 요소를 보이는 寺址와 건물지의 基壇[14] 築造術과 와당(蓮瓣)문양에만 한정하여 살펴보았다. 일본에 파견된 造寺工, 瓦博士, 鑪盤博士, 畵工 등은 직책 名으로 보아 사찰, 기와, 탑, 불화 등을 조성하는데 있어 각 방면의 전문가였음을 알 수 있다. 그러나 현재 백제와 일본에는 6세기 후반~7세기대에 해당하는 백제 혹은 백제계의 佛畵가 거의 남아 있지

---

14) 기단은 土臺를 세우고 段을 쌓은 건물의 止沙施設(김동현, 『한국목조건축의 기법』, 발언, 1998, p.101.)로 외장의 축조 재료에 따라 土築基壇, 石築基壇, 瓦積基壇, 混築基壇 등으로 구분된다.
　토축기단은 그 내부토의 축조 방법에 따라 版築基壇과 盛土基壇으로 나눌 수 있으며, 석축기단은 돌 표면의 다듬음 정도에 따라 割石基壇과 治石基壇으로 구분할 수 있다. 그리고 이는 다시 축조방법에 따라 割石亂層基壇, 割石正層基壇, 治石亂層基壇, 治石正層基壇, 架構基壇 등으로 세분된다. 혼축기단은 기단 축조 때 사용된 재료에 따라 붙여진 이름으로 塼土混築基壇, 塼石混築基壇 등으로 재분류할 수 있다.
15) 부소산 폐사지 및 미륵사지(唐草紋片)에서 출토된 벽화편이 아주 小片으로 남아 있다. 전자의 경우 금당지 주변에서 출토되어 금당 벽화편으로 추정되었다. 벽체 위에 백토와 고운 점토를 바르고 다시 백토를 바른 후 흑색과 적색 계통의 안료를 이용하여 새를 그렸다(申光燮, 『扶蘇山城-廢寺址掘調査報告(1980年)-』, 國立文化財研究所, 1996, p.81 도판 58). 잔존 길이 22.5cm, 두께 6.5cm이다.

않고,15) 노반 역시도 비교할 수 있는 자료가 희소하여 이를 고고 미술사적으로 밝혀 내기란 그리 쉽지 않다. 반면, 조사공과 와박사와 관련된 유적(寺址, 建物址)은 백제나 飛鳥・白鳳・天平時代의 것이 일찍부터 발굴조사 된 바 있어 상대적으로 그 형적을 비교하기가 용이하다. 따라서 본고에서는 백제의 조사공 및 와박사와 관련된 基壇築造術과 製瓦術에 한정하여 검토해 보고자 한다.

첫째, 瓦積基壇16)은 일제시대 軍守里廢寺址에서 조사된 이후 최근의 王興寺址 및 밤골사지에 이르기까지 백제의 故土에서만 확인되었다. 따라서 중국을 비롯한 고구려나 신라, 가야 등지의 유적에서는 아직까지 이러한 遺構가 조사되지 않았다. 그렇기 때문에 백제 와적기단의 始原이나 조성방법, 형식분류, 편년, 사용처 등에 대해서는 그 동안 많은 의문점이 제기되었다. 이같은 미진한 연구는 한편으로 寺址 등의 건물지 분야가 선사・삼한시대의 주거지나 토광묘, 혹은 역사시대의 석실분이나 성곽 등에 비해 상대적으로 주목받지 못하였음을 의미하기도 한다.

반면, 일본의 경우는 백제와 달리 훨씬 많은 유적에서 다양한 비조・백봉・천평시대의 와적기단이 조사되었다. 여기서 백제와 고대 일본

---

16) 기단의 재료를 석재가 아닌 폐기와(암키와 중심)를 위주로 한 것이다. 부분적으로 塼片, 할석 등도 사용하였다. 이 때 기단토는 생토면, 다짐토 등 다양하다.

은 基壇築造에 있어 약 반세기 정도의 차이를 보이며 발전해 나갔다. 그런데 와적기단은 그 동안 백제 유적에서만 확인되었고, 일본은 그 당시 백제를 비롯한 고구려, 신라, 가야, 중국으로부터 고등의 대륙문화를 수입하는 과정에 있었다. 이러한 당시의 대외 상황을 고려하여 볼 때 와적기단이 백제에서 일본으로 전파된 기단 축조술이었음은 명약관화한 사실이다. 그러나 그 전파시기나 祖形, 편년 등에 대해선 아예 언급조차 하지 못하였던 것이 그간 우리 학계의 현실이었다. 이는 백제와 고대 일본간의 면밀한 유적 검토와 『日本書紀』와 같은 문헌 기록을 서로 접목하지 못한 데서 발생한 오류라 할 수 있다. 따라서 본고에서는 그 동안 발굴조사된 백제와 일본의 와적기단을 고고학적으로 상호 비교 검토하여 『일본서기』의 기록을 보완해 나가고자 한다.

둘째, 二重基壇은 瓦積基壇과 달리 국내외의 연구성과가 거의 전무한 실정이다. 따라서 이에 대한 용어조차도 아직까지 통일된 바 없고,[17] 축조방법이나 성격, 사용처 등에 대해서도 세부적으로 논의된

---

17) 二重基壇은 二層基壇, 重成基壇 등으로도 불려지고 있으나 본고에서는 『三國史記』屋舍條의 "重"이란 표기에 따라 二重基壇이란 용어를 사용코자 한다. 여기서의 "重"은 "層"이란 개념이 포함되어 있다. 아울러 이중기단 중 아래에 조성된 기단은 下層基壇, 위에 조성된 기단은 上層基壇이라 부르고자 한다.
『三國史記』卷 第33 雜志 第2 屋舍條.
"眞骨…不磨階石 不置三重階…."
"六頭品…不置巾階及二重階 階石不磨…."

바 없다. 그러나 이중기단도 와적기단과 마찬가지로 사비천도 후 기와 집에만 모두 사용되었다는 공통성이 있다. 특히 장엄성과 위엄성을 함께 갖추고 있어 사찰에서도 堂塔에만 주로 시설되었다. 삼국 중 그 시초는 고구려의 定陵寺[18]였지만 이를 변화·발전시켜 일본에 전파한 것은 다름 아닌 백제의 造寺工들이었다. 그러므로 이중기단 역시 와적기단과 마찬가지로 일본으로의 문화전파 과정에서 빼놓을 수 없는 중요한 건축술 중 하나로 파악할 수 있다. 따라서 건물의 하부구조인 基壇을 통해 백제와 고대 일본간의 문화전파를 고고학적으로 접근해 볼 필요성은 충분하다고 할 수 있다.[19]

셋째, 瓦當은 와적기단이나 이중기단에 비해 일찍부터 국내외 학자

---

[18] 정릉사는 고구려가 427년 수도를 국내성에서 평양으로 천도하면서 고구려 시조왕의 무덤을 옮겨오고 그와 때를 같이 하여 시조왕 숭배를 위한 사찰로써 조영되었다(한인호, 「정릉사건축의 평면구성에 대하여」 『력사과학』제2호, 과학백과사전출판사, 1981, p.29). 아울러 이중기단은 정릉사를 비롯해, 금강사, 상오리 폐사지, 토성리 폐사지의 탑지와 금당지에서도 볼 수 있다(한인호, 「정릉사에 대하여」 『조선고고연구』제3호, 사회과학출판사, 1986, p.32). 그러나 평양천도 이전에 이미 省門寺나 伊佛蘭寺와 같은 사원의 존재가 알려져 있어 이의 시원 또한 발굴조사의 진행에 따라 상향조정될 가능성을 배제할 수 없다.

[19] 이는 기와집의 상부구조가 남아 있지 않은 상황하에서 취해진 불가피한 조처이다. 물론 부소산 폐사지에서 청동제의 지붕이 출토되긴 하였지만 가구의 제 부분이 묘사되지 않아 실제 기와집과는 비교하기 어렵다. 아울러 玉蟲廚子의 경우도 건물 내부를 볼 수 없고, 이와 비교할 수 있는 백제의 기와집이 남아 있지 않아 자료로서의 한계가 있다.

들에 의하여 연구되어 많은 성과가 축적되어 왔다. 그러나 최근 고고학 자료가 폭주함에 따라 출토되는 와당의 수효도 증가하여 제작기법이나 형식분류, 瓦窯와의 생산-수급관계, 製瓦術의 전파 등이 새롭게 확인되고 있다. 예컨대 무령왕의 殯所로 추정된 艇止山遺蹟[20]의 발굴로 말미암아 백제 圓形突起式 와당의 시초가 확인되었고,[21] 이를 모델로 하여 신라의 와당[22]과 飛鳥寺 星組[23]가 탄생하게 되었다. 이외에도 사비천도 후 제작된 삼각돌기식 와당과 飛鳥寺의 花組[24]가 와박사를 매개로 하여 상호 관련성이 확인되었다.

연구시기를 중심으로 하여 학문적 동향을 살피면 다음과 같다.

일제시대의 輕部慈恩은 백제의 古瓦가 대부분 南朝系임을 피력하면서, 그 중에서도 극히 소량이 고구려를 통하여 유입된 北魏系로 보았다. 그리고 북위계 와당은 大通寺址, 晩日寺址, 新永里廢寺址 출토 와

---

20) 국립공주박물관, 『艇止山』, 1999.
21) 拙稿, 「熊津遷都後 百濟瓦當의 變遷과 飛鳥寺 創建瓦에 대한 檢討」 『嶺南考古學』 第27號, 嶺南考古學會, 2000, p.136의 註 61.
22) 金誠龜, 「新羅기와의 성립과 그 變遷」, 『新羅瓦塼』, 國立慶州博物館/慶州世界文化엑스포組織委員會, 2000, pp.433~434.
23) 백제의 원형돌기식 와당과 같이 瓣端의 중앙에 小珠文이 돌기되어 있다. 따라서 본고에서는 "星組"라는 용어 대신 원형돌기식 와당이란 용어를 사용하고자 한다.
24) 瓣端의 중앙에 삼각형의 돌기가 표현된 와당을 의미한다. 따라서 이 와당에 대해서도 "花組"라는 표현 대신 삼각돌기식 와당이란 용어를 사용하고자 한다.

당으로 보았다.25) 이 양식은 이후 통일신라를 비롯한 일본의 法隆寺, 弘福寺 및 大和·近江地方에서 출토되는 白鳳時代 이후의 8葉 複瓣瓦當에도 영향을 미쳤다고 보았다.26)

해방 후, 우리나라 학자들에 의해 와당이 연구되는 시기는 1960년대 이후부터 였다. 그리고 이의 선봉에 선 것이 金和英과 朴容塡이었다. 김화영은 삼국시대 와당을 蓮瓣形式을 중심으로 고구려, 백제, 신라로 구분하는 초보적인 단계에서부터 연구를 시작하였다.27) 반면, 박용진

---

25) 그런데 문제는 이들 寺址가 지금까지 발굴조사된 바 없어 정확한 寺域과 創建時期를 알 수 없다는 점이다. 그리고 輕部慈恩이 제시한 『百濟美術』圖 34의 경우 연판에 稜이 있는 와당인데 片으로 남아 있어 백제시대의 것인지 통일신라시대의 것인지 편년이 불확실하다. 따라서 동일 寺址에 대한 발굴조사를 통해 얻어진 자료를 중심으로 와당의 編年과 系統이 재검토되어야 할 것으로 판단된다.
26) 輕部慈恩, 『百濟美術』, 寶雲舍, 昭和 21年.
27) ① 金和英, 「蓮花紋 樣式變遷에 대한 硏究」, 梨花女子大學校 碩士學位論文, 1965.
　② ＿＿＿, 「三國時代 蓮花紋 硏究」 『歷史學報』 34, 歷史學會, 1967.
　③ ＿＿＿, 「韓國蓮花紋研究」, 梨花女子大學校 博士學位論文, 1976.
28) ① 朴容塡, 「公州出土의 瓦當에 關한 硏究」 『公州敎育大學論文集』 第4輯, 公州敎育大學, 1967.
　② ＿＿＿, 「公州出土의 百濟瓦·塼에 關한 硏究」 『百濟文化』 第6輯, 公州師範大學 百濟文化硏究所, 1973.
　③ ＿＿＿, 「百濟瓦當의 體系의 分類」 『百濟文化』 第9輯, 公州師範大學 百濟文化硏究所, 1976.
　④ ＿＿＿, 「百濟瓦當의 類型硏究」 『百濟硏究』 第15輯, 忠南大學校 百濟硏究所, 1984 외 다수가 있다.

Ⅰ. 序論

은 공주지역 출토 와당을 시대별로 검토한 후 백제 와당 만을 별도로 蓮瓣에 따라 형식 분류하는 등 백제 와당에 대한 연구를 진일보시켰다.[28]

한편, 薛貞連은 1970년대에 국내 학자 중 와당에 대한 문양 뿐만 아니라 제작기법에도 큰 관심을 보여 이전과는 다른 방향에서 와당에 대한 접근을 시도하게 되었다.[29]

그 후 1980년대에는 龜田修一이 寺院에서 주로 출토된 와당을 중심으로 형식분류, 드림새와 수키와의 접합기법, 그리고 생산-수급관계 등을 검토해 보았다.[30] 아울러 석촌동 4호분 출토 瓦當를 중심으로 하여 백제 한성시대의 기와를 살펴보기도 하였다.[31]

1990년대에는 고대 삼국에서 일본 中央으로의 瓦의 전파에 대해 국가와 국가間의 전파, 혹은 일본 在地의 대호족 또는 중소 渡來系 씨족이 독자적인 필요성으로 인해 瓦工이나 製瓦技術을 도입하는 경우로 파악하였다. 아울러 삼국에서 전래된 瓦는 王都의 것이 전해진 경우와

---

29) 薛貞連,「百濟蓮花文瓦當編年에 關한 硏究」『月刊文化財』6月號, 1976.
30) 龜田修一,「百濟古瓦考」『百濟硏究』第12輯, 忠南大學校 百濟硏究所, 1981.
31) 龜田修一,「百濟漢城時代の瓦に關する覺書-石村洞4號墳出土例を中心として」『尹武炳博士 回甲紀念論叢』, 1983, pp.549~563.
32) 이 경우 파견된 瓦工들은 현지의 須惠器工人을 지도하여 그 製瓦技術을 전하였던 것으로 보고 있다(龜田修一,「朝鮮半島から日本への瓦の傳播」『激動の古代東アジア-6・7世紀を中心に』, 帝塚山考古學硏究所, 1995, pp.37~56).

왕도와 관련이 없는 지방의 것이 전해진 경우로 구분하여 보았다. 또한 우리나라에서 일본 지방으로 瓦가 전파된 경우에 대해서는 畿內經由說과 直通說을 주장하였다.32) 그리고 이러한 그의 생각은 공동연구를 통해 이루어진 吉備 및 北部九州地域의 朝鮮系 瓦·塼을 검토하면서 좀 더 체계화되었다.33)

李南奭의 경우는 공산성 추정 왕궁지 출토 와당 47점을 중방의 비중, 연판의 평면 및 反轉 정도, 瓣界線 및 造瓦技法에 따라 5형식으로 구분하고 각 형식에 대한 편년을 설정하였다.34)

金誠龜는 1990년대에 들어 백제 와당을 時代別로(漢城, 熊津, 泗沘) 나누어 그 특성을 살펴보고, 특히 공주지역과 부여지역의 瓦當이 유사함을 들어 웅진시대에 이미 사비천도를 위한 사전작업이 이루어졌음을 추정하였다.35) 아울러 백제와 신라의 와당을 검토해 봄으로써 6세기 초반과 중반을 전후하여 백제 와당이 신라에 영향을 끼쳤음도 살펴보았다.36)

---

33) 小田富士雄·武末純一·龜田修一·金誠龜,「日韓古瓦塼文化の交涉硏究(一)」『韓國考古와 歷史』Ⅲ, 경원문화사, 1995.
34) 李南奭,「百濟蓮花文瓦當의 一硏究」『古文化』第32輯, 韓國大學博物館協會, 1988.
35) 金誠龜,「百濟의 瓦塼」『百濟의 彫刻과 美術』, 公州大學校博物館·忠淸南道, 1992.
　　　　·朴榮福,「百濟瓦當의 變遷과 그 特性」『佛敎藝術』209號, 每日新聞社, 1993.
36) 金誠龜,「新羅기와의 成立와 그 變遷」『新羅瓦塼』, 國立慶州博物館/慶州世界文化엑스포組織委員會, 2000, pp.433~434.

金鐘萬은 聖王의 陵寺로 알려진 부여 陵山里寺址 출토 와당 323점을 16가지 형식으로 구분하고 이를 시기, 접합기법, 供給瓦窯 등을 중심으로 살펴보았다.[37]

그리고 李炳鎬는 사비도성 내외에서 출토된 와당을 대상으로 하여 기와집의 건립과정을 단계화하고, 이를 바탕으로 도성의 조영과정 및 도성구획의 형태와 단위를 복원해 보았다.[38]

반면에 日人 학자인 小田富士雄은 九州에서 출토된 7세기 후반 8세기경의 와당을 고구려계, 백제계, 신라계로 나누어 보고 특히 무령왕릉에 사용된 蓮花文塼이 九州系單瓣瓦의 上限에 관련되며, 백제계, 신라계 瓦·塼의 계보는 중국 南朝에 있는 것으로 보았다.[39]

大脇潔은 平瓦·瓦當의 출현시기 및 分解式 模骨, 瓦當·丸瓦接合技法, 軒丸瓦製作技法의 변천 등 瓦에 대한 개론적인 내용을 설명하고, 백제의 軒丸瓦製作技法은 4가지 분류방식중 D기법에 속한다고 보았다. 즉 笵을 이용하여 제작한 와당 裏面에 粘土圓筒을 2분할한 瓦를 접합시켜 1개의 軒丸瓦(와당)를 얻는 기법이다. 이외에 백제의 瓦를 한

---

37) 金鐘萬,「扶餘 陵山里寺址 出土 瓦當考」『日韓古代寺院にみる造營技術の傳播』, 帝塚山大學 考古學研究所, 1998.
38) 李炳鎬,「百濟 泗沘都城의 造營과 區劃」, 서울大學校 大學院 碩士學位論文, 2001.
39) 小田富士雄,『大宰府と新羅·百濟の文化』, 福岡縣教育委員會, 昭和 63年, pp.97~118.

성시대, 웅진시대, 사비시대로 나누고, 각 시대마다 등장하였던 와당의 형식과 편년을 고찰하였다.40)

花谷浩는 飛鳥·白鳳時代의 사원(飛鳥寺, 豊浦寺, 斑鳩寺, 奧山廢寺 등)과 사원 출토 와당, 평기와(암키와, 수키와)를 검토하면서 백제 와당과 관련된 비조시대 와당을 飛鳥寺의 원형돌기식 및 삼각돌기식 와당에 祖形을 두고 그 변천을 살펴보았다.41)

森郁夫는 일본에서 출토된 와당을 통해 백제, 고구려, 고신라의 요소로 구분해 보았다. 아울러 일본의 製瓦術은 백제의 瓦博士에 의해 590년대부터 비롯되었음을 말하고 있다.42)

그리고 戶田有二는 백제 전시기의 鐙瓦技法을 6형식 30종류로 세분하는 등 와당의 제작기법을 주로 하여 살펴보았다.43)

본고는 이러한 인식을 바탕으로 II장에서는 백제 불교문화의 일본

---

40) 大脇潔,「百濟の軒丸瓦とその製作技術」『朝鮮の古瓦を考える』, 帝塚山考古學研究所, 1996, pp.26~41.
41) 花谷浩,「畿內の飛鳥·白鳳時代の瓦とその年代」『飛鳥·白鳳の瓦と土器-年代論-』, 帝塚山大學考古學研究所歷史考古學研究會·古代の土器研究會, 1999.
42) 森郁夫,「日本瓦當を通じて見る韓日關係」『기와를 통해 본 고대 동아시아 삼국의 대외교섭』, 국립경주박물관·경주세계문화엑스포 2000 조직위원회, 2000, pp.89~98.
43) 戶田有二,「百濟의 鐙瓦製作技法에 대하여【I】」『百濟文化』第30輯, 公州大學校 百濟文化研究所, 2001.

전파에 대해 살펴보고자 한다. 여기에서는 傳法僧團을 비롯한 經論과 불상, 그리고 呪禁師, 造佛工, 造寺工, 瓦博士, 露盤博士, 畵工 등의 파견과 불사리 공양, 善信尼 등의 백제 수학 등에 대해 검토해 보도록 하겠다. 특히 백제 멸망 후 유민들의 일본 망명과 관련하여 天平時代의 불교문화와 국가발전이 크게 이루어졌다는 사실도 살피고자 한다. 이외에도 백제의 日羅가 일본에 건너간 사실, 백제 승 慧聰이 고구려 승 慧慈와 더불어 일본 불교 三寶의 棟樑이 되면서 法興寺에 머문 일, 그리고 阿佐王子의 渡日 등에 대해서도 언급해 보도록 하겠다.

Ⅲ장에서는 그 동안 발굴조사를 통해 백제의 故土에서 확인된 와적기단의 유적 사례에 대해 살펴보고 그 始原을 東城王代에 축조된 臨流閣址의 塼土混築基壇에 비정해 보고자 한다. 그리고 와적기단을 축조방법에 따라 平積式, 合掌式, 垂直橫列式, 複合式 등으로 구분하고 각각의 형식에 따른 편년을 시도해 보도록 하겠다. 아울러 지금까지 일본에서 조사된 飛鳥・白鳳・天平時代의 와적기단을 백제의 그것과 비교하여 차이점과 공통성을 살펴보고자 한다.

Ⅳ장에서는 Ⅲ장과 마찬가지로 백제의 이중기단 유적 사례를 살펴보고 이의 조영적 특징과 변천, 편년에 대해 알아보고자 한다. 그리고 定林寺址의 外陣柱礎石列(積心石列)과 관련된 고구려의 이중기단에 대해서도 언급해 보도록 하겠다. 아울러 백제의 조사공 파견으로 축조된 飛鳥寺 동・서금당의 이중기단과 기타 일본에서 조영된 이중기단의 유적 사례를 살펴보도록 하겠다. 이를 통해 백제와 고대 일본간의

이중기단을 상호 비교·검토해 보고자 한다.

　마지막으로, V장에서는 製瓦術의 일본 전파와 관련하여 웅진천도 후 제작된 백제 와당을 蓮瓣과 子房,[44] 間瓣 등의 측면에서 중국 남북조 요소로 구분하여 비교·검토해 보도록 하겠다. 이는 飛鳥寺 원형돌기식 와당과 관련된 백제와당이 武寧王대에 梁과의 관련 속에서 제작되었기 때문에 중국 남조 문양의 실체 파악을 위해 북조의 蓮花文도 함께 검토해 보고자 한다. 그럼으로써 백제 와당의 蓮瓣에 남조 요소뿐만 아니라 북조 요소도 가미되어 있음을 입증토록 하겠다. 그리고 백제 와당의 연판을 瓣端 형태에 따라 瓣端隆起形, 圓形突起式, 三角突起式으로 구분하고[45] 각 瓦當의 문양 변천과 제작시기에 대하여 알아보고자 한다. 특히 飛鳥寺 와당과 비교하여 蓮瓣 면에서 유사성이 많은 백제 와당을 추출해 보도록 하겠다. 아울러 飛鳥寺 원형돌기식 및 삼각돌기식 와당의 영향을 받아 제작된 일본 각지의 瓦當에 대해서도 유적 출토품을 중심으로 살펴보고자 한다.

　이와 같은 분석을 통해 필자는 백제의 造寺工과 瓦博士가 고대 일본

---

44) 이는 달리 中房으로도 불리나 子房이란 용어로 대신하겠다.
45) 이는 김성구의 분류안을 따른 것이다.
　金誠龜, 「百濟의 瓦塼」『百濟의 彫刻과 美術』, 公州大學校博物館·忠淸南道, 1992.

의 寺址나 건물지의 조영, 그리고 와당의 제작에 결정적 기여를 하였음을 고고 미술사적으로 실증코자 한다.

백제 건축기술의 대일전파

Ⅱ. 百濟 佛敎文化의 傳播

여기에서는 우선 백제에서 일본으로의 불교문화 전파를 검토하기 앞서 그 이전 시기부터의 문화전파 과정을 개략적으로 살펴보고자 한다. 그럼으로써 일본 문화의 형성에 우리 문화가 뿌리깊게 박혀있음을 알아보도록 하겠다.

우리나라에서 일본으로의 문화전파는 이미 청동기시대부터 본격화 되었다. 그 이전의 구석기시대와 신석기시대에는 일방적인 문화전파 라기 보다 상호 교류의 시기였다. 즉, 수양개·下花溪里遺蹟 등에서 출토된 슴베찌르개가 일본 남부의 구주지방에서 집중 확인된 반면 北海島 지역과 동북지역에서 발견된 히로사토(廣鄕)형 좀돌날몸돌은 上舞龍里에서 최근 출토된 바 있다. 신석기시대에는 바다를 이용하여 이러한 교류가 더욱 증가되었다. 토기나 黑曜石製 석기 등을 통한 교류의 흔적은 우리나라의 경우 부산 東三洞貝塚과 朝島貝塚, 凡方貝塚, 新岩里遺蹟, 上老大島貝塚, 欲知島貝塚, 煙臺島貝塚 등에서 확인되었고, 일본은 九州와 對馬島지역을 중심으로 한 越高, 夫婦石, 佐賀, 松崎, 大矢, 曾畑遺蹟 등에서 검출되었다.[46] 그러나 청동기시대 및 초기 철기시대에 이르면 구석기·신석기시대와 달리 일방적인 문화전파가 우리나라에 의해 전개되었다. 즉 孔列土器와 刻目突帶文土器, 松菊里

---

46) 이상의 내용은 다음의 논고를 참조하였다.
이건무,「韓·日交流의 考古學」『한·일 고대의 문화교류』, 국립전주박물관, 2001, pp.7~8.

型 住居와 松菊里式 土器, 圓形·三角形 粘土帶土器, 青銅器 등이 그 것이다.47)

이러한 우리나라의 對日 문화전파는 삼한시대를 거쳐 삼국시대에 이르면 더욱 활발해진다. 예컨대 김해 대성동고분군의 축조 중단에 따른 伽倻 도공들의 일본 이주 및 삼국의 유이민들은 일본의 須惠器 생산에 결정적인 역할을 하였다.48) 그리고 백제의 경우도 불교, 유교를 비롯해 궁전과 도성·사원·산성 축조·교량과 제방 등의 건축술, 금동신발·이식 등의 금속공예, 불상 등의 조각, 횡혈식석실분 등 전반적인 분야에서 문화전파를 진행하였다.49) 이러한 對日 문화 전파는 대소의 차이가 있긴 하지만 신라와 고구려도 마찬가지였다.

하지만 일본의 通時代 중 飛鳥時代라는 제한된 시기만을 고려한다면 삼국 중에서도 백제의 역할이 가장 두드러졌다. 이는 『日本書紀』의 여러 기사를 통해서도 쉽게 파악할 수 있는데, 특히 백제에서 일본으로 전파된 여러 문화 내용 중 가장 다수의 항목을 차지한 것은 佛教文

---

47) ① 李弘鍾, 「Ⅴ 후기무문토기사회의 특질」『청동기사회의 토기와 주거』, 서경문화사, 1996, p.221.
② 이건무, 「韓·日交流의 考古學」『한·일 고대의 문화교류』, 국립전주박물관, 2001, p.9.
48) 申敬澈·金宰佑, 『金海 大成洞古墳群Ⅰ』, 慶星大學校博物館, 2000, pp.192~193.
49) 李道學, 「백제문화의 일본전파」『백제의 역사』, 충청남도·공주대학교 백제문화연구소, 1995.

Ⅱ. 百濟 佛教文化의 傳播

化였다.

 따라서 본 장에서는 백제에 의해 일본으로 전파된 불교문화의 내용을 시기적 흐름 속에서 연대별로 파악해 보고, 특히 飛鳥寺의 창건을 위해 588년 일본에 파견된 造寺工과 瓦博士에 대해서도 검토해 보고자 한다. 아울러 이들에 의해 전파된 와적기단과 이중기단의 축조술, 그리고 제와술 등이 당시 백제에서 유행하였던 建築技術이었음을 살펴보고자 한다.

1. 佛敎의 傳播

 백제에서 일본으로의 불교전파는『日本書紀』의 경우 552년으로 기록되어 있지만[50] 이보다 이른 538년이라는 것이 일찍부터 通說로 전해지고 있다.[51] 백제에서 일본으로의 불교전파는 결과적으로 두 나라의 왕래를 이전보다 더욱 빈번하게 하였다. 이는 곧 백제에서 사신을 파견하여 불교를 전파하였던 사실뿐만 아니라 일본에서도 적극적으로

---

50)『日本書紀』卷 第19 欽明天皇 13年 冬十月條.
 "… 別表 讚流通禮拜功德云 是法於諸法中 最爲殊勝 難解難入 周公・孔子 尙不能知 此法能生無量無邊福德果報 乃至成辨無上菩提 譬如人懷隨意寶 逐所須用 盡依情 此妙法寶亦復然."

백제에 불교를 요청하였음을 의미하는 것이다.52)

『일본서기』를 중심으로 하여 백제의 佛·法·僧 전파를 시기별로 살피면 다음과 같다.

먼저, 聖王 23년(545) 9월에는 功德과 일체 중생의 解脫을 위해 丈六佛像을 만들어 일본에 전래하고 있다.53)

성왕 30년(552) 10월에는 西部姬氏, 達率 怒唎斯致契 등으로 하여금 金銅釋迦佛, 幡蓋, 經論 등도 보내 주었다.54)

성왕 31년(553) 6월에는 醫博士·易博士·曆博士 등이 순번에 의해

---

51) 奈良縣의 古寺인 元興寺의 유래를 기술한 『元興寺伽藍緣起 幷 流記資財帳』에 의하면 불교전래는 538(戊午)년인 欽明 7년에 이루어진 것으로 보고 있다.
"大倭國佛法 創自斯歸島宮治天下天國案春岐廣庭天皇御世 蘇我大臣稻目宿 仕奉時治天下七年歲次戊午十二日度來 百濟國聖明王時 太子像幷灌佛之器一具 及說佛起書卷一篋度而 言 當聞 佛法旣是世間無上之法."(『日本佛敎全書』新 85 卷, p.1·上 ; 김영태, 「威德王當時의 佛敎」『百濟佛敎思想硏究』, 東國大學校出版部, 1985, p.61 再引用).
한편, 『上宮聖德法王帝說』의 경우도 戊午年說을 따르고 있어 백제에서의 불교전래를 538년으로 기록하고 있다. 이러한 전거로 인해 田村圓澄(田村圓澄, 「佛敎의 道-古代韓國と日本-」『韓國と日本の佛敎文化』, 學生社, 1989, p.16) 및 대부분의 일본 학자들은 불교전래의 시기를 538년으로 보고 있다.
52) 『隋書』卷 81 列傳 46 東夷傳 倭國條.
"倭國始於百濟求得佛經."
53) 『日本書紀』卷 第19 欽明天皇 6年 是月條.
"百濟造丈六佛像 製願文曰 蓋聞 造丈六佛 功德甚大 今敬造 以此功德 願天皇獲勝善之德 天皇所用 彌移居國 俱蒙福祐 又願 普天之下一切衆生 皆蒙解脫 故造之矣."

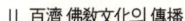

교대가 이루어질 수 있도록 백제에 청하고 있다.55) 아울러 이를 기점으로 傳法僧團과 함께 五經博士・曆博士・易博士・醫博士・採藥師・樂人 등이 파견됨을 볼 수 있다.56)

그리고 威德王 24년(577) 11월에는 백제왕이 大別王에게 의탁하여 經論과 律師, 禪師, 比丘尼, 呪禁師, 造佛工, 造寺工 등 6인을 일본 사신과 함께 일본으로 파견하고, 이들을 難波(大阪)의 大別王寺에 머무르게 한 기록이 남아 있다.57)

위덕왕 30년(583) 10월에는 達率 日羅가 일본에 건너간 사실이 기록

---

54) 『日本書紀』卷 第19 欽明天皇 13年 冬10月條.
"百濟聖明王 遣西部姬氏達率怒唎斯致契等 獻釋迦佛金銅像一軀 幡盖若干 經論若干卷."
55) 『日本書紀』卷 第19 欽明天皇 14年 6月條.
"…別勅 醫博士・易博士・曆博士等 宜依番上下 今上件色人 正當相代年月 宜付還使相代 又卜書・曆本・種種藥物 可付送."
56) 성왕 32년(554) 2월에 曇慧등 僧 9인을 일본으로 보내 道深등 僧 7인과 교대시켰다(『日本書紀』卷 第19 欽明天皇 15年 2月條). 이 기록을 통해 볼 때 道深을 중심으로 한 7인의 僧侶는 백제의 傳法僧團으로써 출국시기는 확실히 알 수 없지만 기존에 이미 일본에서 활약하였던 백제 승려임을 알 수 있다. 원문의 내용을 살피면 아래와 같다.
"…五經博士王柳貴 代固德馬丁安 僧曇慧等九人 別僧道深等七人 別奉勅 貢易博士施德王道良・曆博士固德王保孫・醫博士奈率王有㥄陀・採藥師施德潘量豊 固德丁有陀・樂人施德三斤・季德己麻次・季德進奴・大德進陀 階依請代之."
57) 『日本書紀』卷 第20 敏達天皇 6年 冬11月 庚午朔條.
"百濟國王 付還使大別王等 獻經論若干卷 幷律師・禪師・比丘尼・呪禁師・造佛工・造寺工六人 遂安置於難波大別王寺."

되어 있으며,58) 31년(584) 9월에는 백제에서 귀국하는 鹿深臣이 미륵석상 1구를 가져가고, 佐伯連이 역시 불상 1구를 가져감을 볼 수 있다.59) 또한 이 해에 司馬達等은 딸 嶋를 출가시켜 일본 최초의 비구니로 삼았으며, 그의 제자로 禪藏尼와 惠善尼를 두게 하였다. 그리고 大臣 蘇我馬子는 미륵석상을 佛殿 안에 안치하는 등 불법에 귀의하였음을 볼 수 있다.60)

위덕왕 35년(588)에는 百濟國이 사신과 더불어 승 惠總, 令斤 및 恩率 首信 德率 蓋文, 那率 福富味身 등을 불사리와 함께 전래하였으며, 승 聆照律師·令威·惠衆·惠宿와 寺工, 露盤博士, 瓦博士, 畵工 등을 파견하였다.61) 아울러 일본 최초의 比丘尼인 善信尼 등이 백제에서 戒

---

58) 『日本書紀』卷 第20 敏達天皇 12年條.
59) 『日本書紀』卷 第20 敏達天皇 13年 秋9月條.
　"從百濟來鹿深臣 有彌勒石像一軀 佐伯連 有佛像一軀."
60) 『日本書紀』卷 第20 敏達天皇 13年 是歲條.
　"蘇我馬子宿禰 請其佛像二軀 乃遣鞍部村主司馬達等·池邊直氷田 使於四方 訪覓修行者於是 唯於播磨國 得僧還俗者 名高麗惠便 大臣乃以爲師 令度司馬達等女嶋 曰善信尼又度善信尼弟子二人 其一 漢人夜菩之女豊女 名曰禪藏尼 其二 錦織壼之女石女 名曰惠善尼 馬子獨依佛法 崇敬三尼 乃以三尼 付氷田直與達等 令供衣食 經營佛殿於宅東方 安置彌勒石像…"
61) 『日本書紀』卷 第21 崇峻天皇 元年 是歲條.
　"百濟國遣使幷僧惠總·令斤·惠寔等 獻佛舍利 百濟國遣恩率首信·德率蓋文·那率福富 味身等 進調幷獻佛舍利 僧聆照律師·令威·惠衆·惠宿·道嚴·令開 等 寺工太良末太·文賈吉子 鑪盤博士將德白昧淳 瓦博士麻奈文奴·陽貴文·悛貴文·昔麻帝彌 畵工白加."

II. 百濟 佛敎文化의 傳播

를 받고 귀국해 일본 땅에 尼僧들을 대거 출현케 하고,[62] 이들로 하여금 백제의 戒法이 일본에 널리 전파된 점도 찾아볼 수 있다. 특히 威德王 42년(595) 5월 僧 慧聰의 渡日[63]과 44년(597) 4월 阿佐王子의 渡日,[64] 그리고 무왕 3년(602) 10월 승 觀勒의 渡日[65] 등도 일본의 불교

---

62) 『日本書紀』卷 第21 崇峻天皇 元年 是歲條 및 3年 春3月 및 是歲條.
63) 『日本書紀』卷 第22 推古天皇 3年 是歲條.
 "百濟僧慧聰來志."
 혜총은 고구려 승 慧慈와 더불어 聖德太子에게 불법을 가르쳤고, 일본 최초의 가람인 飛鳥寺에 머물면서 일본 불교의 동량이 되었다.
64) 『日本書紀』卷 第22 推古天皇 5年 夏4月 丁丑朔條.
 "百濟王遣王子阿佐朝貢."
 한편, 김영태는 아좌태자를 琳聖太子와 동일인으로 보고(金煐泰, 「琳聖太子와 阿佐太子」『百濟佛敎思想硏究』, 東國大學校出版部, 1985, pp.81~82), 그에 의하여 觀音信仰과 妙見信仰이 일본에 전파되었다고 추정하였다.
 『日本書紀』卷 第22 推古天皇 10年 冬十月條.
 "百濟僧觀勒來之 仍貢曆本及天文地理書 幷遁甲方術之書也 是時 選書生三四人 以俾學習於觀勒矣 陽胡史祖玉陳習曆法 大友村主高聰學天文遁甲 山背臣日立學方術 皆學以成業"
 또한 관륵은 624년 승 1인이 도끼로 祖父를 구타한 사실과 관련하여 表를 올림으로써 僧尼를 감독할 수 있는 僧正의 지위에 오르게 된다(『日本書紀』卷 第22 推古天皇 32年 夏4月 丙午朔戊申條). 『일본서기』에 기술된 表의 내용을 살피면 아래와 같다.
 "於是 百濟觀勒僧 表上以言 夫佛法 自西國至于漢 經三百歲 乃傳之至於百濟國而僅一百年矣 然我王聞日本天皇之賢哲 而貢上佛像及內典 未滿百歲 故當今時以僧尼未習法律 輒犯惡逆 是以 諸僧尼惶懼 以不知所如 仰願 其除惡逆者以外僧尼 悉赦而勿罪 是大功德也 天皇乃聽之 戊午 詔曰 夫道人尙犯法 何以誨俗人 故自今已後 任僧正僧都 仍應檢校僧尼 壬戌 以觀勒爲僧正."

발전에 일익을 담당하였음은 주지하는 사실이다.

특히 이러한 불교의 전래는 결과적으로 推古天皇朝 憲法 17조 2항에 불·법·승 3보를 공경하고, 歸依하여야 한다는 조항으로 남게 되어 이후 일본 불교발전의 초석이 되었다.66)

아울러 무왕 13년(612)에는 백제의 芝耆摩呂가 일본으로 건너가 부처가 살고 있는 須彌山 모형과 吳橋를 만드는 등 佛敎工藝와 건축술을 전파하기도 하였다.67)

한편, 663년 9월 백제국 부흥운동의 실패는 백제 유민들로 하여금 대거 일본으로 망명케 하였다. 즉 664년 3월조에는 백제왕 善光 등을 難波에 거주케 하였고,68) 665년에는 백제의 남녀 400인이 滋賀縣 남부인

---

66) 『日本書紀』卷 第22 推古天皇 12年 夏4月 丙寅朔戊辰條.
 "…二曰 篤敬三寶 三寶者佛法僧也 則四生之終歸 萬國之極宗 何世何人 非貴是法 人鮮尤惡 能敎從之 其不歸三寶 何以直枉."
67) 『日本書紀』卷 第22 推古天皇 20年 是歲條.
 "自百濟國有化來者 其面身皆斑白 若有白癩者乎 惡其異於人 欲棄海中嶋 然其人曰 若惡臣之斑皮者 白斑牛馬 不可畜於國中 亦臣有小才 能構山岳之形 其留臣而用 則爲國有利何空之棄海嶋耶 於是 聽其辭以不棄 仍令構須彌山形及吳橋於南庭 時人號其人 曰路子工 亦名芝耆摩呂…"
 위의 내용으로 보아 芝耆摩呂는 백제에서 공식적으로 파견된 장인이 아닌 것으로 판단된다. 그러나 그가 수미산 모형을 만들 수 있는 장인이라는 점에서 백제 불교공예술의 일면을 엿볼 수 있겠다.
68) 『日本書紀』卷 第27 天智天皇 3年 3月條.
 "以百濟王善光王等 居于難波."

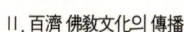

近江國 神前郡에,⁶⁹⁾ 그리고 666년에는 백제의 남녀 2,000여명을 東國으로 각각 이주케 하였다.⁷⁰⁾ 669년에는 百濟 官人 佐平 餘自信, 佐平 鬼室集斯 등 남녀 700여명이 近江國 蒲生郡에 정착하게 되었다.⁷¹⁾ 아울러 671년에는 法, 兵法, 藥에 능통한 백제의 왕족과 귀족들이 大和政權의 요직에서 우대 받고 있음을 확인할 수 있다.⁷²⁾

한편, 백제 패망 후 일본으로 건너간 유민들은 백봉·천평시대의 사

---

69) 『日本書紀』卷 第27 天智天皇 4年 春2月條.
 "復以百濟百姓男女四百餘人 居于近江國神前郡."
70) 『日本書紀』卷 第27 天智天皇 5年 是冬條.
 "以百濟男女二千餘人 居于東國."
71) 『日本書紀』卷 第27 天智天皇 8年 是歲條.
 "…又以佐平餘自信·佐平鬼室集斯等 男女七百餘人 遷居近江國蒲生郡."
 여기서 餘自信은 왕족으로 그리고 鬼室集斯는 豊璋(夫餘豊)을 옹립했던 恩率 鬼室福信의 아들로 볼 수 있다(田中俊明, 「百濟人の日本移住史(百濟系渡來人)の概要」 『日本所在 百濟文化財 調査報告書 Ⅰ-近畿地方』, 國立公州博物館, 1999, p.178). 풍장은 무왕과 의자왕의 아들로 同名異人인데 본고에서는 후자에 해당한다. 풍장의 실체에 대해선 노중국의 논고가 주목된다(盧重國, 「7世紀 百濟와 倭와의 關係」 『國史館論叢』第 52輯, 國史編纂委員會, 1992, pp.294~299).
 한편, 이곳에는 백제계 석탑인 석탑사 3층석탑이 위치해 있기도 하며(西谷正, 「古代 朝鮮과 日本과의 交流」 『(財)朝鮮奬學會 創立100周年記念 古代史シンポジウロ』, 2000, p.71) 백제계 기단양식인 와적기단이 宮井廢寺에서 확인되었다.
72) 『日本書紀』卷 第27 天智天皇 10年 是月條.
 "以大錦下授佐平余自信·沙宅紹明法官大輔 以小錦下 授鬼室集斯學職頭 以大山下 授達率谷那晉首閑兵法 木素貴子閑兵法 憶禮福留閑兵法 答㶱春初閑兵法 㶱日比子贊波羅金羅金須解藥 鬼室集信解藥…"

원 및 성곽건축과 같은 토목기술·병법·교육 등에 지대한 영향을 미치게 되었다.[73] 즉, 唐, 신라의 침공을 경계해서 664년에는 對馬島·壹岐島·筑紫國에 防과 烽을 두고, 大宰府에 水城을 축조하게 된다.[74] 그리고 665년에는 達率 答㶱春初를 長門國에 파견하여 축성케 하는 한편, 達率 憶禮福留 및 四比福夫를 또한 筑紫國에 파견하여 大野城, 椽城 등을 축조케 하고 있다.[75]

  이상에서 살핀 바와 같이, 일본은 백제로부터의 불교수용에 힘입어 私宅佛敎에서 伽藍佛敎로 변화하게 되었다. 그리고 백제가 멸망한 이후에는 왕족, 귀족을 비롯한 백제유민들이 대거 일본으로 망명케 됨으로써 불교문화를 비롯한 문화 전반에 큰 영향을 미치게 되었다. 그러나 이상의 내용은 『日本書紀』등의 기록을 근간으로 하였기 때문에 記述되지 않은 불상의 전래나 장인들의 파견 또한 적지 않았을 것으로 사료된다. 아울러 무형의 산물인 불상의 주조기술이나 양식 등의 전파도 배제할 수 없다.[76] 따라서 이러한 문제의 해결을 위해선 양국의 개

---

73) 李道學,「백제문화의 일본전파」『백제의 역사』, 공주대학교 백제문화연구소·충청남도, 1995, p.347.
74) 『日本書紀』卷 第27 天智天皇 3年 是歲條.
    "於對馬島·壹岐島·筑紫國等 置防輿烽 又於筑紫 築大堤貯水 名曰水城."
75) 『日本書紀』卷 第27 天智天皇 4年 秋8月條.
    "遣達率答㶱春初 築城於長門國 遣達率憶禮福留·達率四比福夫於筑紫國 築大野及椽二城…"

별 유물들에 대한 보다 면밀한 검토가 요구된다.

2. 造寺工과 瓦博士의 派遣

일본의 私宅佛教가 堂塔을 중심으로 한 伽藍佛教로 바뀌게 된 데에는 백제의 조사공과 와박사의 역할이 결정적이었다. 즉, 威德王 24(577)년 11월에 백제왕은 大別王에게 의탁하여 經論과 律師, 禪師, 比丘尼, 呪禁師, 造佛工, 造寺工 등 6인을 사신과 함께 일본으로 파견하고, 이들을 難波(大阪)의 大別王寺에 머무르게 하였다. 그리고 위덕왕 35년인 588년 崇峻 元年 3월에는 恩率 首信・德率 蓋文 등이 불사리를 전래하고, 僧 聆照律師・令威・惠衆・惠宿 등 6인과 寺工 太良末太・文賈吉子, 鑪盤博士 將德 白昧淳, 瓦博士 麻奈文奴・陽貴文・㥄貴文・昔麻帝彌 등 4인과 畫工 白加 등을 일본에 파견하였다.

전술한 2가지 사실에서 주목되는 사건이 바로 造寺工과 瓦博士의 파

---

76) 불상의 경우 일찍부터 백제불과 고대 일본불과의 비교・검토가 있었다. 이에 대해선 다음의 논고를 참조할 수 있다.
① 久野健,「古代の渡來佛」『古代日本と渡來文化』, 學生社, 昭和 63年.
② 金理那,「百濟彫刻과 日本彫刻」『百濟의 彫刻과 美術』, 公州大學校 博物館・忠淸南道, 1992.

견이다. 특히 2회에 걸친 조사공의 파견이 주목되는데, 비로소 일본이 寺院建築에 전력을 기울이고 있음을 엿볼 수 있는 대목이다. 이러한 조사공의 파견은 결국 6세기 후반 백제에서 유행하였던 瓦積基壇[77] 과 二重基壇,[78] 版築工法,[79] 그리고 1탑1金堂式의 가람[80] 등이 일본 에 전파되었음을 의미하는 것이다. 아울러 와박사의 파견은 일본 窯業 에 있어 平瓦와 瓦當, 심지어는 瓦窯에 이르기까지 백제적인 색채를 간직하게 하였다.[81]

한편, 이러한 伽藍佛敎로의 변화·발전은 일본 불교사의 획기적 사

---

[77] 拙稿,「百濟 瓦積基壇에 대한 一研究」『韓國上古史學報』第33號, 韓國上古史學會, 2000.
[78] 拙稿,「百濟 二層基壇 築造術의 日本 傳播」『百濟研究』第35輯, 忠南大學校 百濟研究所, 2002.
[79] 지금까지 고고학적 발굴조사를 통하여 확인된 대표적인 백제에서의 版築工法은 漢城時代의 토성인 風納洞土城, 夢村土城을 비롯한 사비시대의 扶蘇山城, 金剛寺址 金堂址·木塔址, 定林寺址 5層石塔 基壇部, 彌勒寺址 木塔址·東塔址, 龍井里寺址 木塔 基壇部, 益山 王宮里遺蹟 5層石塔下部 木塔址 등 주로 土城, 建物址, 塔址 基壇部 등에서 다양하게 확인되었다(崔孟植,「百濟 版築工法에 관한 研究」『碩晤尹容鎭敎授停年退任紀念論叢』, 碩晤尹容鎭敎授停年退任紀念論叢刊行委員會, 1996). 반면에 고구려는 백제에 비해 광범위하게 版築工法이 사용되지 않아 尹武炳은 百濟의 版築工法이 高句麗를 거치지 않고, 中國 南朝로부터 직접 유입될 가능성에 대해서도 유추해 보았다(尹武炳,「高句麗와 百濟의 城郭」『百濟史의 比較研究』, 忠南大學校 百濟研究所, 1993).
한편, 일본에서의 판축기단은 飛鳥寺 東金堂址 기단토에서 살필 수 있다.
[80] 張慶浩,「百濟와 日本의 古代 寺刹建築」『百濟佛敎文化의 研究』, 忠南大學校 百濟研究所, 1994.

건으로 당시 일본 大和政權의 실권자였던 蘇我氏와도 무관하지 않다. 이 같은 근거는 推古天皇 원년 정월, 飛鳥寺의 刹柱를 세우고 佛舍利를 心礎石 중에 넣을 때,[82] 蘇我大臣 및 100여명의 인사들이 百濟服을 입고 그 행사에 참여한 사실[83]에서 잘 살펴볼 수 있다.

그렇다면 원론적인 측면에서 蘇我馬子는 어떠한 연유로 백제의 威德王에게 사찰 조영에 필요한 장인들을 요청하였던 것일까? 그리고 그것이 필경 588년에 이루어진 원인은 무엇이었을까? 이러한 의문은 결국 飛鳥寺의 창건과 관련하여 아주 중요한 문제가 아닐 수 없다. 이의 해답을 찾기 위해 『日本書紀』崇峻天皇條의 기록을 검토해 보고자 한다.[84]

---

81) 백제에서 일본으로의 와박사 파견은 결과적으로 백제시대의 기와 양식이 일본에 전파됨을 의미한다. 지금까지 일본에서 확인된 百濟係 양식의 와당은 대표적으로 飛鳥寺, 四天王寺, 法隆寺若草伽藍, 豊浦寺, 百濟大寺, 新堂廢寺, 天台寺, 木山廢寺, 大野城 등에서 볼 수 있다. 아울러 飛鳥寺 출토 평와 역시도 내면에 模骨 표현이 뚜렷해 백제의 製瓦技術이 지대하였음을 알 수 있다. 특히 飛鳥寺 조성에 사용된 기와를 燔瓦한 飛鳥寺 瓦窯의 경우 階段式登窯로 扶餘 亭岩里瓦窯와 흡사함을 볼 수 있어 기와뿐만 아니라 瓦窯 또한 백제에서 일본으로 전파되었음을 판단케 한다(趙源昌, 「百濟瓦當의 變遷과 飛鳥寺 創建瓦에 대한 檢討」 『嶺南考古學』 第27號, 嶺南考古學會, 2000).
82) 『日本書紀』卷 第22 推古天皇 元年 春正月壬寅朔丙辰條.
 "以佛舍利置于法興寺刹柱礎中."
83) 『扶桑略記』卷 3 推古天皇條.
84) 『日本書紀』卷 第21 崇峻天皇 秋7月條.

崇峻天皇은 欽明天皇의 12번째 아들로 先皇인 用明天皇의 아우이다. 그런데 용명천황이 즉위 2년만에 단명하게 되자 일본에서는 천황 계승을 둘러싼 蘇我馬子와 物部守屋간의 피비린내 나는 정쟁이 일어나게 되었다.85) 즉, 物部氏가 穴穗部皇子를 천황으로 옹립하려 하자 蘇我氏가 주동이 되어 혈혜부황자를 주살하게 된다. 그리고 군사를 이끌고 志紀郡에 있는 物部氏의 성을 공략하게 되었다. 그러나 蘇我氏의 군대는 物部氏 가병들의 軍勢에 밀려 세 번을 퇴각하게 되었다. 그러자 厩戸皇子는 "만일 잘못하면 패하지 않을까? 기원하지 않으면 이기기 어려울 것이다"라고 생각하며 白膠木을 잘라 사천왕을 만들고 이를 頂髮 위에 올려놓으면서 發願하기를 "지금 내게 적을 이기게 하여 주시면 반드시 護世四王을 위하여 寺塔을 건립할 것입니다"라고 말하였다. 蘇我馬子도 발원하여 "모든 諸天王, 大神王 등이 나를 도와 지켜 이기게 하여 주시면 諸天王과 大神王을 위하여 寺塔을 건립하고 佛法을 크게 펴겠습니다"라고 말하였다. 이 발원 후 전쟁에서의 승리는 蘇我氏에게 돌아갔고, 그 결과 崇峻天皇의 즉위와 蘇我馬子의 막후 실력 행사가 실시되었다. 이제 바야흐로 私宅佛敎에서 伽藍佛敎로의 대변

---

85) 이는 한편으로 숭불파(蘇我氏)와 배불파(物部氏)간의 종교전쟁이기도 하였다(가쿠 고조 감수 / 양억관 옮김, 『이야기로 배우는 일본의 역사』, 고려원미디어, 1995, p.48). 따라서 숭불파의 승리는 곧 가람불교의 성립과 사찰건립의 배경이 되었다.

화를 예고하는 신호탄이 된 것이다.

위에서 살핀 『일본서기』의 기록에 의하면 蘇我馬子는 전쟁에서의 승리를 위해 발원을 하였고, 그 결과 우연인지 몰라도 전쟁에 승리하게 되었다. 이전부터 崇佛派였던 蘇我馬子는 佛力을 통해 자신의 정적이었던 物部氏를 제거하고, 정권의 막후 실력자가 되자 자신의 發願을 실행에 옮기고자 하였다. 즉, 伽藍의 건립이 우선적으로 필요하였던 것이다. 이러한 절대절명의 필요성이 곧 조사공, 와박사, 화공, 노반박사 등의 파견 요청이었던 것이다. 주지하듯 蘇我馬子는 飛鳥寺의 刹柱를 세우고 佛舍利를 心礎石 중에 넣을 때, 100여명의 인사들과 함께 百濟服을 입고 그 행사에 참여할 만큼 백제에 호의적인 인물이었다.[86] 이러한 親 백제적인 행위가 곧 고구려나 신라가 아닌 백제에 飛鳥寺 창건과 관련된 장인들을 요청하게 된 계기가 아니었나 생각된다. 아울러 백제의 威德王도 親 백제적인 蘇我馬子를 위해 당대 최고의 장인들을 파견하였을 것으로 생각된다.

따라서 일본 최초의 가람불교인 飛鳥寺의 창건은 결과적으로 大和政權의 실권자였던 親 백제적인 蘇我馬子와 백제의 威德王, 그리고 파

---

86) 蘇我馬子의 선조는 한성에서 웅진으로 천도할 때에 공을 세웠던 木滿致로 추정되며, 그가 倭로 건너가 소가(曾我)지역에 터를 잡으면서 姓氏로 활용하게 되었다(李道學, 「백제문화의 일본전파」 『백제의 역사』, 충청남도·공주대학교 백제문화연구소, 1995, p.346).

견된 전문 장인집단인 백제의 조사공, 노반박사, 와박사, 화공 등의 합작에 의해 이루어졌음을 알 수 있다. 특히 사원건축과 직접적으로 관련된 장인들의 일본 파견은 당대의 불교문화계에 혁명을 불러 일으켰을 것으로 생각된다. 이제 바야흐로 일본의 伽藍佛敎 시대가 본격적으로 열리며 飛鳥寺를 비롯한 豊浦寺·四天王寺·法隆寺·斑鳩寺·定林寺 등의 창건이 활발하게 일어나는 계기가 되었다.

백제건축기술의 대일전파

III. 瓦積基壇의 築造術

1. 百濟 瓦積基壇의 始原과 遺蹟現況

(1) 始原

지금까지 한성시대 및 웅진시대의 백제 寺址가 고고학적으로 발굴 조사 된 예는 없다. 다만 기와집터가 공주지역의 公山城[87]과 艇止山遺蹟[88]을 중심으로 일부 남아 있을 뿐이다. 따라서 유적의 영성함 속에서 사비시대에 유행한 와적기단의 시원을 찾기란 그리 쉽지 않다. 하지만 사비시대에 들어 推定王宮址, 寺址, 성곽 내의 건물지 등에 와적기단이 다양한 형식으로 사용되었음을 볼 때 그 始原이 웅진시대에 있었을 가능성은 충분히 유추해 볼 수 있다.

현재 웅진시대 및 사비시대에 해당하는 공주지역의 건물지는 公山城 및 艇止山遺蹟을 제외하고는 거의 찾을 수 없다. 물론 국내외의 문헌상으로는 大通寺址,[89] 興輪寺址,[90] 水源寺址,[91] 舟尾寺址,[92] 일명

---

[87] 公山城內에서 지금까지 확인된 백제시대 건물지로는 掘建式建物址를 비롯해 推定王宮址, 臨流閣址 등 다양히다. 이를 참조할 수 있는 자료는 아래와 같다.
① 安承周, 『公山城』, 公州師範大學 百濟文化研究所·忠淸南道, 1982.
② 安承周·李南奭, 『公山城 百濟推定王宮址發掘調查報告書』, 公州師範大學博物館, 1987.
③ 安承周·李南奭, 『公山城建物址』, 공주대학교박물관·충청남도, 1992.
[88] 국립공주박물관, 『艇止山』, 1999.

翁山寺址93) 등이 웅진지역 寺址로 간략하게 기록되어 있다. 하지만 시·발굴조사 결과 이들 유적에서 백제시대로 규정할 만한 결정적인 遺構와 遺物은 출토되지 않았다. 달리 말하면 대통사지를 제외한 나머

---

89) '大通'은 中國 南朝 梁武帝의 年號로써, 大通寺址에 관련된 문헌기록은 『三國遺事』에 간략히 전해지고 있다. 즉 『三國遺事』卷 第3 興法 第3 原宗興法條에 의하면 "大通元年丁未 爲梁帝創寺於熊川州 名大通寺"라 되어 있다.
한편 조경철의 경우 대통사의 창건 배경에 대해 『法華經』의 轉輪聖王思想을 근거로 이견을 제시하고 있어 주목된다. 즉 聖王은 평소 자기자신을 전륜성왕으로 자처하였고, 전륜성왕의 아들인 大通智勝如來를 모시기 위하여 大通寺를 지었다는 것이다(趙景徹, 「百濟의 支配勢力과 法華思想」『韓國思想史學』第12輯, 韓國思想史學會, 1999, p.39).
아울러 일본의 경우 大津市 滋賀里에서도 백제시대와 同名의 大通寺를 확인할 수 있다. 그런데 大通寺를 중심으로 한 그 주변지역에서 5세기말이후(대통사 41호분)~7세기대의 百濟係 橫穴式 石室墳이 조사된 바 있어 부분적으로 이와의 관련성이 살펴지고 있다. 왜냐하면 일본 近畿地方에서의 경우 百濟 渡來人과 관련된 古墳, 寺址가 하나의 세트화 되어 조사된 예가 많이 있기 때문이다.

90) 興輪寺址는 그동안 신라시대의 寺址로 줄곧 알려져 왔으나 李能和의 『朝鮮佛教通史』上編을 참조하여 볼 때 이는 어디까지나 聖王代를 어간으로 한 웅진시대의 사찰이었음을 알 수 있다(趙源昌, 「公州地域 寺址 硏究」『百濟文化』第28輯, 公州大學校 百濟文化硏究所, 1999).

91) 水源寺와 관련된 문헌기록은 『三國遺事』卷 第3 塔像 第4 彌勒仙花未尸郞眞慈師條에서 그 편린을 볼 수 있다. 그런데 1989년과 1991년 2회에 걸친 시·발굴조사 결과 통일신라시대 이후 조선시대에 해당하는 寺址만 확인되었다(李南奭·李勳, 『水源寺址』, 公州大學校博物館·忠淸南道 公州市, 1999). 따라서 『三國遺事』의 기록과는 관련이 없는 寺址로 판명되었다. 그러므로 傳 수원사지로 부르는 것이 당연하리라 생각한다(趙源昌, 「公州地域 寺址 硏究」『百濟文化』第28輯, 公州大學校 百濟文化硏究所, 1999, pp.120~121).

지 寺址의 경우는 그 위치조차 파악되지 않았다. 이러한 난제 속에서 公山城內 臨流閣址(圖面 1)의 塼土混築基壇[94](圖面 2)은 웅진시대의 여러 기단, 즉 石築基壇이나 生土面基壇[95]과 비교해 볼 때 특별한 양식으로 파악되고 있다.

塼土混築基壇은 축조방법에 있어 사비시대에 널리 유행한 평적식의 와적기단과 상당히 유사함을 볼 수 있다. 다만, 전자가 塼을 재료로 하여 기단을 축조한 반면, 후자는 폐기와를 주재료로 하여 기단을 조성하였다는 점에서 뚜렷한 차이가 발견된다.

臨流閣址에서 확인된 전토혼축기단은 지금까지 공산성을 제외한 공주지역이나 부여지역의 다른 기와집터에서 전혀 조사된 바 없다. 특히

---

92) 舟尾寺址도 水源寺址와 마찬가지로 백제시대의 遺構는 확인되지 않았다. 단지 통일신라시대 이후 조선시대의 유구만이 확인되었다(李南奭·李勳, 『舟尾寺址』, 公州大學校 博物館·忠淸南道 公州市, 1999). 따라서 이 寺址 역시도 傳 주미사지로 부름이 당연하다(趙源昌, 「公州地域 寺址 硏究」 『百濟文化』 第28輯, 公州大學校 百濟文化硏究所, 1999, pp.126~128).
93) 釋玄光은 聖王-威德王대의 인물로 陳의 南岳 慧思禪師에게서 法華 安樂行門을 사사하고 고향인 熊州(公州)로 돌아와 翁山에 자리를 잡고 梵刹(寺院)을 이루어 크게 교화를 떨쳤던 것으로 전해시고 있다(『宋高僧傳』 卷 第18 陳新羅國玄光傳).
94) 기단토상에 가로×세로가 각각 25cm인 方形의 塼을 깔고 그 위에 9cm의 흙을 덮는 과정을 3회 반복하여 기단을 조성한 것이다. 전을 이용하여 기단을 조성하였다는 점에서 塼積基壇으로 볼 수도 있으나 흙의 두께가 9cm 정도로 두껍다는 점에서 양자를 구분할 필요가 있다.
95) 기단토 자체가 生土를 의미하는 것으로 艇止山遺蹟內 기와집터에서 볼 수 있다.

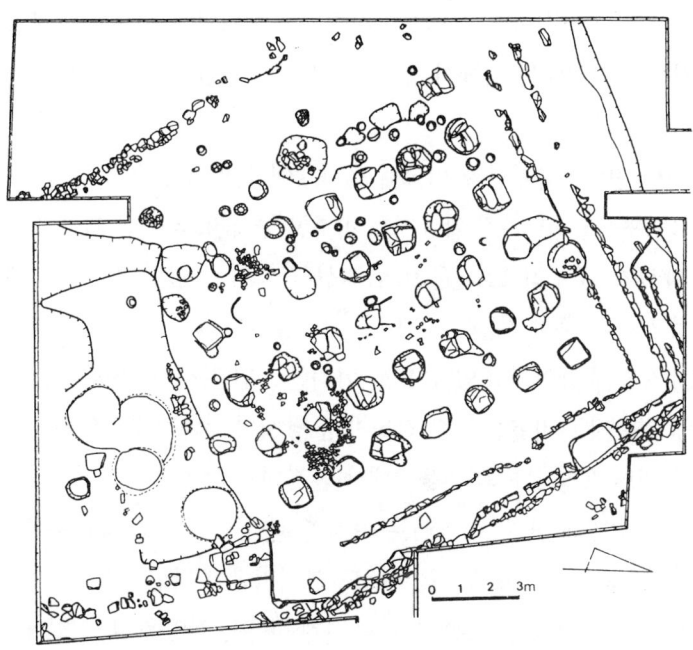

〔圖面 1〕臨流閣址 平面圖
(安承周,『公山城』, 公州師範大學 百濟文化硏究所・忠淸南道, 1982, 圖面 12)

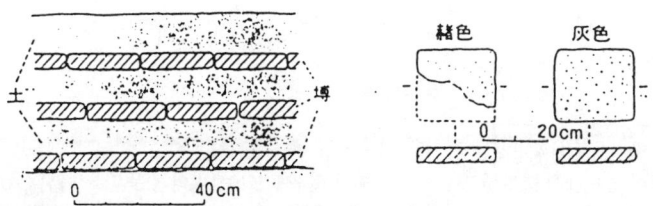

〔圖面 2〕臨流閣址 出土 塼土混築基壇
(이왕기,「백제의 건축 양식과 기법」『百濟文化』第27輯, 公州大學校 百濟文化硏究所, 1998, 그림 14)

III. 瓦積基壇의 築造術

다양한 기단 양식이 검출된 사비시대의 부여지역에서 그 동안 한 번도 확인되지 않았다는 점에서 웅진시대만의 독특한 기단 양식으로 이해되기도 한다.[96]

반면, 전토혼축기단과 비교해 유사성이 살펴지는 평적식 와적기단의 경우는 관북리 추정 왕궁지를 비롯한 능사지, 군수리 폐사지, 부소산 폐사지, 군수리 2호건물지, 금성산 건물지, 규암면 외리유적, 부소산성 서문지 주변 건물지, 왕흥사지, 밤골사지 등 사비시대 전 기간에 걸쳐 폭넓게 확인되고 있다. 또한 이러한 기단은 사지, 추정 왕궁지, 성곽내 건물지를 비롯한 특수 건물지 등 당시의 기와집에 다양하게 사용되어 어느 특정 분야의 건물지에만 한정되지 않은 대중적인 건축기술이었음을 알게 한다. 아울러 부여지역 뿐만 아니라 別都로 추정되는 익산지역의 蓮洞里廢寺址[97]에서도 와적기단이 확인된 바 있어 사비도성 이외의 지역에 이르기까지 폭넓게 사용된 것임을 알 수 있다.

그렇다면 사비시대에 扶餘뿐만 아니라 익산지역에 이르기까지 전기간에 걸쳐 폭넓게 사용된 평적식의 와적기단이 과연 언제부터 등장하

---

96) 장경호·이왕기, 『한국건축사』, 기문당, 1996, p.181.
97) 이 寺址에서 출토된 것으로 추정되는 蓮洞里石佛坐像의 경우 7세기 初期樣式(文明大, 「百濟佛像의 形式과 內容」 『百濟의 彫刻과 美術』, 公州大學校博物館·忠淸南道, 1992, p.81)을 보여주는 것으로 寺址 역시도 이와 비슷한 시기에 조성되었을 것으로 판단된다.

였을까? 이에 대한 해답은 현재 國立扶餘文化財硏究所 앞에 위치하고 있는 관북리 추정 왕궁지 내 건물지에서 찾아보아야 할 것으로 생각된다. 현재 관북리 추정 왕궁지 내 건물지에서 확인되는 와적기단은 대부분 평적식으로 建物址(a), '北舍'銘 甕器 出土 建物址 그리고 '北舍'명 옹기 출토 건물지의 동쪽에 위치한 폐기된 건물지 등에서 볼 수 있다. 이중 특히 건물지(a)에서는 割石基壇과 瓦積基壇이 동일 기단 내에서 함께 사용되고 있어 할석기단에서 와적기단으로의 변화양상을 잘 보여주고 있다.

한편, 이러한 평적식의 와적기단은 통일신라시대 초기의 것으로 추정되는 정림사지 강당지의 서편 건물지에서도 확인되고 있어 백제멸망 후에도 백제유민에 의해 꾸준히 조성되고 있음을 알 수 있다. 또한 기단양식은 아니지만 고려 혹은 조선시대로 추정되는 靈巖 道岬寺 제 1건물지에서도 초석과 초석사이의 瓦壁이 확인되고 있어 평적식의 와적기단과 관련성을 보여주고 있다.[98] 아울러 조선시대 유구로 추정되는 부소산성 나지구 건물지 2 주변에서도 와적기단 일부가 확인된 바

---

98) 李榮文·曺根佑, 『靈巖 道岬寺 I』, 木浦大學校博物館·靈巖郡, 1999, pp.28~29.
99) 사진상으로 보아 평적식의 와적기단으로 판단되며, 평면 瓦列은 대체로 한 줄이다. 높이는 약 1~3단정도 남아 있으며 길이는 대략 200cm이다(國立扶餘文化財硏究所, 『扶蘇山城 發掘調査 中間報告 II』, 1997, p.74). 그러나 層位와 관련된 기록이나 도면이 명확하지 않아 이것이 백제시대의 와적기단인지 아니면 그 후대의 것인지는 확실치 않다.

있다.[99]

하지만 와적기단은 석축기단에 비해 그 耐久性이 떨어져 기단과 접해 보강시설 또한 확인되는데 금성산 건물지, 군수리 폐사지 중앙기단(금당지) 남측, 외리유적 등 垂直橫列式을 제외한 평적식과 합장식에서 고루 살필 수 있다.

(2) 遺蹟現況

❶ 扶餘 官北里 推定 王宮址內 建物址

부여 관북리 백제유적은 그동안 사비시대 왕궁지로 추정되어 왔으나 이를 뒷받침해 줄만한 결정적인 유물은 출토되지 않았고, 지금까지 총 7차에 걸쳐 조사가 이루어졌다. 그러나 이들 건물지가 南北大路 및 東西小路 등과 연계되어 都市計劃下에 조성된 점,[100] 중국과 같은 남북대로의 북단에 유적이 위치한 점, 그리고 유적의 주변으로 조경용의 방형 蓮池 및 樓閣建築 등이 도로의 방향과 軸을 이루면서 배치된 점 등으로 미루어 발굴 조사자는 관북리유적이 왕궁지로서의 가능성이

---

[100] 관북리 백제유적에서 확인된 것과 같은 東-西 小路가 그동안 西羅城으로 추정되어온 인공제방 부근에서도 조사되었다. 도로의 방향, 路幅 등에서 유사성을 찾아볼 수 있다(忠南大學校 百濟硏究所, 『扶餘 東羅城・西羅城 發掘調査略報告書』, 2000).

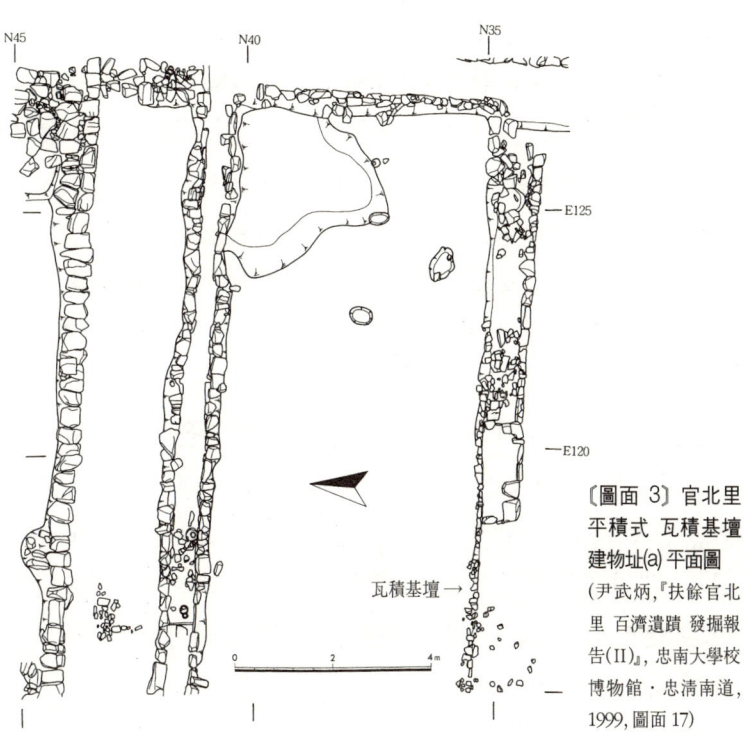

〔圖面 3〕 官北里 平積式 瓦積基壇 建物址(a) 平面圖
(尹武炳,『扶餘官北里 百濟遺蹟 發掘報告(II)』, 忠南大學校 博物館・忠淸南道, 1999, 圖面 17)

있음을 피력하였다.[101)]

  현재 관북리유적에서의 瓦積基壇은 모두 3개 건물지에서 살필 수 있다. 즉 '北舍'銘 甕器出土 建物址, 建物址(a), 그리고 '北舍' 명 옹기 출토 건물지의 동쪽에 위치한 폐기된 건물지 등에서 볼 수 있는데 이중 '北舍' 명 옹기 출토 동편 건물지는 조사 이전에 거의 훼손되어 잔존상태가 불량하였다.

'北舍'명 옹기 출토 건물지는 샘이 발견된 巖盤 바로 남쪽에 조성되었다. 완전한 발굴은 이루어지지 않았으나 전체적으로 볼 때 남향의 기와집으로 밝혀졌다. 와적기단은 최하 부분만 남북으로 약 7.7m, 동서로 약 4m 정도 남아 있었다. 기단은 암키와 片을 주로 이용하여 平積式으로 축조하였고 長邊은 기단방향과 나란하게 하였다. 또한 기단에 사용된 기와와 기와 사이에는 흙을 채워 수평을 유지하였으며, 평면 瓦列은 1줄이다.

建物址(a)는 동서 배수구와 남북 배수구가 직각을 이루며 합쳐지는 장소에 조성되었다(圖面 3, 本文 圖版 1·2). 와적기단은 건물지의 정면인 남쪽과 서쪽에서 일부 확인되는데 割石基壇과 혼용되어 축조되었다.[102] 기단은 平積式으로 암키와와 수키와 모두 사용되었으나 '北舍'銘 甕器 出土 建物址에서와 같은 정형성은 찾아지지 않는다.[103] 조사 당시 기단의 남은 높이는 25cm였으며, 7매의 기와가 포개져 있었다. 建物址(a)의 경우도 '北舍'명 옹기 출토 건물지와 마찬가지로 기단을 구성하는 瓦列은 1줄이다.

그리고 '北舍'명 옹기 출토 건물지의 동쪽으로 약 8m 떨어진 건물지

---

[101] 尹武炳, 『扶餘官北里 百濟遺蹟 發掘報告(II)』, 忠南大學校博物館·忠清南道, 1999, p80.

에서도 1~2段 정도의 와적기단을 볼 수 있는데, 주변 건물지에서 확인된 것과 동일한 평적식으로 축조되었다. 조사당시 기단은 그 길이가 3.6m정도 남아 있었으나, 주변에서 발굴된 다른 건물지와 비교하여 볼 때 그 멸실 정도가 특히 심하여 백제시대에 이미 훼손된 것으로 보고자는 보았다.

한편, '북사' 명 옹기 출토 건물지 및 건물지(a)의 경우 礎石과 積心石이 전혀 확인되지 않는 것으로 보아 보고자는 이를 掘立柱 建物遺蹟

102) 동쪽과 북쪽은 배수구의 석축이 기단역할을 대신하고 있는 반면, 남쪽과 서쪽은 와적기단으로 축조되었다. 이는 결과적으로 건물의 장엄과 배수시설이라는 기능적 성격에 의해 기단축조가 분화된 것으로 생각된다. 아울러 할석기단과 와적기단의 축조에 있어서도 이는 동시기의 것으로 판단된다. 즉, 할석기단이 먼저 축조되고 후대에 이를 보수하기 위해 와적기단을 사용하였다면 구지표층(조사당시 와적층이 형성됨)의 상면과 와적기단의 후면에서 보수와 관련된 굴광흔이 반드시 확인되어야 한다. 왜냐하면 구지표층은 기단석의 기저부보다 약간 위에 형성되기 때문에 초창 이후의 보수시에는 이 층위를 반드시 굴광하여야 한다. 이는 와적기단 후면에서도 마찬가지이다. 그러나 이러한 굴광흔이 발굴조사 결과 확인되지 않았기 때문에 할석기단과 와적기단은 동시에 축조된 것으로 보아야 한다.
한편, 건물의 정면인 남쪽기단 대부분에 와적기단을 사용하고 모서리 일부에 할석기단을 사용한 점은 아직까지 백제의 조사공들이 완벽하게 와적기단을 축조할 수 있는 기술이 습득되지 않았음을 의미하는 것이다.
103) '北舍' 銘 甕器 出土 建物址는 주로 암키와片을 이용하여 長邊을 기단방향과 나란하게 축조하였는데, 건물지(a)의 와적기단의 경우는 방향과 관계없이 암·수키와를 이용하여 축조하였다. 하지만 수키와의 경우 대체로 기단과 直角이 되도록 놓여진 것이 많다.

〔圖版 1〕 官北里 建物址(a) 平積式 瓦積基壇
(尹武炳,『扶餘官北里 百濟遺蹟 發掘報告(II)』, 忠南大學校博物館 · 忠淸南道, 1999, 圖版 44-2)

〔圖版 2〕 官北里 建物址(a) 平積式 瓦積基壇 細部
(尹武炳,『扶餘官北里 百濟遺蹟 發掘報告(II)』, 忠南大學校博物館 · 忠淸南道, 1999, 圖版 17)

일 가능성도 피력하고 있다.[104] 그러나 '북사' 명 옹기 출토 건물지의 경우 기와를 지붕에 올린 瓦建物임이 분명하고,[105] 기와지붕으로 인한 하중도 컸음을 고려하여 볼 때 이 건물지에서의 초석이나 적심시설은 필수였을 것으로 생각된다. 아울러 건물지(a)도 '북사' 명 옹기 출토 건물지와 마찬가지로 와적기단 및 할석기단 전면으로 瓦積層이 형성되어 있음을 볼 때 이 또한 기와집터임이 확실하다. 따라서 이들 건물지는 掘立柱 建物遺蹟일 가능성보다는 초석이나 적심석이 멸실된 기와집으로 봄이 마땅하다. 또한 발굴조사 지역이 오랜 기간동안 民家들로 들어 차 있었음을 감안하여 볼 때 이들에 의한 毁損·滅失도 간과할 수 없겠다.

❷ 陵寺

1992년 시굴조사를 포함하여 현재 7차 조사가 마무리되었다. 조사

104) 물론 기와집이면서 초석을 사용하지 않은 예가 公州 錦城洞 艇止山遺蹟에서 조사된 바 있다. 그러나 이는 매우 드문 경우로서 초석을 사용한 같은 시대의 公山城 건물지와 차이가 있다. 정지산유적의 기와집은 일명 殯所와 같은 특수한 건물이었기 때문에 건물의 수명이 여느 건물과 비교하여 길게 할 필요성이 없어 초석을 사용하지 않았다고 보고자는 추정하였다(국립공주박물관, 『艇止山』, 1999, p.29).
105) '北舍' 명 옹기 출토 건물지의 와적기단 전면에 흩어져 있는 瓦積層에서 수막새를 비롯한 平瓦 다수를 볼 수 있다. 이로 보아 이 건물지는 瓦建物이었음이 틀림없다.

백제 건축기술의 대일전파

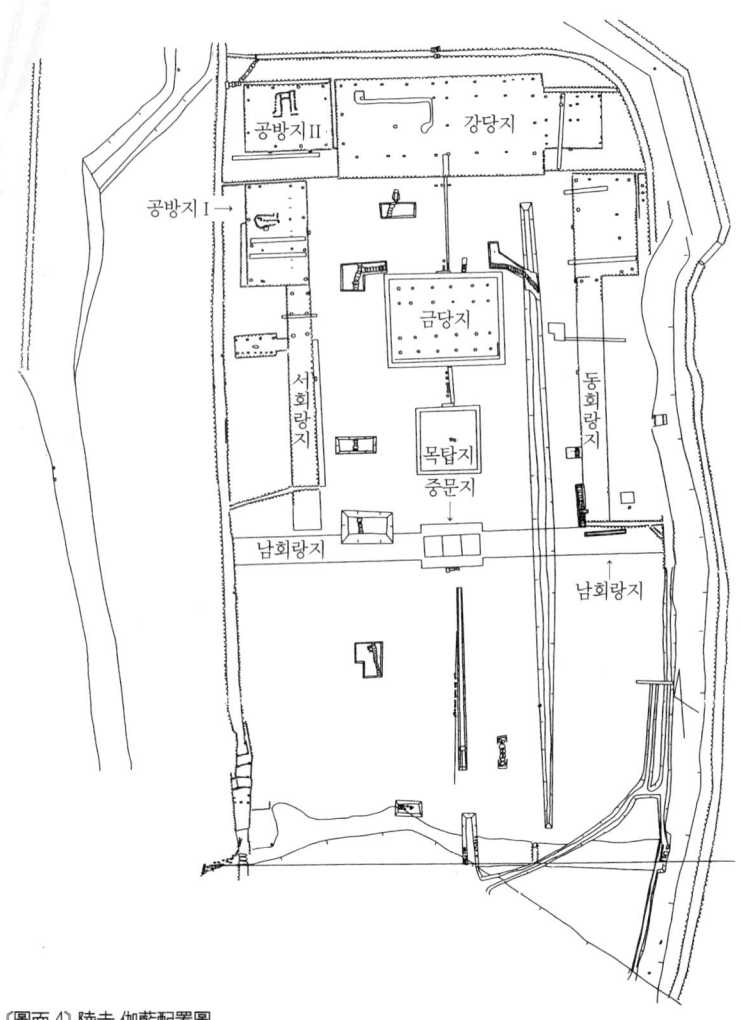

〔圖面 4〕陵寺 伽藍配置圖
(國立扶餘博物館,『陵寺』- 圖面・圖版 -, 2000, 도면 5)

결과 중문 - 목탑 - 금당 - 강당106)이 남북 일직선상에 배치되고 그 동·서·남쪽에 회랑이 돌려져 있음이 확인되었다(圖面 4). '昌王…' 銘 舍利龕과 金銅大香爐, 그리고 陵山里王陵과 가까운 거리에 위치하고 있다는 점에서 陵寺로 파악되었다.107)

〔圖版 3〕陵寺 工房址 I 平積式 瓦積基壇
(國立扶餘博物館, 『陵寺』-圖面·圖版-, 2000, 도판 51-①)

106) 강당은 다른 백제 寺址의 그것과 달리 2동의 건물이 동·서로 배치되어 있고 일부 온돌이 시설되어 있어 큰 차이를 보인다.
107) 國立扶餘博物館, 『陵寺』- 本文 -, 2000, p.2.

와적기단은 여러 건물 유적 중 工房址 Ⅰ[108]에서만 확인된다(本文 圖版 3).

공방지 Ⅰ은 서회랑지의 북단에 위치하고 있는 기와집터로 금동대향로가 출토된 곳이기도 하다. 와적기단은 割石基壇과 함께 축조되었는데 남쪽기단 및 동쪽기단(南室 입구 및 北室 입구) 일부에서 확인되었다. 그러나 瓦積이 본래의 할석기단 위에 축조된 것으로 보아 후에 부분적으로 보수되었음을 추정케 한다.[109] 와적은 모두 평적식으로 축조되었으며, 밑바닥에 길이 12~20cm 전후의 雜石을 깔고 그 위에 시설하였다.

발굴조사 당시 상부는 결실된 채 8단 정도 남아 있었다. 평면 瓦列은 1열이며, 와적 아래에서의 地臺石은 확인되지 않았다. 남쪽기단에 축조된 와적의 전체 길이는 3.9m이며, 높이는 20cm 내외였다. 그리고 동쪽기단에 축조된 와적의 길이는 南室 입구가 230cm, 北室 입구가 257cm였다. 와적은 암키와편 위주로 축조되었으며, 기와의 장변과 기단 방향이 대체로 평행하였다.

---

[108] 여기에서는 완제품 이외에 금, 은, 동, 금동, 철, 유리제의 작업용 소재와 도구들, 그리고 청동덩어리가 출토되었다. 이러한 출토 유물의 현황으로 보아 공방지로 추정하였다(國立扶餘博物館, 『陵寺』 - 本文 -, 2000, p.327).

[109] 國立扶餘博物館, 『陵寺』 - 本文 -, 2000, p.40.

❸ 扶蘇山廢寺址

　부소산 폐사지는 그동안 '西腹寺址'라 불리던 것으로 부소산 서남록 동쪽 길가에 위치하고 있다. 이 사지에 대한 발굴조사는 1978년과 1980년 등 2회에 걸쳐 실시되었고, 조사결과 중문지, 목탑지, 금당지, 회랑지 등이 확인되었다(圖面 5).110)

　금당지는 二重基壇이었으며, 탑지에서는 心礎石孔만이 남아 있었다. 회랑지는 남회랑 및 동·서회랑 일부만이 확인되었는데 동·서회랑 모두 금당과 이어져 있지 않았다. 특히 서회랑의 경우는 금당지의

---

110) 부소산 폐사지는 강당이 확인되지 않는 특이성, 백제 왕궁지와의 지근거리, 부소산성과의 성격과 역할 등을 감안하여 祈願寺刹로 추정되고 있다(申光燮, 『扶蘇山城』-廢寺址 發掘調査報告-, 國立文化財硏究所, 1996, p.63).
　그러나 이러한 보고자의 판단은 제고할 필요성이 있다. 즉, 부소산 폐사지의 단면도를 보면 중문-목탑-금당이 거의 동일 레벨상에 위치하고 있고 금당 좌우에서는 동·서 회랑이 살펴진다. 특히 서회랑은 금당보다도 더 북쪽으로 연장되어 있고 동회랑의 조사는 부분적으로 실시되었다. 아울러 금당의 북쪽에서는 북회랑의 형적이 조사되지 않았다. 이러한 조사결과를 바탕으로 가람과 회랑의 구조를 복원하여 보면 금당의 북쪽은 완전 개방되어 無防備임을 살필 수 있고 동·서 회랑은 북쪽으로 더 연장될 가능성이 많다는 점이다.
　따라서 필자는 부소산 폐사지의 경우 금당 북쪽으로 강당이 한 단 높게 위치하였을 가능성을 피력해 보고자 한다. 물론 이 곳에 피트를 넣어 강당지의 흔적을 찾아보려 시도한 점은 인정되나 유구의 형적을 찾기엔 너무 부족한 감이 든다. 아울러 금당지 凹溝 내에 시설된 하층 기단석의 滅失을 보더라도 이 곳의 삭토나 정지는 적지 않았을 것이다. 그러므로 이러한 의문점을 해결하기 위해선 향후 금당 북쪽에 대한 전면적인 발굴조사가 요구된다.

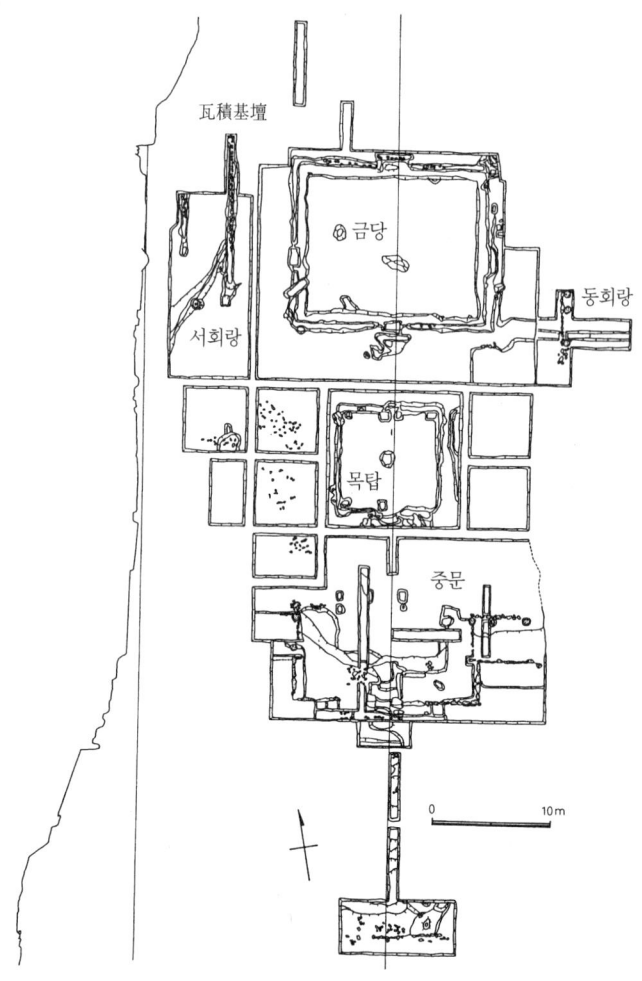

〔圖面 5〕扶蘇山廢寺址 伽藍配置圖
(申光燮,『扶蘇山城』-廢寺址 發掘調査報告-, 國立文化財研究所, 1996, 도면 2)

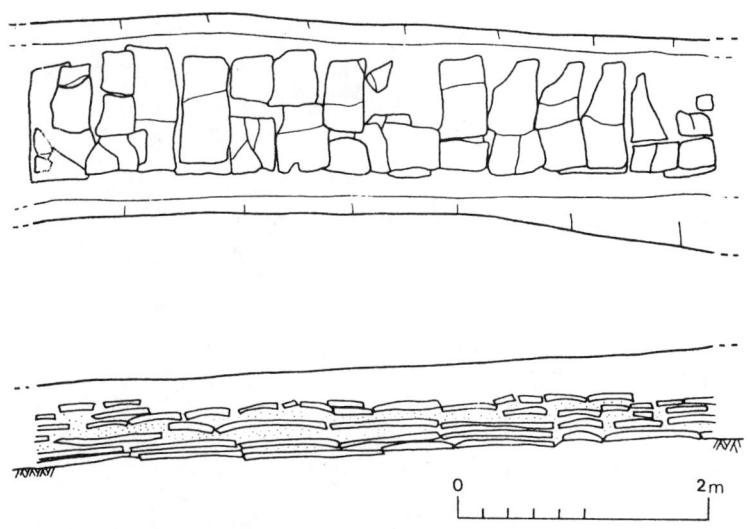

〔圖面 6〕 扶蘇山廢寺址 西回廊址 平積式 瓦積基壇 平・立面圖
(申光燮, 『扶蘇山城』 - 廢寺址 掘調査報告(1980年) -, 國立文化財研究所, 1996, 圖 2)

北長邊 기단보다도 더 북쪽으로 뻗고 있었다.[111] 부소산 폐사지에서 출토된 대표적 유물로는 鴟尾, 石製棟端飾瓦, 金銅製銙板(금동제 허리띠 꾸미개) 등이 있다. 특히 목탑지 아래에서 출토된 금동제 과판의 경

---

[111] 일반적으로 回廊의 경우 백제시대 寺址를 참고해 보면 강당지 혹은 강당지 左右의 추정 종・경루지와 이어지는 것이 일반적이다. 이 때 강당지와 이어지는 회랑은 북회랑(彌勒寺址 및 金剛寺址에서 확인됨)이 되고, 추정 종・경루지와 이어지는 회랑은 동・서회랑이 된다.

III. 瓦積基壇의 築造術

우는 탑을 세울 때 儀式 法具로 특별히 묻은 鎭壇具 또는 地鎭具로 추정되고 있다.[112] 사지는 출토유물로 보아 사비시대 후기인 7세기대로 추정된다.

와적기단이 확인된 곳은 西回廊址이며, 평적식으로 축조되었다 (圖面 6, 本文 圖版 4). 그런데 한가지 흥미로운 사실은 기단 축조방법에 있어 생토면인 풍화 암반층을 0.8~1m 너비로 굴광하고, 깊이도

〔圖版 4〕 扶蘇山廢寺址 西回廊址 平積式 瓦積基壇
(申光燮,『扶蘇山城』- 廢寺址 掘調査報告(1980年) -, 國立文化財研究所, 1996, 圖版 18)

25~30cm 정도로 溝처럼 굴토하였다는 점이다. 대부분의 와적기단은 L자형으로 삭토하고 그 開口部에 기와를 쌓는 것이 일반적인데 서회랑

---

112) 國立扶餘博物館,『국립부여박물관』, 1994, p.86.

지 와적기단의 경우는 기반토를 ⊔ 모양으로 파고 그 溝 내부에 기와를 쌓았다는 점에서 큰 차이가 있다.

   기와는 점토와 더불어 약 5~7단 정도 중첩되게 쌓였고 조사된 와적기단의 길이는 최고 4.3m이다. 기단은 대체로 완형에 가까운 암키와만을 위주로 쌓아 정형성이 엿보인다. 기단을 이루는 瓦積은 기와가 놓이는 위치에 따라 크게 두 가지로 구분된다. 즉, 와적의 방향이 서회랑과 평행한 것이 있는 반면, 상호 직각인 것도 살필 수 있다. 전자는 와적 2번째 단 아래에서 주로 확인되며, 후자는 와적의 최상단에서 살펴진다. 특히 전자의 와적은 평면 瓦列 1열로써 최상단의 와적과 비교해 1/2 정도 폭이 좁다. 따라서 와적이 시설되지 않은 서쪽면의 경우는 다짐토를 充塡시켜 최상단의 와적과 수평을 유지하였다. 이러한 다짐토의 충전은 재료(기와)의 부족과 밀접한 관련이 있을 것으로 생각된다. 평적식의 와적기단 중 凹溝의 조성과 와적의 축조 방법 등에서 특이함을 보여주고 있다.[113]

❹ 扶蘇山城 西門址 周邊 建物址

   1985년 서문지 주변조사 중 평적식의 와적기단 건물지가 확인되었

---

113) 와적에 사용된 기와가 완형에 가까운 암키와란 점에서 다른 평적식 와적기단과 구별된다. 재료적 측면에서만 볼 경우 수직횡렬식 와적기단과 친연성이 있다.

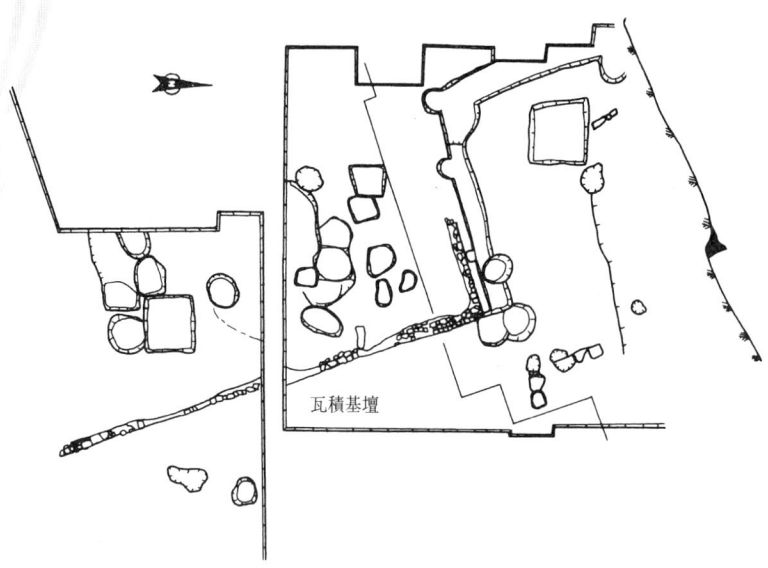

〔圖面 7〕扶蘇山城 西門址 周邊 平積式 瓦積基壇 建物址 平·斷面圖
(沈正輔외,『扶蘇山城』, 國立文化財研究所, 1996, 도면 6)

다.[114] (圖面 7, 本文 圖版 5). 건물지는 ㄱ자 모양으로 長邊 10m, 短邊 2.5m이다.

남-북 방향으로 축조된 와적기단은 동쪽으로 기와의 자른 면을 정연하게 맞추어 축조하였으며, 기와가 겹쳐진 단수는 최고 12단, 최대 높

---

[114] 國立文化財研究所,『扶蘇山城』, 1996, pp. 196~198.

〔圖版 5〕 扶蘇山城 西門址 周邊 建物址 平積式 瓦積基壇

이 40cm이다.[115] 하지만 와적기단의 상부가 이미 붕괴되어 대략 5~6단 정도만 확인되었다. 와적은 기반토인 풍화 암반층을 'ㄴ'모양으로 굴토한 후 그 開口部에 조성하였으며 와적 뒷면은 마사토로 충전하였다.[116] 전체적인 축조기법으로 보아 금성산 건물지와 동일한 양상이다.

---

115) 평면상에서 볼 때 瓦列은 1列과 2列을 혼용해 사용하고 있다. 이는 아마도 기단부가 약한 부분에 한해 補强차원에서 2列로 축조한 것으로 생각된다.
116) 이러한 축조 양상 때문에 와적기단을 장식성이 강한 기단으로 설명할 수 있다. 즉, 생토면과 동일한 레벨까지 놓여진 와적은 엄밀하게 기단으로서의 止沙施設이라고 말할 수 없기 때문이다.

III. 瓦積基壇의 築造術

평면 瓦列은 기단의 방향에 따라 달리하였으나 주로 1~2열 정도이다.

기단내부에서 검출된 초석이나 적심시설은 없다. 다만 후대에 조성된 원형·방형의 교란 구덩이만 조사되었다. 따라서 건물의 기단 상부는 상당 부분 멸실되었음을 알 수 있다.

❺ 定林寺址 講堂 西便 瓦積基壇 建物址[117]

정림사지[118]는 부여읍 동남리에 위치하고 있는 백제시대 대표적인 절터이다. 현재 사역내에는 백제시대 5층석탑 1기와 고려시대 석불좌상 1구가 남북으로 대치하고 있다. 寺址는 이미 해방전 藤澤一夫에 의해 조사된 이후 전형적인 1탑 1금당식의 가람으로 알려져 왔다.[119] 가람은 남에서부터 차례로 中門 - 石塔[120] - 金堂 - 講堂의 순서로 배치되

---

117) 정림사지 강당 서쪽 와적기단은 편년상 통일신라시대의 것으로 말할 수 있으나 이것의 조성시점과 주체를 판단하여 볼 때 백제계의 와적기단으로 보아도 큰 무리는 없을 것으로 생각된다.
118) 定林寺란 명칭은 일제시대에 발견된 암키와에 '太平八年戊辰定林寺大藏當草'라는 명문이 확인되면서 비롯되었다. 태평은 遼의 연호이며, 태평 8년은 고려 顯宗 19년(1028)을 가리킨다.
119) 藤澤一夫,「古代寺院の構造に見る韓日の關係」『アジア文化』8-2, アジア文化研究所, 1971.
120) 정림사지 탑에 대해서 석탑 이전에 목탑이 있었을 가능성도 제기하는 경우가 있지만(趙焄哲,「定林寺址의 美術史的 考察」『蕉雨 黃壽永博士 八旬頌祝紀念論叢』, 韓國文化史學會, 1997, p.187) 尹武炳의 경우 土層 조사에 의거 석탑이 중문 및 금당과 동일한 시기에 건립되었음을 확인하였다.

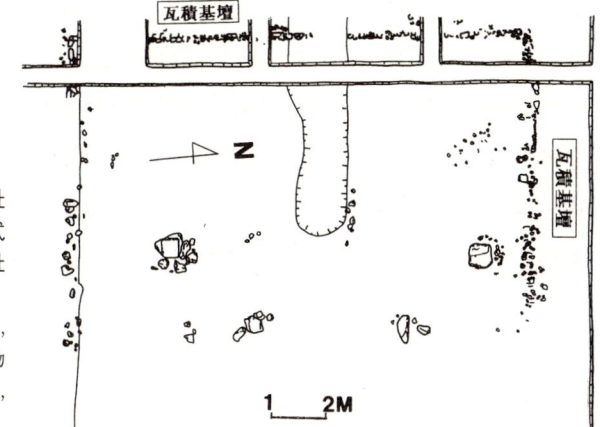

〔圖面 8〕定林寺址
講堂 西便 平積式
瓦積基壇 建物址
平面圖
(尹武炳,『定林寺』,
忠南大學校 博物
館·忠清南道廳,
1981, 圖面 6)

〔圖版 6〕定林寺址 講堂 西便 平積式 瓦積基壇 細部
(尹武炳,『定林寺』, 忠南大學校 博物館·忠清南道廳, 1981, 圖版 24-b)

III. 瓦積基壇의 築造術

었다. 중문과 강당은 동·서·북회랑 등으로 서로 연결되어 있으나 북회랑과 관련된 유구는 조사 당시 확인되지 않았다.[121] 정림사의 축조 시기는 사비천도 직후[122]로 알려져 있으며, 사찰의 폐사는 사비도성의 몰락과 직접적인 관련성이 있는 것으로 파악하였다. 기타 서회랑지 서쪽 및 동북쪽 건물지 내에서도 와적기단으로 보이는 瓦列이 확인되었는데 이는 건물지의 기단이라기보다는 인접한 외부지형의 붕괴를

---

[121] 이에 대해 필자는 강당지 동, 서편에 소형의 방형 건물지가 조영되었던 것으로 보고 金剛寺址나 彌勒寺址와 같은 北回廊은 시설되지 않았던 것으로 보았다(趙源昌,「公州地域寺址研究-傳 百濟寺址를 中心으로-」『百濟文化』第28輯, 公州大學校 百濟文化研究所, 1999). 왜냐하면 6세기 중엽에 조영되는 부여 능사나 군수리 폐사지를 볼 경우 아직까지 북회랑은 등장하고 있지 않다. 특히 정림사지의 축조 시기를 대부분 사비천도 직후로 보고 있음을 전제로 할 때 만약 이시기에 북회랑이 등장하였다면 이와 큰 시기차 없이 조영된 능사나 군수리 폐사지에서도 북회랑은 당연히 시설되어 있어야만 한다. 그러나 이들 두 寺址 모두 북회랑은 없고 강당지 양측에 소형 건물지만 조영되어 있다. 반면, 7세기대에 조영되는 금강사나 미륵사지의 경우를 보면 강당지 주변의 소형 건물지 대신 북회랑이 조성되어 있다. 따라서 이러한 가람배치를 참조하여 볼 때 백제에서의 북회랑은 7세기대에 이르러서야 등장하였을 것으로 판단된다.

[122] ① 尹武炳,『定林寺』, 忠南大學校 博物館·忠淸南道廳, 1981, p.68. 여기서 보고자는 "만약 정림사지의 창건연대를 사비천도 직후로 추정할 수 있게 된다면 이 오층석탑에 대한 연대도 따라서 6세기 중엽의 건립으로 看做하지 않을 수 없게 되는 것이다"라고 기술하고 있어 은연중 정림사가 사비천도 직후에 조영되었음을 암시하고 있다.
② 趙焄哲,「定林寺址의 美術史的 考察」『蕉雨 黃壽永博士 八旬頌祝紀念論叢』, 韓國文化史學會, 1997, p.188.

막기 위한 시설물로 판단된다.

한편, 강당지 서편에서 검출된 와적기단(圖面 8, 本文 圖版 6)은 그 축조시기가 통일신라시대로 편년되었다. 즉 정림사지 1탑 1금당식의 가람배치가 사비도성의 멸망과 함께 폐기된 이후 통일신라시대에 縮小되어 새롭게 중건되었음을 판단케 한다. 하지만 시대의 변화에도 불구하고 이 건물의 기단 자체가 백제 유민에 의한 백제 건축기법으로 조성된 백제계 와적기단임은 재론의 여지가 없겠다.[123]

기단은 수키와 및 암키와片을 이용하여 평적식으로 축조하였다. 기단을 이루는 와적의 방향은 정형성이 없어 보인다. 전체적인 축조양상으로 보아 부소산 폐사지나 관북리 '北舍' 명 옹기 출토 건물지 기단보다 장식적 측면에서 훨씬 떨어진다. 기단을 구성하는 瓦列은 평면상 2줄로 이루어졌으며 너비는 대략 27~28cm이다.

❻ 錦城山 瓦積基壇 建物址

이 유적은 부여읍 동남리 금성산 서남 斜面에 위치하고 있다. 발굴 전까지 天王寺址[124]로 알려져 왔으며, 1944년 일인 학자인 藤澤一夫

---

123) 기단에 사용된 기와는 無文瓦, 有文瓦로 구분되는데 有文瓦의 경우 平行線文이 타날되어 있다. 대체로 軟質瓦이며 백제시대의 것으로 인정되는 것들이다.
124) '天王' 銘 수키와가 출토되어 붙여진 이름으로, 이러한 銘文瓦는 부여읍 舊衙里 遺蹟에서도 검출된 바 있다.

에 의해 일부 조사된 바 있다. 이 유적에서 출토된 유물은 8엽 연화문 와당을 비롯해 삼족토기편, 개배편 등이 있고, 또한 인근지역에서도 석조여래입상과 청동제 탑신편 등이 출토된 바 있다. 건물의 축조시기는 수막새, 長鼓形 器臺의 하트형 透孔 등을 통해 6세기 말경으로 편년되었다.[125]

건물지는 상하 二重基壇으로 축조되었다. 下層基壇은 기와를 이용하여 만든 와적기단으로 그 규모가 동서 길이 18.04m, 남북 길이 14.72m이다. 또한 하층기단의 북쪽과 동서쪽의 북반부에서는 원형 초석과 초석을 놓았던 적심자리가 일부 확인되었다. 上層基壇은 후에 많은 부분이 삭토되어 초석이나 적심석 등은 검출되지 않았다. 상층기단의 규모는 동서 길이 15.3m, 남북 길이 12m이다.

와적기단이 시설된 하층기단은 풍화 암반층을 L자형으로 정지하고 조성되었다[126]

와적기단이 시설된 하층기단은 풍화 암반층을 L자형으로 굴토한 후 그 開口部에 기와를 쌓아 기단을 조성하였다.[127] 기단의 기반토 위에

---

125) 申光燮·金種萬, 『扶餘錦城山瓦積基壇建物址發掘調査報告書』, 國立扶餘博物館, 1992.
126) 이와 같이 생토면을 'L'자형으로 굴토하여 기단을 형성한 예는 정지산유적 기와집터에서도 확인할 수 있다.
127) 와적기단에 사용된 塼片은 북쪽기단 일부에서 확인되며, 기단에 사용된 기와편 등은 완형보다는 片들이 일반적이어서 폐기와가 재사용 되었음을 알게 한다.

〔圖版 7〕 錦城山 平積式 瓦積基壇 建物址 全景
(申光燮·金種萬, 『扶餘錦城山瓦積基壇建物址發掘調査報告書』, 國立扶餘博物館, 1992, 圖版 1)

〔圖版 8〕 錦城山 建物址 平積式 瓦積基壇 細部 1
(申光燮·金種萬, 『扶餘錦城山瓦積基壇建物址發掘調査報告書』, 國立扶餘博物館, 1992, 圖版 13)

III. 瓦積基壇의 築造術

2~3cm의 황갈색 검토를 깔고 그 위에 암·수키와, 혹은 塼片을 혼용하여 평적식으로 축조하였다 (圖面 9·10, 本文 圖版 7·8). 瓦刀面이 있는 반듯한 면을 정면으로 하여 정성형이 엿보인다.

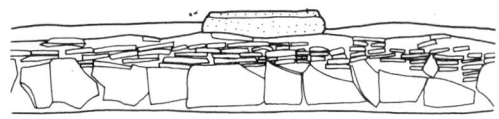
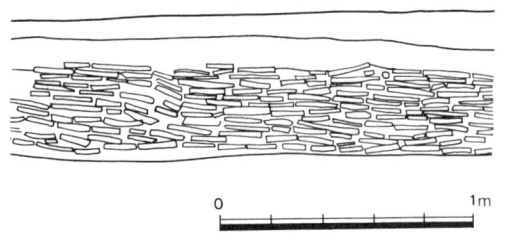

〔圖面 9〕 錦城山 平積式 瓦積基壇 建物址 基壇 立面圖
(申光燮·金種萬, 『扶餘錦城山瓦積基壇建物址發掘調査報告書』, 國立扶餘博物館, 1992, 圖面 5)

기와와 기와 사이는 상하 접착과 일정한 높이를 유지하기 위하여 점토로 충전하였다. 아울러 와적기단의 기저부는 기반토 그 자체로 지대석

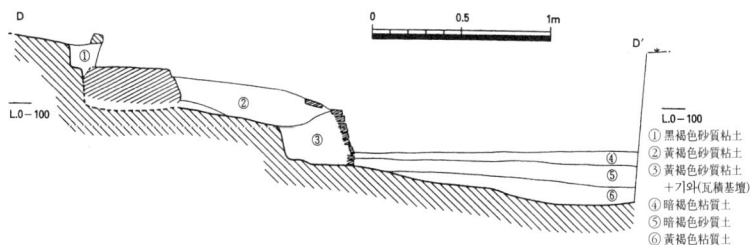

〔圖面 10〕 錦城山 平積式 瓦積基壇 建物址 土層圖
(申光燮·金種萬, 『扶餘錦城山瓦積基壇建物址發掘調査報告書』, 國立扶餘博物館, 1992, 圖面 8)

〔圖版 9〕 錦城山 建物址 平積式 瓦積基壇 細部 2
(申光燮・金種萬, 『扶餘錦城山瓦積基壇建物址發掘調査報告書』, 國立扶餘博物館, 1992, 圖版 27)

등의 형적이 검출되지 않았다.

한편, 와적기단의 외부, 즉 서・남・북쪽에서는 보강시설(本文 圖版 9)로 사용된 암・수키와가 정연하게 세워져 있음을 볼 수 있는데, 본래는 동쪽에도 시설되었던 것으로 추정된다.[128]

---

[128] 북쪽에 사용된 보강시설의 경우 모두 線條文이 타날된 백제시대의 기와인 반면, 서쪽의 경우는 魚骨文 혹은 이의 변형문이 타날된 고려시대의 기와가 사용되어 이 건물지의 보수 시기를 추정케 하고 있다.

❼ 窺岩面 外里遺蹟[129] 瓦積基壇

1937년 8종의 文樣塼이 발견되면서 알려진 백제의 유적지로 부여군 규암면 외리에 위치하고 있으며, 인근 송림에서는 금동 관음보살 입상이 출토된 바 있다.[130] 남북선상으로 2동의 건물지가 확인되었으나,[131] 개별 건물지에 대한 성격은 알 수 없다.

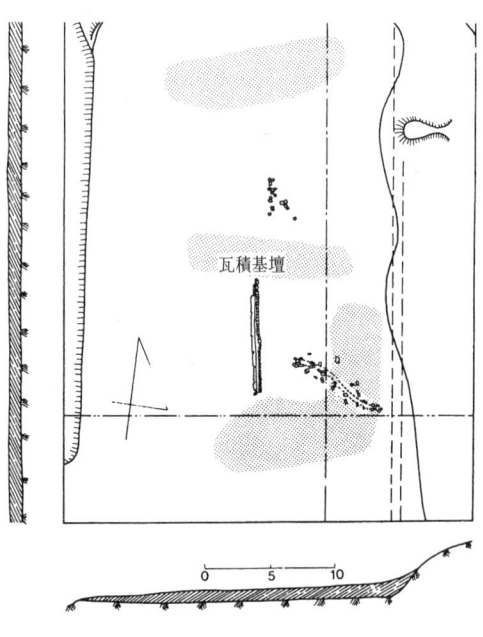

[圖面 11] 窺岩面 外里遺蹟 平積式 瓦積基壇 建物址 平・斷面圖
(朝鮮總督府,「扶餘窺岩面に於ける文樣塼出土の遺蹟と其の遺物」『朝鮮古蹟調査報告』昭和 11年, 朝鮮古蹟硏究會, 1937)

---

129) 대부분 寺址로 파악하고 있으나 이를 뒷받침할 만한 탑지나 회랑 등은 조사되지 않았다. 따라서 유적의 성격에 대한 면밀한 검토가 요구된다.
130) 현재 일본에 소장되고 있는 觀音菩薩像으로 寶冠엔 化佛이 조각되어 있고, 2曲 姿勢에 왼손엔 淨甁을 들고 있다. 7세기를 전후한 金銅菩薩像이다.
131) 朝鮮總督府,「扶餘窺岩面に於ける文樣塼出土の遺蹟と其の遺物」『朝鮮古蹟調査報告』昭和11年, 朝鮮古蹟硏究會, 1937.

백제 건축기술의 대일전파

〔圖版 10〕 窺岩面 外里遺蹟 平積式 瓦積基壇 細部 1
(朝鮮總督府,「扶餘窺岩面に於ける文樣塼出土の遺蹟と其の遺物」『朝鮮古蹟調査報告』昭和 11年, 朝鮮古蹟研究會, 1937, 圖版 第 70-1)

　와적기단은 正方形의 有文塼이 남북에 장축으로 깔려진 東邊과 접하여 평적식으로 축조되었다(圖面 11, 本文 圖版 10·11). 기단에 사용된 기와는 거의 대부분 암·수키와片이며 부분적으로는 塼도 포함되어 있다. 기단을 구성하는 瓦列은 2줄로 이루어져 있어 정림사지 강당지 서편 건물지나 부소산성 내 건물지의 그것과 동일하다. 기와와 기와 사이에는 점성이 강한 점토가 채워져 있고, 기단의 바깥면으로는 암·수키와가 보강시설로 세워져 있다. 보강 시설에 사용된 기와는 암키와가 주류를 이루고 있다. 금성산 건물지나 군수리 폐사지에서 보여

III. 瓦積基壇의 築造術

〔圖版 11〕窺岩面 外里遺蹟 平積式 瓦積基壇 細部 2
(朝鮮總督府,「扶餘窺岩面に於ける文樣塼出土の遺蹟と其の遺物」『朝鮮古蹟調査報告』昭和 11年, 朝鮮古蹟硏究會, 1937, 圖版 第 71-1)

지는 보강시설에 비해 잔존 상태가 양호하다. 기단에 대한 단면조사가 이루어지지 않아 지대석의 존재나 기단의 단면상태를 확인할 수 없다.

❽ 王興寺址

부여군 규암면 신리에 위치하고 있는 백제 울성산성 산록 남향대지에 자리하고 있다. 이 寺址에 대해선 『三國史記』[132])와 『三國遺事』[133])에 관련 기사가 전해지고 있다. 특히 1934년 '王興' 명의 고려시대 암키와가 출토되면서 백제시대 왕흥사지로 추정되었다.

백제 건축기술의 대외전파

〔圖版 12〕 王興寺址 西回廊址 平積式 瓦積基壇 細部

132) ① 『三國史記』卷第27 百濟本紀 第5 法王 2年條, "春正月 創王興寺 度僧三十人".
② 『三國史記』卷第27 百濟本紀 第5 武王 35年條,
"春二月 王興寺成 其寺臨水 彩飾壯麗 王每乘舟入寺行香".
③ 『三國史記』卷第28 百濟本紀 第6 義慈王 20年條, "六月 王興寺衆僧皆見 若有 船楫隨大水入寺門".
133) ① 『三國遺事』卷第1 王曆 第1 紀異 第1 太宗春秋公 5年條
"六月 王興寺僧皆見如舡楫隨大水入寺門"
② 『三國遺事』卷第3 興法 第3 法王禁殺條
"百濟第二十九主 法王 諱宣 或云孝順 開皇十年己未卽位 是年冬下詔禁殺生 放民家所養鷹鸇之類 焚漁獵之具 一切禁止 明年庚申 度僧三十人 創王興寺 於時都泗沘城今扶餘 始立栽而升遐 武王繼統 父基子構 歷數紀而畢成 其寺 亦名彌勒寺 附山臨水 花木秀麗 四時之美具焉 王每命舟 沿河入寺 賞其形勝 壯麗"

III. 瓦積基壇의 築造術

· 왕흥사지는 그 동안 2000년부터 2002년까지 총 3회에 걸쳐 조사가 이루어졌다. 그 중 2002년도의 조사에서 와적기단 건물지(서회랑지) 1동이 확인되었다.[134] 그러나 완벽한 조사가 이루어지지 않아 기단의 규모와 토층 상태는 파악되지 않았다. 따라서 여기에서는 조사과정에서 드러난 와적기단의 축조현황만을 살펴보고자 한다.

와적기단은 남북장축의 평적식으로 축조되었고(本文 圖版 12) 일부 할석기단과 함께 확인되었으나 전자가 주류를 이루고 있다. 와적은 현재 3단 정도만 남아 있을 뿐 나머지는 모두 멸실되었다. 기와는 주로 암키와를 사용하였고 기와 사이사이에는 점토가 메워져 있다. 특히 와적과 대지 조성토 사이에는 할석으로 축조된 地臺石 1매가 확인되었다. 이러한 지대석은 와적의 하중을 지탱하기 위해 시설된 것으로 지금까지 백제 와적기단 건물지 중 부여 밤골사지를 포함해 2例에 불과하다. 와적기단의 평면 瓦列은 2~3열이다.

❾ 軍守里廢寺址

폐사지는 부여읍 군수리에 위치하고 있으며, 宮南池로부터 서쪽으로 약 200여m 떨어져 있다. 현재 이곳엔 소나무가 우거져 있고, 주변은

---

134) 國立扶餘文化財研究所, 「扶餘 王興寺址 發掘調査 諮問會議資料」, 2002.

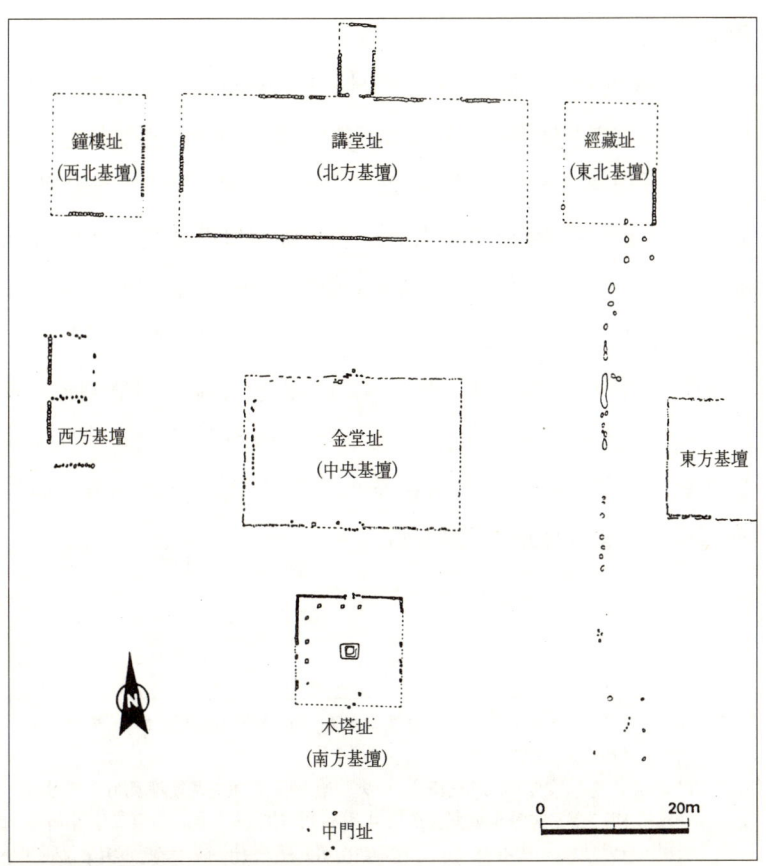

〔圖面 12〕 軍守里廢寺址 伽藍配置圖
(國立扶餘文化財硏究所, 『花枝山』, 1998, 揷圖 7)

논과 밭으로 경작되고 있다. 寺址는 1935년과 1936년 2차에 걸쳐 石田茂作에 의해 조사되었을 뿐, 그 이후의 전면적인 발굴조사는 이루어지지 않았다.

조사결과 中門址, 南方基壇(木塔址), 中央基壇(金堂址), 東方基壇, 西方基壇, 北方基壇(講堂址), 東北基壇(추정 經藏址), 西北基壇(추정 종루지) 등이 확인되었다(圖面 12).[135] 군수리 폐사지에서 출토된 대표적인 유물은 中空箱子型有文塼을 비롯해 목탑지 心礎石 상면에서 검출된 蠟石製如來坐像과 金銅菩薩立像을 들 수 있다. 사찰의 축조시기는 불상의 조각 양식 및 와당으로 보아 6세기 중엽으로 편년되었다.

와적기단은 中央基壇, 東方基壇, 北方基壇 등 寺址의 일부 건물지에서만 확인되었다. 그런데 건물지 상호간에, 혹은 동일 건물지 내에서도 기단의 방향에 따라 서로 다른 형식의 와적기단이 조성되어 장식성과 실용성을 동시에 보여주고 있다.

---

135) 朝鮮總督府,「扶餘軍守里廢寺址發掘調査(槪要)」『朝鮮古蹟調査報告』昭和11年, 朝鮮古蹟研究會, 1937.
이 寺址의 경우 金堂址로 추정되는 中央基壇 좌우로 東方基壇과 西方基壇이 조사되어 1탑 3金堂式의 伽藍配置로도 비정된 바 있다(安承周,「百濟寺址의 研究-公州·扶餘地域을 中心하여-」『百濟文化』第16輯, 公州師範大學 百濟文化硏究所, 1985, p.136). 이렇게 볼 때 군수리 폐사지는 고구려의 淸岩里廢寺址나 上五里廢寺址 등과 같이 탑을 중심으로 금당이 동·서·북면에 위치하는 것이 아니라 신라 황룡사지의 重建 및 最終伽藍처럼 탑을 중심으로 3개의 금당이 그 북쪽으로 橫列로 배치된 것임을 추정해 볼 수 있다. 반면 윤장섭의 경우는 일본 飛鳥寺址와의 비교를 통해 고구려와 마찬가지로 금당 3동이 탑을 중심으로 동·서·북변에 있었음을 추정하였다(尹張燮,『韓國建築史』, 東明社, 1972, p.84).

백제 건축기술의 대일전파

〔圖版 13〕軍守里廢寺址 中央基壇 垂直橫列式 瓦積基壇
(朝鮮總督府,「扶餘軍守里廢寺址發掘調査(槪要)」『朝鮮古蹟調査報告』昭和11年, 朝鮮古蹟硏究會, 1937, 圖版 第 53-1)

중앙기단은 금당지로 추정되며 목탑지의 북쪽으로부터 80척 되는 곳에 위치한다. 기단의 크기는 동-서 길이 90척, 남-북 길이 60척이다. 와적기단은 東·西·北邊의 경우 垂直橫列式[136]으로 이루어졌고, 南

---

[136] 垂直橫列式은 平積式이나 合掌式과 마찬가지로 축조기법과 외형상의 차이가 뚜렷하여 붙인 명칭이다. 지금까지 군수리 폐사지에서만 확인된 기단형식으로 거의 완형에 가까운 암키와만을 이용하여 축조하였다. 기와의 높이가 곧 기단의 높이를 결정하는 것이므로 평적식이나 합장식과 같이 片을 이용하여 기단을 축조하는 것은 거의 불가능하였을 것으로 생각된다.

III. 瓦積基壇의 築造術

〔圖版 14〕 軍守里廢寺址 中央基壇 合掌式 瓦積基壇 1
(朝鮮總督府,「扶餘軍守里廢寺址發掘調査(槪要)」『朝鮮古蹟調査報告』昭和11年, 朝鮮古蹟硏究會, 1937, 圖版 第 53-2)

〔圖版 15〕 軍守里廢寺址 東方基壇 合掌式 瓦積基壇 2
(朝鮮總督府,「扶餘軍守里廢寺址發掘調査(槪要)」『朝鮮古蹟調査報告』昭和11年, 朝鮮古蹟硏究會, 1937, 圖版 第 51-2)

邊은 合掌式으로 축조되었다. 垂直橫列式의 경우는 암키와만을 이용하여 서로 중복되지 않게 잇대어 놓은 형식으로 문양이 打捺되어 있는 背面을 건물의 바깥쪽으로 향하게 하였다(本文 圖版 13). 반면 南邊(건물의 정면)에 축조된 合掌式의 경우는 尖部가 위를 향하는 魚骨의 형태를 취하고 있다. 기단에 사용된 기와는 아래로 내려올수록 대체로 작은 것을 사용하고 있다(本文 圖版 14). 아울러 合掌되어 중앙에 세워진 기와의 경우는 일부분에 한해 확인되지 않는 것도 있어 초축시부터 사용된 것과 사용되지 않았던 것이 함께 있었던 것으로 판단된다. 한편, 合掌式의 와적기단 전면으로는 線條文이 타날된 암키와 2매가 배면을 바깥쪽으로 향한 채 보강시설로 세워져 있음이 조사되었다. 그런데 이 사지를 조사할 당시 백제시대 이외의 유물이 전혀 검출되지 않았던 사실로 미루어 보아 보강시설 또한 사비시대에 조성되었음을 판단케 한다. 그러나 보강시설이 사원의 초창기에 조성된 것인지, 아니면 후대에 시설된 것인지에 대해선 정확히 알 수 없다. 이러한 合掌式은 東方基壇의 南邊(건물의 정면)에서도 확인되고 있다(本文 圖版 15). 현재 동방기단은 中央基壇의 합장식에 비해 정교한 상태로 남아 있으며,[137] 보강시설과 같은 기와의 매설은 확인되지 않았다.

---

[137] 중앙기단의 경우 瓦積의 중심뼈에 해당하는 암키와가 남아 있지 않는 반면, 東方基壇의 경우는 암키와의 잔존 상태가 양호하다. 이와 같은 암키와의 존재는 결과적으로 垂直橫列式과 마찬가지로 기단토의 높이를 판단케 한다.

기타, 강당지로 추정되는 北方基壇에서도 평적식의 와적기단이 확인되고 있다. 기단의 잔존상태가 불량하여 대체로 5段 이하 정도 남아 있다. 기단에 사용된 기와는 대체로 平瓦片이며 와적 아래에는 基壇土가 두텁게 깔려 있다. 기단토 내에선 부분적으로 瓦片도 볼 수 있는데 이것이 기단토 조성시 혼입되어 들어간 것인지, 아니면 軍守里廢寺址 이전에 조성된 건물을 정지하는 과정에서 흘러 들어간 것인지에 대해선 현재로서 확인할 수 없다. 평면 와열은 1列이며, 와적 방향과 기단 방향은 평행하다.

한편, 북방기단의 기단토내에선 부분적으로 합장식 와적기단도 살필 수 있다. 일견 複合式 와적기단으로 파악되나 남아있는 합장식 기단의 부정형성으로 보아 별개 유구의 기단으로 판단된다. 잔존 상태로 보아 합장식 기단이 평적식 기단보다 이른 시기의 유구로 생각된다.

❿ 軍守里 瓦積基壇 建物址[138]

유적은 부여읍 군수리에 위치하며, 부여-논산 간 국도 확장·포장공사 구간내 발굴조사에서 검출되었다.

기단은 평적식(本文 圖版 16)과 複合式이 검출되었다. 평적식 기단

---

138) 忠清埋藏文化財研究院,「현장설명회자료」, 2001.

〔圖版 16〕 軍守里 2號 平積式 瓦積基壇 建物址 全景

(軍守里 2號 建物址)은 대체로 암키와를 이용하여 축조하였으며 조사 당시 약 2~3段 가량 남아있었다. 기단에 사용된 기와는 背面에 短線文이 타날된 후 재연되어 전형적인 사비시대의 등문양을 보여주고 있다. 건물은 기단방향으로 보아 동 - 서 방향을 장축으로 하였으며, 건물의 북쪽은 절개되어 단애면을 이루고 있다. 관북리 건물지(a)에서와 같이 평면 瓦列은 1列이며, 기와의 長邊이 기단 방향과 평행하다. 군수리 폐사지 북방기단의 축조 기법과 비교하여 볼 때 6세기 중반 이후의 것으로 생각된다. 건물지 주변에서 기대, 개배 등의 유물로 보아 특수한 성격의 건물지로 비정되었

　복합식(軍守里 1號 建物址) 기단은 수직횡렬식(下面)과 평적식(上面)이 결합된 형태로 잔존 상태가 불량하다. 특히 수직횡렬식에 사용

된 암키와의 경우는 片이 주류를 이루고 있어 군수리 폐사지의 수직횡렬식 기와와 차이를 보이고 있다. 평적식은 2~3단 정도의 와적으로 이루어졌다.

2. 瓦積基壇의 型式分類와 編年

(1) 型式分類

백제에서만 확인된 와적기단은 주로 암·수 폐기와를 사용하여 기단을 축조하였다는 점에서 당시 石築基壇 일변도의 기단양식과 구별되고 있다. 그러나 垂直橫列式이나 부소산 폐사지 서회랑지와 같은 평적식에서는 완형의 암키와도 확인되고 있어 사용처에 따라 기와의 형태도 달랐던 것으로 생각된다. 기와가 건축부재로 사용된 예는 조선시대 담장지나 온돌시설 등에서도 볼 수 있으나 기단의 부재로 사용된 경우는 백제의 와적기단이 그 시초이다.

와적기단은 축조방법에 따라 크게 平積式, 合掌式, 垂直橫列式, 複合式 등으로 나눌 수 있다. 이들 기단양식 중 평적식은 시기에 따라 다양한 변화를 보이며 변천하였으나 합장식이나 수직횡렬식은 軍守里廢寺址에만 제한적으로 사용되었다.

평적식은 암·수키와 및 점토를 이용하여 기단을 축조하였으며, 평면에서 볼 때, 한 줄 혹은 두 줄 이상의 瓦列로 이루어져 있다. 합장식이나 수직횡렬식에 비해 장식성이 다소 떨어지나 기능성 면에서는 가장 실용적이다. 평적식의 와적기단을 보이는 유적은 금성산 건물지, 부소산 폐사지 서회랑지, 관북리 '북사' 명 옹기 출토 건물지, 관북리 건물지(a), 부소산성 서문지 주변 건물지, 능사 공방지Ⅰ, 왕흥사지 서회랑지, 군수리 폐사지 북방기단(강당지) 남면부, 외리유적, 군수리 2호 건물지, 정림사지 강당 서편 건물지, 밤골사지 등으로 합장식이나 수직횡렬식 유적에 비해 압도적으로 많다. 유적의 성격으로 보아 추정 왕궁지, 사지, 특수 건물지, 성곽내 건물지 등에 폭넓게 사용되었으며 모두 기와집에만 시설되었다는 공통성이 있다. 평적식은 사비시대 전 시기 및 통일신라시대 초기까지 사용되었던 와적기단의 한 형식으로 시기에 따라 축조방법상의 차이도 확인되고 있다.

합장식은 기와를 서로 엇갈리게 하여 마치 魚骨과 같이 보이게 한 것으로 裝飾性이 돋보이는 와적기단의 한 형식이다. 이 기단은 군수리 폐사지 中央基壇 南邊 및 東方基壇, 北方基壇 일부에서 검출되었다. 그러나 군수리 폐사지 이외의 다른 유적에서 아직까지 이러한 합장식 와적기단이 조사된 바 없기 때문에 짧은 기간, 한정된 건물 유적에만 시설되었던 것으로 생각된다. 평적식이나 수직횡렬식과 비교해 장식적 측면에서 가장 뛰어난 기단 형식이다.

수직횡렬식[139]은 군수리 폐사지 中央基壇의 東·西·北邊에서 확인되었다. 합장식과 마찬가지로 군수리 폐사지 이외의 유적에서는 조

사된 바 없다. 문양이 施文된 背面을 정면으로 하여 서로 겹치지 않게 박아 놓았다.

끝으로 複合式은 향후 군수리 폐사지에 대한 추가 조사의 여지가 있긴 하지만 지금까지 군수리 1호 건물지에서만 확인되었다. 기단은 수직횡렬식(下面)과 평적식(上面)으로 조합되었다. 수직횡렬식에 사용된 기와의 경우 주로 암키와편이 사용되어 군수리 폐사지 중앙기단의 수직횡렬식과 차이를 보이고 있다.

(2) 編年

❶ 平積式

평적식의 와적기단은 기와가 놓이는 위치에 따라 크게 3가지 방법으로 나누어 볼 수 있다.

첫째, 다짐토(기단토)면에 기와를 편평하게 겹쳐 쌓는 방법이다. 이러한 기단 형식은 관북리 건물지 2棟과 정림사지 강당 서편 건물지, 외리유적, 능사 공방지 I, 군수리 폐사지 북방기단(강당지) 남면부, 군수리 2호 건물지 등에서 볼 수 있다. 특히 관북리 건물지(a)의 와적기단은

---

139) 수직횡렬식은 축조기법상 평적식이나 합장식과는 전혀 다르다. 즉, 수직횡렬식은 기단을 축조함에 있어 기와를 쌓는 것이 아니라 기단토 앞에 기와를 세우는 것이다. 따라서 엄밀한 의미에서의 '瓦積'이라고는 말할 수 없다. 그러나 기와를 사용하여 기단을 축조한다는 점에서 와적기단의 범주에 포함시키고자 한다.

동일 기단 내에서 割石基壇과 함께 사용되어, 할석기단과 와적기단의 과도기적인 면을 보여주고 있다. 평적식 중에서도 축조기법상 가장 단순한 방법으로 사비시대 전 시기에 걸쳐 폭넓게 사용되었다. 관북리 건물지(a) 및 군수리 폐사지, 그리고 정림사지 강당 서편 건물지에서 확인되는 와적기단으로 보아 늦어도 6세기 중엽이후부터 통일신라시대까지 유행하였던 기단 형식으로 추정된다.

둘째, 基盤土를 L자형으로 파내고 그 開口部에 기와를 와적하는 방법이다. 기단의 후면에 사질토나 마사토와 같은 補强土를 충전시켜 와적의 단면 유지와 퇴물림을 방지하고 있다. 이러한 기단의 축조기법은 금성산 건물지, 부소산성 서문지 주변 건물지 등에서 확인할 수 있다. 대체로 6세기 말 이후 7세기경에 건물의 지형적 입지와 관련해 등장하였던 기단 형식으로 생각된다. 따라서 이러한 축조기법을 보이는 기단은 谷間보다는 능선 사면에서 주로 살펴지게 된다. 특히 금성산 건물지에서는 보강시설로 판단되는 통일신라~고려시대의 암키와가 와적과 접해 매설되어 후대에 보축하였음을 알게 한다. 하지만 이러한 보강시설은 군수리 폐사지 및 외리유적에서도 확인된 바 있어 백제시대에 이미 등장한 시설임을 알 수 있다. 결과적으로 두 번째 방법은 기반토를 파내고 그 開口部에 기단을 축조한 것으로써 裝飾性이 돋보이는 기단 양식[140]인 동시에 첫 번째 방법보다 耐久의 側面에서 좀 더 효율적임을 알 수 있다.

셋째, 기와가 놓이는 부분을 ∐모양으로 掘鑿한 후 그 溝 내에 기와를 쌓아 기단을 축조하는 방법이다. 이러한 기단 형식은 지금까지 부소산 폐사지 서회랑지에서만 확인되었다. 溝의 너비는 80~100cm, 깊이는 25~30cm이다.[141] 기와는 암키와를 중심으로 하여 瓦刀面을 正面으로 하였고, 좌우의 기와간에도 서로 겹치지 않게 하는 등 정형성이 엿보인다. 부소산 폐사지는 사비시대 후기인 7세기경[142]의 寺址로써 기단형식도 이와 동시기의 것으로 판단된다.

한편, 왕흥사지 서회랑지 및 밤골사지에서와 같이 대지 조성토 상면에 地臺石을 깔고 그 위에 瓦積을 하는 경우도 있다. 이러한 지대석은 지금까지의 백제시대 와적기단 건물지 중 처음으로 확인되었다. 그러나 이미 조사 완료된 일부 와적기단의 경우도 지대석을 확인하기 위한 조사가 미비했기 때문에 향후 재조사가 실시될 경우 이러한 유구가 확

---

140) 왜냐하면 두 번째 방법의 瓦積基壇은 建物이 기반토 위에 造成되기 때문에 첫 번째 방법의 瓦積基壇에 비해 建物의 荷重을 직접적으로 받는다고는 할 수 없다.
141) 이러한 溝 內에 기단을 축조한 방법은 다른 기와집 유적에서 확인할 수 없는 특이한 기단 형식으로 排水를 주목적으로 하여 굴착한 것이 아닌가 추정된다. 이러한 건물유적과 관련된 溝시설은 서울 風納土城 內 44호 유구(특수 건물지)에서도 살펴볼 수 있다(조대연, 「서울 풍납토성 발굴조사 성과」, 『第43回 全國歷史學大會 考古學部 發表資料集』, 韓國考古學會, 2000, 도면 2·사진 3). 하지만 이 유구는 기와집의 기단시설이 아니라는 점에서, 그리고 웅진시대에 이러한 유구가 아직까지 확인되지 않았다는 점에서 부소산 폐사지 서회랑지와의 직접적인 관련은 좀 어려울 듯 싶다.
142) 이 寺址에서 출토된 7엽 연화문 와당은 7세기 武王代에 창건된 익산 미륵사지에서도 출토된 바 있어 寺址의 편년 설정에 중요한 단서를 제공하고 있다.

인될 가능성은 매우 높다. 특히 퇴적토상에 축조된 와적기단의 경우가 그러하다.

 기타, 평적식은 기단에 사용된 기와의 평면 瓦列에 따라 다시 세 가지로 구분할 수 있다.

 첫째는 瓦列이 한 줄인 경우이다. 이 같은 형식은 관북리 건물지(a) 및 '北舍' 명 옹기 출토 건물지, 부소산 폐사지 서회랑지, 군수리 폐사지 북방기단(강당지) 남면부, 군수리 2호 건물지 등에서 살필 수 있다. 이 경우 기와의 장축 방향과 기단 방향이 항상 일치하는 것은 아니다. 예컨대 '北舍' 명 옹기 출토 건물지나 관북리 건물지(a), 군수리 2호 건물지 등과 같이 기와의 방향과 기단 방향이 대체로 평행한 것이 있는 반면, 부소산 폐사지 서회랑지의 기단과 같이 최상단의 기와가 기단 방향과 서로 직교하는 경우도 있다.

 둘째, 평면 와열이 2줄인 경우로 외리유적 및 통일신라시대 초기에 조성된 정림사지 강당 서편 건물지에서 살필 수 있다. 그러나 부소산성 서문지 주변 건물지에서와 같이 東北쪽 모서리가 평면 2줄로 되어있는 반면, 기단 서편은 한 줄로 조성되어 부조화를 보이는 사례도 있다.

 셋째, 왕흥사지 서회랑지와 같이 평면 瓦列이 3열 혹은 그 이상인 경우이다.

 이렇게 볼 때 동일한 평적식이라 할지라도 그 축조방법이 시기나 상황(입지 등)에 따라 다르게 나타남을 살필 수 있다. 즉 6세기 말~7세기 경에 이르면 금성산 건물지, 부소산성 서문지 주변 건물지, 부소산 폐사지 등에서와 같이 와적기단의 조성을 위해 기반토를 L자형 혹은 凵 모양으로 삭토·굴광하고 있음을 볼 수 있다. 이러한 형식은 첫번째 방법으로 축조된 평적식 기단에 비해 장식성과 견고성이 한층 돋보이는 것으로 6세기 전·중반의 유적에서는 볼 수 없는 6세기 말~7세기대의 기단형식임을 알 수 있다. 특히 부소산 폐사지에서와 같은 와적기단은 다른 유구에서 찾아볼 수 없는 독특한 기단 형식으로 짧은 기간 한정된 유적에만 사용되었다.

아울러 기단을 구성하는 기와의 평면 瓦列에 있어서도 6세기말에 이르면 평면 2줄이나 3줄이 나타나고 있음을 부소산성 서문지 주변 건물지, 외리유적, 정림사지 강당 서편 건물지 및 왕흥사지 서회랑지 등에서 볼 수 있다.

❷ 合掌式

합장식은 군수리 폐사지 中央基壇(금당) 南邊(건물의 정면)과 東方基壇, 그리고 北方基壇(강당) 南邊 일부에서 살필 수 있다. 이 양식은 기와의 魚骨과 같이 중앙뼈가 될 수 있는 암키와를 한 매 정도 끼워 놓고 이를 중심으로 암키와를 八자형으로 瓦積하는 방법이다. 하지만 부분적으로 중심뼈와 같은 암키와가 생략되는 경우도 있어 축조방법상 약간의 차이가 발견된다. 아울러 이러한 합장식은 그동안 건물의 南邊에서만 주로 확인되고 있어 하나의 흥미로움을 주고 있다. 즉 군수리 폐사지는 남-북을 장축으로 中門 - 木塔 - 金堂 - 講堂이 일자로 배치되어 있다. 따라서 건물의 남쪽은 곧 사찰의 정면을 의미하게 된다. 특히 중앙기단의 경우 금당지로 추정되고 있어 여느 평적식 혹은 수직횡렬식의 와적기단이나 石築基壇에 비해 훨씬 더 裝飾的이었을 것으로 추정된다.

한편, 中央基壇 南邊 전면에서도 외리유적, 금성산 건물지 등과 마찬가지로 암키와의 보강시설이 확인되었다. 군수리 폐사지 내에서 백제시대 이외의 유물이 검출되지 않았음을 볼 때 보강시설 역시 사찰과 동일 시기로 추정된다.

합장식의 와적기단은 6세기 중엽으로 추정되는 군수리 폐사지에서만 확인되었다. 중앙기단과 동방기단 남변, 그리고 북방기단의 극히 일부분에만 사용되었다. 평적식 기단과 비교하여 볼 때 流行한 와적기단은 아니었다. 즉, 이 형식의 기단은 止沙施設로서의 기능적 역할보다도 장식적 측면을 더 고려하였고 합장식이라는 작업 공정도 결코 쉽지 않았다.

합장식은 또한 魚骨을 형성하는 중앙의 암키와가 세워져 있는 경우와 생략된 경우로 나누어 볼 수 있는데, 군수리 폐사지의 경우는 이 두 가지 경우가 모두 확인되고 있다. 그러나 일본의 白鳳時代에 창건된 崇福寺의 경우는 중앙의 암키와가 생략되어 차이를 보이고 있다.

군수리 폐사지 北方基壇(강당지) 南邊의 기단 축조상태를 보면 합장식과 평적식이 서로 중복되어 있음을 볼 수 있다. 즉, 잔존상태가 불량한 합장식 기단이 아래에 위치하고, 그 위로 평적식이 2段정도로 축조되어 있다. 일견 複合式으로도 보이나 필자의 견해로는 합장식이 먼저 조영되고 이것이 폐기된 후 평적식이 축조되었던 것으로 생각된다. 따라서 이 같은 기단의 중복은 그 만큼 합장식이 기단으로서의 역할이 부적합하였음을 보여주는 결과가 아닌가 생각된다.

❸ 垂直橫列式

이 기단형식은 군수리 폐사지 중앙기단의 北邊, 東邊, 西邊 등에서 확인되었다. 나머지 한 변인 南邊은 합장식으로 축조되어 있어 기단 정면이 특이한 형식임을 볼 수 있다. 기단은 폭이 넓은 암키와를 이용하여 布目痕이 있는 내면을 기단 안쪽으로, 그리고 배면을 바깥쪽으로 향하게 하여 1列로 땅에 박아놓았다. 기와는 서로 중첩되지 않게 횡으로 세워 평적식의 부소산 폐사지 서회랑지에서와 같은 정형성이 확인되기도 한다. 하지만 기단의 조성방법에 있어 기와를 기반토 위에 올려놓은 것인지, 박아놓은 것인지 아니면 퇴적토에 박아 놓은 것인지 도면이나 사진과 같은 자료가 없어 현재로서는 확인하기 어렵다. 이 기단 형식 또한 합장식과 마찬가지로 군수리 폐사지에서만 검출된 것으로 아직까지 비교할만한 자료가 조사되지 않았다.[143] 현재 발굴 조

---

143) 최근 수직횡렬식 와적기단이 관북리 백제유적 나지구 남서편에서 확인되었다. 건물의 북변에 조성되었으며 서편은 평면 2열의 평적식 와적기단으로 축조되었다. 현재 보고서가 미간되어 자세한 내용은 차후 언급하고자 한다.

사된 자료만을 근거로 하여 볼 때, 수직횡렬식은 6세기 중엽 이후에 합장식과 함께 제한적으로 사용되다가 이후 평적식에 의해 흡수된 기단 형식으로 생각된다.

한편, 이러한 수직횡렬식은 평적식과 비교해 볼 때 기와의 길이가 곧 기단의 높이를 결정하는 것이므로 기단은 그리 높지 않았을 것으로 추정된다. 또한 평적식이나 합장식과 같이 주로 片을 이용하여 기단을 축조하는 것이 아니라 완형 혹은 이에 가까운 것만을 사용하여야 하므로 재료의 수급도 용이하지 않았을 것으로 생각된다. 이러한 재료의 한계성은 곧 수직횡렬식 기단의 대중화에 큰 제약이 되었다. 왜냐하면 이 시기에 와적기단 뿐만 아니라 石築基壇이 이미 오래 전부터 사용되어 왔기 때문에 굳이 재료의 한계성을 딛고 수직횡렬식과 같은 기단을 축조할 필요성이 적었기 때문이다. 아울러 기단의 기능적인 측면에서 보더라도 합장식이나 수직횡렬식은 평적식에 비해 장식성이 너무 강조되어 실용화 혹은 일반화에는 극히 비효율적이었다. 이러한 한계로 인해 이들 기단은 7세기 이전에 평적식으로 흡수되는 결과가 초래되었다.

(4) 複合式

군수리 1호 건물지에서 확인되었다. 상면이 평적식, 하면은 수직횡렬식으로 축조되었다. 수직횡렬식이 군수리 폐사지에서 검출되었고 군수리 건물지와 폐사지가 서로 인접하고 있는 것으로 보아 양자의 축조 시기는 큰 차이가 없었을 것으로 생각된다. 군수리 1호 건물지의 조영 시기는 기단 축조기법으로 보아 6세기 중엽 이후로 추정된다.

이상에서 살핀 와적기단에 대한 편년은 아래의 〈표 1〉과 같이 정리할 수 있다.

型式	遺蹟	時期						備考 (平面瓦列)
		6세기			7세기			
		전반	중반	후반	전반	중반	후반	
平積式	관북리 추정 왕국지 건물지(a)	─						1列
	능사 공방지 I		─					1列
	부소산 폐사지 서회랑지				─			1列(基壇과 직각)
	군수리 폐사지 강당지(북방기단)		─					1列
	부소산성 서문지 주변 건물지			─				1列~2列
	정림사지 강당 서편 건물지						─	2列
	금성산 건물지			─				1列
	규암면 외리유적				─			2列
	왕흥사지 서회랑지				─	─		2~3列
	군수리1호 건물지			─				1列
合掌式	군수리폐사지 금당지(중앙 기단) 南邊			─				
	군수리 폐사지 동방기단 南邊							
垂直橫列式	군수리 폐사지 금당지(중앙 기단) 東·西·北邊			─				

〔표 1〕 瓦積基壇의 編年案

3. 瓦積基壇 築造術의 日本 傳播

(1) 傳播時期 比定

현재까지 일본에서 확인된 대부분의 와적기단은 白鳳~天平時代에 해당된다. 飛鳥時代의 와적기단은 그 동안 확실하게 조사된 바는 없지만 穴太廢寺 창건 금당지의 地臺石을 통해 그 형적을 어느 정도 유추해 볼 수 있다.144) 이처럼 일본에서도 백제 사비시대와 마찬가지로 와적기단이 다른 석축기단과 더불어 기단의 한 형식으로 사용되었음이 고고학적 발굴조사를 통해 확인할 수 있다.

그렇다면 이러한 특수한 기단양식인 와적기단이 언제, 누구에 의해 백제에서 일본으로 건너갔을까? 이에 대해선 威德王代의 백제와 일본과의 교류에 대해 주목해 보아야 할 것 같다. 즉 위덕왕 24년인 577년

---

144) 穴太廢寺에서의 와적기단은 중건 金堂에서 확인되었다. 그러나 小笠原好彦의 경우 창건 金堂도 중건 금당과 마찬가지로 와적기단이었을 가능성을 이야기하고 있다(小笠原好彦, 『近江の古代寺院』, 眞陽寺, 1989). 穴太廢寺가 조성되는 7세기 전반기보다 훨씬 이전인 577년, 588년에 이미 와적기단의 존재를 알고 있었던 백제의 造寺工들이 일본에 정식으로 입국하였기 때문에 6세기말경에는 비록 기술의 부족으로 인해 와적기단을 축조할 수 없었을지라도, 백제의 造寺工에 의한 기술적 지도는 일본인 造寺工들로 하여금 기간이 지나면서 충분히 숙지되었을 것으로 판단된다. 이런 차원에서 필자 역시도 小笠原好彦의 설에 동조하는 바이다.

에 백제에서 일본으로 經論과 律師, 禪師, 比丘尼, 呪禁師, 造佛工, 造寺工 등 6인이 건너가 難派의 大別王寺에 거주하고 있음을 살필 수 있고,145) 아울러 위덕왕 35년인 588년에는 백제에서 사신과 더불어 寺工 太良未太·文賈吉子, 鑪盤博士 將德 白昧淳, 瓦博士 麻奈文奴·陽貴文·㥄貴文·昔麻帝彌 등 4인, 畵工 白加 등이 渡日하였음을 볼 수 있다.146) 특히 후자에 해당하는 588년대의 일본 파견은 577년대에 비해 사찰 건축에 필요한 장인들 위주로 구성되었음을 알 수 있다. 즉 사찰을 조영하는데 있어 기획자격인 造寺工 太良未太·文賈吉子, 기와를 제작하던 瓦博士 麻奈文奴·陽貴文·㥄貴文·昔麻帝彌, 丹靑 혹은 佛畵를 담당한 것으로 보이는 畵工 白加, 그리고 塔의 제작과 관련된 鑪盤博士 將德 白昧淳 등 전문가 집단 위주로 구성하여 파견하였음을 볼 수 있다. 특히 588년에 파견된 조사공, 와박사, 화공, 노반박사 등은 이후 法興寺(후에 飛鳥寺)의 창건에 절대적인 역할을 담당하였다.

그런데 발굴조사 결과 이곳에서는 와적기단이 전혀 확인되지 않았다.147) 이는 아마도 그 당시 일본의 장인들이 백제의 造寺工만큼 와적기단을 조영할만한 기술이 없었기 때문인 것으로 생각된다. 또한 백제에서 파견된 조사공들의 경우 본국에서 이미 와적기단의 존재를 알고

---

145)『日本書紀』卷 第20 敏達天皇 6年 冬11月 庚午朔條.
146)『日本書紀』卷 第21 崇峻天皇 元年 是歲條.

148) 일본에 파견되었다 하더라도 이들은 어디까지나 사찰건축의 專門家의 입장에서 파견 목적이 기술적 지도였다. 따라서 기술적 위험성이 높은 와적기단 보다는 안전성이 높고 실용적인 석축기단을 권장하였을 가능성이 높다. 하지만 와적기단의 존재 혹은 축조기법을 알고 있던 백제 造寺工들의 일본 진출은 결과적으로 일본의 造寺工들에게도 그 존재나 기술이 전수되었을 것으로 생각된다. 일본에서의 와적기단은 飛鳥時代를 지나 백봉·천평시대에 이르러 크게 성행하게 되는데, 이러한 사실은 檜隈寺 講堂, 坂本廢寺, 滋賀縣의 崇福寺蹟 彌勒堂, 南滋賀廢寺 塔·中金堂·西金堂, 滋賀縣 寶光寺廢寺, 宮井廢寺 金堂, 瀨田廢寺 金堂 등에서 잘 볼 수 있다.

---

147) 私宅佛敎가 아닌 寺院佛敎의 초기 예로써 백제의 造寺工과 造瓦工 등이 파견되어 조성된 飛鳥寺(法興寺)의 경우 와적기단을 찾아볼 수 없다. 이는 와적기단이 석축기단에 비해 축조방법이 까다롭고, 또한 기단이라는 기능적 측면보다는 장식성이 많이 가미되었다는 점, 그리고 이러한 기단을 축조할 수 있는 기술적 노하우가 일본 造寺工들에게 축적되지 않은 상황 하에서 와적기단의 조성은 극히 불가능하였을 것으로 판단된다. 아울러 와적기단의 축조기법을 습득한 백제 造寺工이라 할지라도 석축기단에 비해 그 축조방법이 어렵고, 안전성이 떨어지는 와적기단을 일본 초기의 寺刹建築에 직접적으로 적용시키는 것 자체가 쉽지 않았을 것으로 생각된다.

148) 백제에서의 와적기단은 官北里遺蹟으로 추정컨대 泗沘遷都 직후인 6세기 중반경에 등장하였을 것으로 생각된다. 그러므로 국가에서 선발되어 577년 및 588년에 일본으로 파견된 造寺工 등은 능히 그 존재를 알았을 것으로 판단되며, 그 중의 일부는 와적기단의 조성에 직접 참여하였을 가능성도 높다.

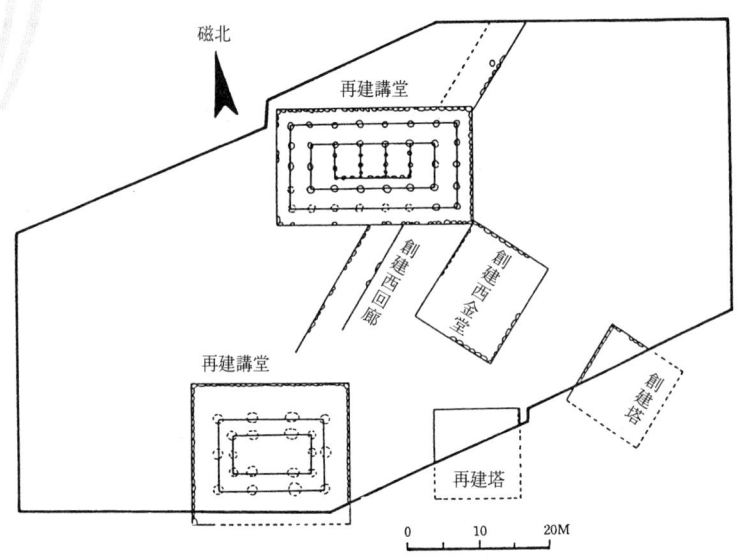

[圖面 13] 穴太廢寺 伽藍配置圖
(大橋信彌·仲川靖,「滋賀縣 穴太廢寺」『月刊文化財』257號, 第一法規出版株式會社, 1985, 穴太廢寺檢出遺構槪略圖)

    이러한 상황하에서 일본의 와적기단은 7세기 전반기의 飛鳥文化期 즉 穴太廢寺[149] 창건 사원에서 그 시초를 찾아보아야 할 것 같다. 이 같은 견해는 小笠原好彦에 의해 주장되었는데 氏는 창건 사원의 서금당지에서 확인된 地臺石을 와적기단의 일부로 파악하였다.[150] 지대석은 장변 80cm, 단변 60cm, 두께 15cm 정도의 花崗巖으로 성형되었으며 가로로 뉘워 사용하였다. 이와 같은 화강암의 재질과 조성방법은 중건 사원의 금당지 지대석에서도 동일하게 확인되었다. 따라서 小笠

原好彦의 설은 일맥 타당성이 있어 보인다.

한편, 기단 북서 모서리의 지대석 위에서 중건 강당의 기단 남동 모서리가 중복되고 있어 층위상으로도 창건 사원이 중건 사원에 비해 선행함을 볼 수 있다. 그런데 중건 사원의 조영은 와당151) 등의 출토유물

---

149) 穴太廢寺는 대진시 혈태지역의 비파호 남부 서안에 위치하고 있다. 1984년부터 본격적인 발굴조사가 이루어 졌으며, 방위가 다른 2시기의 가람이 중복되어 확인되었다(圖面 13). 창건 사원은 축방향이 N-35°-E로 동쪽에 탑, 서쪽에 금당을 배치하고 외곽에 회랑을 두른 천원사식의 가람배치를 취하였다. 반면, 중건 사원은 거의 정남북 방향으로 동쪽에 탑, 서쪽에 금당, 북쪽에 강당을 배치한 법기사식의 가람배치를 취하였다. 중건 사원이 창건 사원을 정지하고 조성한 관계로 후자의 사역을 확실히 알 수 없는 반면, 전자는 동서 236m, 남북 216m로 계측되었다. 특히 중건 금당은 정면 3칸, 측면 2칸, 그리고 중건 강당은 정면 7칸, 측면 4칸으로 조사되었다.

혈태폐사와 관련된 논고로는 다음의 것을 참조할 수 있다.
① 大橋信彌·仲川靖,「滋賀縣 穴太廢寺」『月刊文化財』257號, 第一法規出版株式會社, 1985.
② 林博通,「穴太廢寺(滋賀縣)」『佛敎藝術』174號, 每日新聞社, 昭和 62年, pp.12~24.
_____,「穴太廢寺-急ぎ再建された寺-」『古代寺院の移建と再建を考える』, 帝塚山考古學硏究所, 1995.
③ 埋藏文化財保護協會,「穴太廢寺」『古代寺院の出現とその背景』第2分冊, 1997.

150) 小笠原好彦ほか, 『近江の古代寺院』, 眞陽社, 1989.
151) 이곳에서 출토된 와당은 모두 3종류로 이중 2종류(A계통 : 複瓣蓮花文軒丸瓦 【本文 圖版 17】, B계통 : 單瓣蓮花文軒丸瓦【本文 圖版 18】)는 백봉시대의 여러 사원에서 유행한 것이다(大橋信彌·仲川靖,「滋賀縣 穴太廢寺」『月刊文化財』 257號, 第一法規出版株式會社, 1985).

Ⅲ. 瓦積基壇의 築造術

로 보아 大津宮時代(667~672년)의 전후로 파악되고 있다. 이 같은 편년은 중건 사원에 사용된 와당을 燔瓦하였던 瓦窯 출토 須惠器[152]를 통해서도 확인된 바 있다.[153]

〔圖版 17〕 穴太廢寺　　　〔圖版 18〕 穴太廢寺　　　〔圖版 19〕 穴太廢寺
出土 A系統 瓦當　　　　出土 B系統 瓦當　　　　出土 C系統 瓦當

---

152) 須惠器는 일종의 硬質土器로 한반도의 陶質土器 영향을 받아 생산이 개시되었다. 이 시기는 5세기 중엽으로 편년되는 것이 지배적이다. 그러나 수혜기 출토 유구나 유물 등의 편년에 의거 5세기 전반, 혹은 4세기말까지 소급하는 경우도 있다(八賀晋,「韓半島の陶質土器と初期須惠器」『日·韓古代文化の流れ』, 帝塚山考古學硏究所, 1982).
한편, 이러한 수혜기는 구릉의 경사면에 조영된 登窯에서 생산되며, 섭씨 1000도 이상의 還元焰으로 소성된다. 등요는 분구부, 연소부, 소성부, 연출부 등으로 구분된다(齋藤忠,「第四章 古墳の形成と社會 - 集落その他の遺跡」『日本考古學槪論』, 吉川弘文館, 昭和 57年, p.188).
153) 埋藏文化財保護協會,「穴太廢寺」『古代寺院の出現とその背景』第2分冊, 1997. 瓦窯에서 검출된 수혜기는 7세기 3분기로 편년되었다.

이렇게 보면 창건 사원은 중건 사원과 비교해 결과적으로 7세기 중반 이전에 廢寺되었음을 알 수 있다. 그러나 이는 어디까지나 창건 사원의 폐기 시점만을 의미하는 것일 뿐, 조영 시기는 여전히 알 수 없게 된다.

전술하였듯이, 중건 사원은 창건 사원을 정지하고 조성하였다. 따라서 이곳에서 출토된 유물의 경우 창건사원과 중건사원의 것이 혼합되어 나타날 가능성이 매우 높다. 또한 기와의 경우 완형의 것은 얼마든지 재사용이 가능하다는 장점이 있다. 따라서 창건 사원의 조영 시점을 알기 위해선 멸실된 遺構보다는 寺域에서 출토된 유물의 검토를 통해서 파악하여야 할 필요성이 있다.

혈태폐사에서 출토된 유물은 와당을 포함해 평와, 文字瓦, 銀製押出佛, 塼佛, 塑像螺髮, 泥塔, 施釉陶器, 土師器, 須惠器, 黑色土器, 銅製金具, 鐵釘, 金箔片 등 다양하다. 이중 혈태폐사 창건 사원의 조영 연대를 추정케 하는 유물로는 와당과 文字瓦를 들 수 있다. 와당은 출토된 3종류 중 C계통으로 분류된 單瓣蓮花文軒丸瓦(本文 圖版 19)가 飛鳥時代로 소급되는 것이며, 이 같은 와당은 隼上り瓦窯, 幡枝瓦窯, 北野廢寺 등에서도 확인된 바 있다.154) 그리고 문자와 중「庚寅年」으로 음각된

---

154) 隼上り瓦窯에서 번와된 와당이 豊浦寺로 공급되는 한편, 동일 와범이 幡枝瓦窯에 직접적인 영향을 미친다. 그리고 번지와요에서 번와된 와당은 北野廢寺로 공급되어 결과적으로는 隼上り瓦窯와 관련성이 있음을 보여주고 있다(毛利光俊彦,「古代寺院の生産遺跡」『佛敎藝術』148號, 每日新聞社, 昭和 58年, p.63 圖 2).

것이 있는데 이는 현재 690년보다는 630년으로 해석하고 있다.[155] 따라서 이들 와당과 문자와, 그리고 와당과 함께 출토된 토기 등을 검토하여 볼 때 그 조영시기는 630년대인 飛鳥時代 말기로 판단해 볼 수 있다.

그렇다면 小笠原好彦이 언급한 서금당지의 지대석이 과연 와적기단의 지대석으로 사용되었을까? 이를 알기 위해선 양자의 지대석을 재질과 조성방법 등으로 나누어 검토해 볼 필요성이 있다. 중건 사원 금당지에 사용된 지대석은 화강암으로 가공된 장방형의 판석으로 크기는 장변 65cm, 단변 25cm, 높이 18cm 정도이며 가로로 뉘워 조성하였다. 창건 사원 지대석의 경우도 크기만 다를 뿐, 화강암제의 장방형 판석을 역시 가로로 뉘워 조성하였다. 이는 결국 재질과 조성방법 등이 같음을 알 수 있다. 즉, 창건 사원의 조영에 사용된 축조술이 중건 사원에 그대로 전수되었음을 살필 수 있다. 따라서 창건 사원에서 보이는 지대석은 중건 사원에서 보이는 지대석과 마찬가지로 와적의 하부에 시설된 기초시설로 판단할 수 있겠다.

한편, 田辺征夫의 경우 이 같은 小笠原好彦의 說에 대해 그 가능성을 배제하지는 않지만 다른 견해를 펴고 있어 상호 비교되고 있다.[156] 즉 그는 와적기단의 성립기를 白鳳時代로 보고 있으며, 그의 시초 또

---

155) 大橋信彌・仲川靖,「滋賀縣 穴太廢寺」『月刊文化財』257號, 第一法規出版株式會社, 1985.

한 大津京의 官寺로 볼 수 있는 崇福寺와 南滋賀廢寺로 추정하고 있다. 그리고 이의 직접적인 영향은 660년, 백제가 멸망한 이후 일본으로 망명한 기술자에 의해 이루어졌다고 파악하고 있다. 하지만 田辺氏의 견해에 따르고자 한다면 일본은 백제에서 약 1세기 전에 건너간 造佛工, 瓦博士, 畵工, 造寺工 등의 기술을 대부분 전수받는 과정에서 와적기단의 축조기술만 전수 받지 않았다는 결과가 된다. 그러나 분명한 것은 이들 집단 중 造寺工들의 경우 백제에서 일본으로 파견되기 위해 뽑힌 국가의 대표적인 技術者集團이었으므로 이들은 이미 官北里遺蹟이나 陵寺에 사용된 와적기단의 존재 및 그 축조기법에 대해 충분히 인지하였을 가능성이 매우 높다는 사실이다. 이렇게 볼 때 와적기단 축조에 필요한 일본 造寺工의 기술은 늦어도 7세기 전반기에는 가능하였을 것으로 생각된다.

(2) 遺蹟現況

일본의 와적기단도 백제와 마찬가지로 평적식, 합장식, 수직횡렬식,

---

156) 田辺征夫,「瓦積基壇と 渡來系氏族」『季刊 考古學』第60號, 雄山閣, 1995, p.75.
田辺征夫는 이 논고에서 瓦積基壇의 成立은 白鳳時代 이전으로 거슬러 올라가기 어렵다고 보고 大津京의 官寺로 추정되는 崇福寺 및 南滋賀廢寺를 그 시초로 보고 있다. 그리고 이의 등장은 직접적으로 660년 백제멸망 후에 日本으로 이주한 기술자들에 의해 이루어졌다고 보고 있다.

複合式 등 크게 4가지 형식으로 분류할 수 있다.[157] 이 중 수직횡렬식은 양국 모두 조성방법이 동일하여 차이점이 없으나 평적식과 합장식은 세부 수법에서 약간의 차이가 발견된다.

평적식의 경우는 지대석이 갖추어진 기단과 그렇지 않은 것으로 구분되며, 또한 소형 할석과 塼이 가미된 새로운 형식도 살필 수 있다. 지대석이 없는 평적식 기단은 백제와 동일한 형식이나 기타 두 형식은 다소의 차이가 있어 비교 대상이 된다. 합장식도 평적식과 마찬가지로 와적 아래의 지대석 유무로 분류할 수 있다.

❶ 평적식

地臺石이 갖추어진 기단

㈀ 穴太廢寺[158] 重建金堂

와적기단은 백봉시대에 중건된 금당지와 탑지에서 확인되었다. 기단의 잔존 상태가 가장 양호한 금당지의 북쪽(本文 圖版 20)을 통해 그

---

157) 일본 와적기단의 형식분류에 대해서는 田辺征夫의 논고가 있어 이를 참조하고자 한다. 田辺征夫,「瓦積基壇と渡來系氏族」『季刊考古學』第60號, 雄山閣, 1997, pp.72~75.
158) 혈태폐사는 漢人系의 도래계 씨족인 穴太村主가 조영한 氏寺로 비조시대와 백봉시대의 2시기 가람이 중복되어 있다.

〔圖版 20〕 穴太廢寺 再建金堂址 平積式 瓦積基壇 細部
(林博通,「穴太廢寺(滋賀縣)」『佛敎藝術』174號, 每日新聞社, 昭和 62年, 口繪 7)

〔圖版 21〕 北白川廢寺 塔址 平積式 瓦積基壇 全景
(梶川敏夫,「北白川廢寺跡」『佛敎藝術』115號, 每日新聞社, 昭和 52年, 圖 2)

Ⅲ. 瓦積基壇의 築造術

축조기법을 살펴보고자 한다.

와적기단은 동서 23.04m, 남북 19.14m이며, 최고 높이는 1.4m 이상이다. 기단은 최고 21매의 瓦積이 평적식으로 축조되었으며, 와적 아래에서는 地臺石 1조가 확인되었다. 지대석은 화강암을 가공한 장방형의 板石으로 장변 65cm, 단변 25cm, 높이 18cm 정도이며, 가로로 뉘워 조성하였다. 와적 내에서 일부 자연석이 포함되어 있는 것으로 보아 축조 후 여러 번 보수하였다고 판단된다. 암키와편이 주로 사용되었으며, 평면 瓦列이 1열이고 기와의 장변은 기단 방향과 나란하다.

塔址는 대부분 멸실되었으나 지대석이 서쪽에서 확인된 것으로 보아 와적기단을 사용하였다고 추정해 볼 수 있다. 기단 규모는 지대석의 형적으로 보아 한 변이 12m로 추정된다.

(ㄴ) 北白川廢寺 塔

북백천폐사는 1934년에 발굴조사가 시작되어 이후에도 여러 차례 조사가 진행되었다.[159] 탑 기단은 와적 아래에 2단의 기초를 시설하였는데 당시 조사자들은 이를 延石(鋪石)과 지대석으로 파악하였다. 기단의 전체 규모는 119척×75척5寸으로 동서가 긴 矩形을 이루었으며,

---

[159] 梅原末治,「北白川廢寺跡」『京都府史蹟名勝天然記念物調査報告書』第 19冊, 昭和 9年 ; 梶川敏夫,「北白川廢寺跡」『佛敎藝術』115號, 每日新聞社, 昭和 52年, pp.32~38.

기단의 남쪽과 북쪽으로는 石階를 시설한 것으로 보았다.

그 후 1975년 2월, 토목공사에 앞서 塔址에 대한 발굴조사가 재실시 되었다. 그 결과 와적기단의 東南隅가 동서 2.3m, 남북 3.2m의 길이로 조사되었다(本文 圖版 21). 기와는 平瓦片을 위주로 하여 長邊을 기단 방향과 나란하게 축조하였으며, 평면 瓦列은 2열 이상이다. 조사 당시 약 10여 매 정도 잔존하였다. 출토된 와당으로 보아 조영 시기는 7세기 3/4분기경, 廢寺 시기는 평안시대 중기로 편년하였다.160)

㈐ 當麻寺 本堂 地下建物

당마사 본당 지하건물에서 평적식의 기단이 출토되었다.161) 남아 있는 瓦積은 10단 이하이며, 瓦積 아래에서는 지대석이 확인된다. 그런데 지대석의 경우 크기가 전혀 달라 백봉시대의 혈태폐사 중건 금당 지대석과 큰 차이를 보인다. 지대석의 대소에 따라 와적 또한 달리 축조되어 정형성은 없어 보인다. 평면 瓦列은 1열이다.

㈑ 高麗寺 金堂

고려사는 京都府 相樂郡 山城지역에 위치하며 1938년에 발굴조사

---

160) ① 梶川敏夫, 「北白川廢寺跡」 『佛敎藝術』 115號, 每日新聞社, 昭和 52年, p.38.
　　② 中島正, 「山背の古墳と寺院」 『季刊考古學』 第60號, 雄山閣, 1997, p.43.
161) 岡田英男, 「當麻寺本堂修理工事の成果」 『佛敎藝術』 45號, 每日新聞社, 昭和 36年, p.37.

되었다. 이후에도 사역 확인을 위한 시굴조사가 계속적으로 진행되었다. 고구려계 귀화씨족인 狛氏의 氏寺로, 창건은 소판 10엽 연화문 와당으로 보아 늦어도 7세기 전반경에는 이루어졌을 것으로 판단된다.[162] 石築基壇은 기단 판축토 전면에 축조되었으며, 한 변이 약 11.9m이다.[163]

가람배치를 보면 東西 나란하게 탑지와 금당지가 조성되었으며, 이들 후면에서는 강당지가 확인되었다. 강당 좌우에서는 회랑지도 조사되어 전체적으로 法起寺式의 가람배치를 보여주고 있다.

와적기단은 塔址와 金堂址에서 확인되었다. 탑지는 한 변이 12.7m이며, 평적식으로 축조되었다(圖面 14). 기단의 잔존 상황은 비교적 양호하여 북변 중앙부의 경우 약 80cm, 31매 전후의 瓦積이 남아 있다. 평면 와열은 1열이며, 와적 하부와 접한 외측으로는 石敷(犬走)를 돌려놓았고, 안쪽으로는 할석기단이 1열로 시설되어 있다.

금당지는 탑지 서쪽으로 22m 떨어진 곳에서 조사되었다. 와적기단의 규모는 동서 16m, 남북 13.4m, 현존 높이 80cm로 비교적 양호하게

---

162) 奧村淸一郞,「高麗寺跡」『佛敎藝術』174號, 每日新聞社, 昭和 62年, pp. 38~42.
163) 석축기단과 와적기단의 선후관계에 있어선 전자가 먼저 조영되었다는 설과 동시 조영설이 있다. 그러나 후자의 경우 아직까지 와적기단이 석축기단의 보조시설로 사용되었다는 사례가 없어 취신하기 어렵다. 아울러 석축기단 내부는 기단 판축토로 이루어진 반면, 와적기단과 석축기단 사이는 사립을 포함한 점토로 충전되어 토층의 차이도 엿볼 수 있다.

잔존되었다(本文 圖版 22). 평면 와열은 1열이며, 기와의 장변이 기단 방향과 나란하다.

이 외에도 지대석이 갖추어진 평적식 와적기단은 南滋賀廢寺(탑·

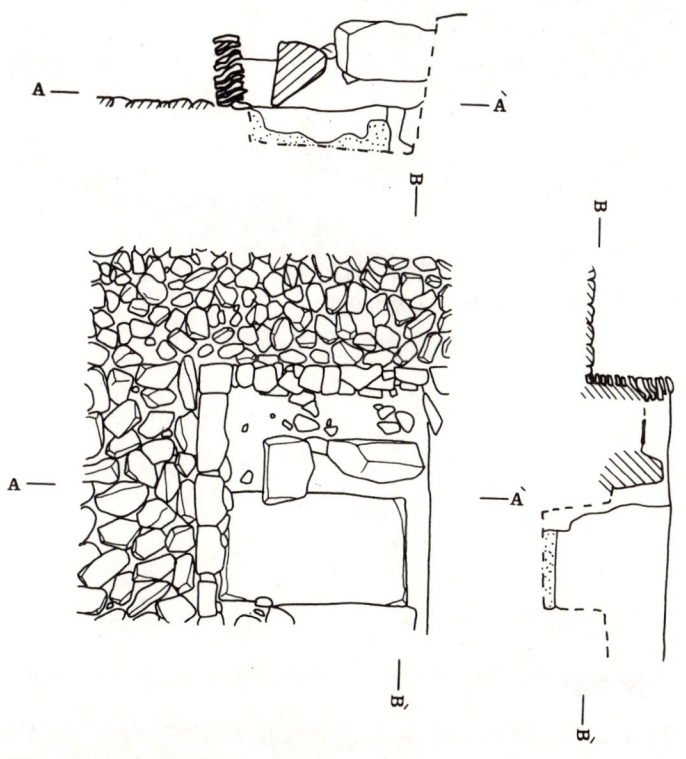

[圖面 14] 高麗寺 塔址 平積式 瓦積基壇 平·斷面圖
(森郁夫,「古代寺院の移建と再建-問題点の所在-」『古代寺院の移建と再建を考える』, 帝塚山考古學硏究所, 1995, 高麗寺塔基壇北西隅 圖面)

III. 瓦積基壇의 築造術
117

〔圖版 22〕 高麗寺 金堂址 平積式 瓦積基壇 全景
(奧村淸一郞,「高麗寺跡」『佛敎藝術』174號, 每日新聞社, 昭和 62년, 口繪 9)

중금당·서금당), 崇福寺(미륵당), 平川廢寺(탑), 上淀廢寺(금당 남면, 서면), 大寺廢寺(금당·강당) 등에서 살필 수 있다.[164]

地臺石이 없는 기단

(ㄱ) 檜隈寺 講堂[165]

할석이 와적 사이에 끼워져 있는 補修된 와적기단이다. 지대석은 일부 지역에 한해 제한적으로 시설되어 있다(本文 圖版 23). 강당 내부의 초석으로 보아 와적 상부는 멸실된 것으로 판단된다. 평면 瓦列은 1열

III. 瓦積基壇의 築造術
118

[圖版 23] 檜隈寺 講堂址 平積式 瓦積基壇 全景
(奈良國立文化財研究所 飛鳥藤原宮跡發掘調査部,『藤原宮と京』, 1991, p.94 檜隈寺講堂跡 圖版)

이며, 출토된 複瓣8葉蓮花文瓦當으로 보아 창건 연대는 7세기말로 추정된다.[166]

---

164) 田辺征夫,「瓦積基壇と 渡來系氏族」『季刊 考古學』第60號, 雄山閣, 1995, p.72.
165) 東漢氏의 氏寺로 강당은 8칸×4칸이며, 1981년 발굴조사 되었다(坪井淸足,「飛鳥地方에 있어 寺院跡發掘調査의 成果」『馬韓・百濟文化』第4・5輯, 圓光大學校 馬韓・百濟文化研究所, 1982, p.136).
166) 奈良國立文化財研究所・飛鳥藤原宮跡發掘調査部,『藤原宮と京』, 1991, p.94.

〔圖版 24〕 田辺廢寺 西塔址 平積式 瓦積基壇 細部
(坪井淸足・鈴木嘉吉,『古代史發掘9 - 埋れた宮殿と寺』, 講談社, 昭和 49年, 圖 62)

(ㄴ) 田辺廢寺 西塔[167]

최하단에 2~3단 정도의 기와를 깔고 그 위에 퇴물림하여 평적식으로 瓦積하였다(本文 圖版 24).[168] 암키와편 위주로 조성하였으며, 평면 瓦

---

167) 금당, 남문에서도 와적기단이 출토된 바 있으나 해당 자료에 대해선 실견하지 못하였다.
168) 坪井淸足・鈴木嘉吉,『古代史發掘9 - 埋れた宮殿と寺』, 講談社, 昭和 49年, p.50 圖 62.

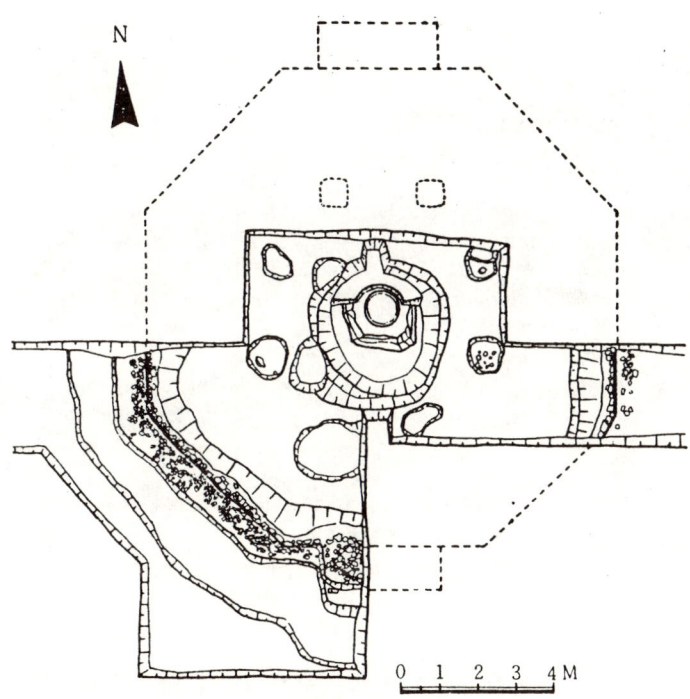

〔圖面 15〕 樫原廢寺 8角塔址 平積式 瓦積基壇 平面圖
(杉山信三・佐藤興治,「樫原廢寺跡の發掘調査槪要」『佛敎藝術』66, 每日新聞社, 昭和42年, 第3圖)

列은 1열이다. 기와의 장변을 기단 방향과 나란하게 하여 사용면을 넓게 하였다. 8세기 중반경의 遺構로 大阪府 柏原市에 위치하고 있다.

㈐ 樫原廢寺 塔

8각 탑지에서 와적기단이 확인되었다(圖面 15, 本文 圖版 25).[169] 완

〔圖版 25〕 樫原廢寺 8角塔址 平積式 瓦積基壇 細部
(杉山信三・佐藤興治,「樫原廢寺跡の發掘調查槪要」『佛敎藝術』66, 每日新聞社, 昭和 42年, 第 7圖)

벽한 조사가 이루어지지 않고 시굴을 통해 동, 서, 남서쪽의 일부를 조사하였다. 와적은 암키와편 위주로 축조되었으며, 평면 瓦列은 1열이다. 瓦積은 대략 12~14단 정도 남아 있으나 기단토의 높이를 고려하면 최소 30단 이상이었을 것으로 판단된다. 기와의 장변이 기단 방향과 나란하다. 8세기경의 塔址로 京都市에 위치하고 있다.

(ㄹ) 上淀廢寺 中塔

금당(本文 圖版 26)과 함께 이중기단으로 축조되었으며, 상층이 와적기단이다(圖面 16).[170] 기단의 높이는 약 55~60cm이며 10여매 이상

〔圖版 26〕 上淀廢寺 金堂址 平積式 瓦積基壇 細部

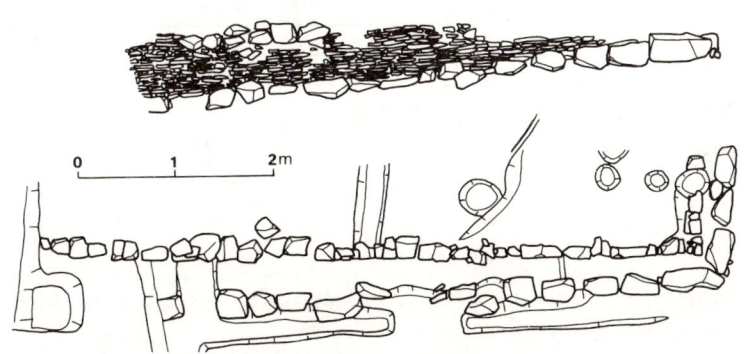

〔圖面 16〕 上淀廢寺 中塔址 平積式 瓦積基壇 平·斷面圖
(田辺征夫,「瓦積基壇と 渡來系氏族」『季刊 考古學』第60號, 雄山閣, 1995〈中〉)

III. 瓦積基壇의 築造術

의 와적이 남아 있다. 평면 와열 1열로 장변은 기단과 나란하게 축조되었다.

와적의 하부는 하층기단의 기단토에 매몰되어 외관상 관찰이 어렵다. 하층기단은 1열의 석열로 높이는 20cm이며, 상층기단 전면으로 약 30~40cm 정도 떨어져 조성되었다. 백봉시대에 조영되었다.

(ㅁ) 大鳳寺 金堂

상정폐사 중탑과 동일한 이중기단으로 축조되었다. 먼저 상층에 해

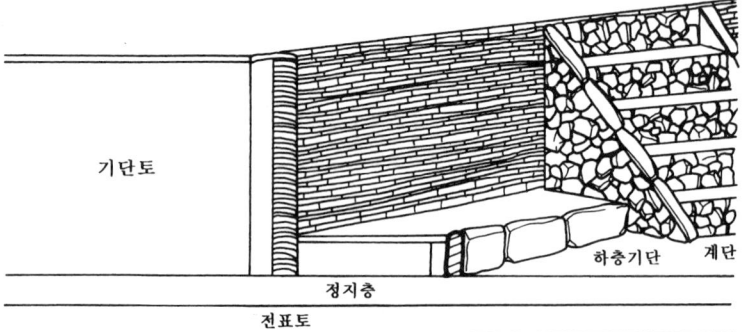

〔圖面 17〕 大鳳寺 金堂址 平積式 瓦積基壇 復原圖
(田辺征夫,「瓦積基壇と渡來系氏族」『季刊 考古學』第60號, 雄山閣, 1995〈下〉)

---

169) 杉山信三·佐藤興治,「樫原廢寺跡の發掘調査概要」『佛敎藝術』66, 每日新聞社, 昭和 42年, pp.47~54.
170) 田辺征夫,「瓦積基壇と渡來系氏族」『季刊考古學』第60號, 雄山閣, 1997, p.74(中).

당하는 평적식의 와적기단을 축조한 후 그 전면에 1조의 석열을 덧대어 하층기단을 완성하였다(圖面 17).[171] 이 때 와적의 하부는 하층기단석과 동일한 레벨에 위치하게 된다. 백봉시대에 조영되었다.

(ㅂ) 近江國衙

일견 이중기단으로 보이나 단층기단으로 봄이 타당하다. 지대석 대

〔圖版 27〕近江國衙 建物址 平積式 瓦積基壇 細部
(坪井清足·鈴木嘉吉,『古代史發掘 9 - 埋れた宮殿と寺』, 講談社, 昭和 49年, 圖 198)

---

171) 田辺征夫,「瓦積基壇と渡來系氏族」『季刊考古學』第60號, 雄山閣, 1997, p.74(下).

신 암키와를 4~5단 정도로 견고하게 쌓고, 퇴물림하여 土石을 혼축하여 올린 다음 암·수키와의 瓦積으로 기단을 마무리하였다(本文 圖版 27). 아래 면에 사용된 瓦積이 암키와가 주인 반면, 상면은 수키와가 상대적으로 많이 사용되어 여느 평적식의 와적기단과 차이를 보인다. 평면 瓦列은 1열이며, 기와의 장변이 기단 방향과 나란하다. 8세기 후반의 지방 官衙址로 滋賀縣 大津市에 위치하고 있다.[172]

이들 외에도 지대석이 없는 평적식 와적기단은 百濟寺(강당·회랑의 일부, 승방), 四天王寺(회랑·중문의 일부, 남문), 般若寺, 宮井廢寺(금당), 瀨田廢寺(금당·탑·강당의 일부), 陸奧國分寺(승방), 上總國分尼寺(금당) 등에서 찾아볼 수 있다.[173]

소형 割石[174] 이 첨부된 기단

(ㄱ) 伊丹廢寺 金堂

이단폐사는 법륭사식 가람배치로 동서에 금당과 탑이 배치되어 있

---

172) 坪井淸足·鈴木嘉吉, 『古代史發掘 9 - 埋れた宮殿と寺』, 講談社, 昭和 49年, p.140 圖 198.
173) 田辺征夫, 「瓦積基壇と 渡來系氏族」『季刊 考古學』第60號, 雄山閣, 1995, pp.72~73.
174) 일본에서는 栗石으로 부르고 있으나 본고에서는 "소형 割石"이란 용어로 대신하고자 한다.

〔圖版 28〕 伊丹廢寺 金堂址 平積式 瓦積基壇 全景

고, 그 남쪽으로는 중문이 설치되어 있다. 중문과 이어진 동서회랑은 금당과 탑을 에워싸며 북회랑과 연결되고 있다. 강당은 회랑 북쪽에 조성되어 있다.[175)]

금당지에서 확인되는 와적기단은 하면에 지대석 대신 塼을 1단으로 깔고 그 위에 1조의 소형 割石을 올려놓은 다음, 다시 그 위에 2단의 평와를 반복해서 와적한 기단 형식을 이루고 있다(本文 圖版 28).[176)] 최

---

175) 淺野淸, 「寺院遺跡(上)」 『佛敎藝術』 80號, 每日新聞社, 昭和 46년, p.104 圖 16.

상단 또한 塼으로 마무리하여 전체적으로 塼과 塼사이에 소형 割石과 기와를 반복하여 조성해 놓은 형태이다. 기와는 장변을 기단 방향과 나란하게 하여 사용면을 넓게 하였다. 그러나 소형 할석의 크기가 각기 달라 평적식에서와 같은 정연한 瓦積 상태는 살필 수 없다.

백제에서는 볼 수 없는 특이한 기단 형식으로 평적식의 아류로 생각된다. 평면 塼列은 1열이며, 최하단 塼은 소형 割石보다 앞으로 돌출시켜 축조하였다. 8세기 초엽의 寺址로 大阪府 伊丹市에 위치하고 있다.

❷ 合掌式

崇福寺 彌勒堂 東偏基壇

지대석 위에 기와를 삼각 형태로 경사지게 반복해서 축조한 기단 형식이다(圖面 18). 군수리 폐사지와 달리 지대석을 깔고 있어 차이를 보

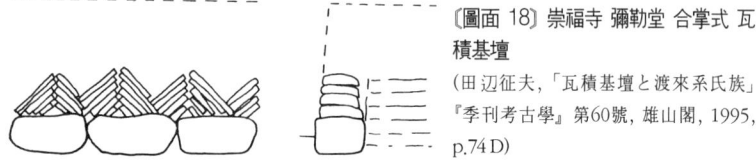

〔圖面 18〕崇福寺 彌勒堂 合掌式 瓦積基壇
(田辺征夫,「瓦積基壇と渡來系氏族」『季刊考古學』第60號, 雄山閣, 1995, p.74 D)

---

176) 坪井淸足・鈴木嘉吉,『古代史發掘9 - 埋れた宮殿と寺』, 講談社, 昭和 49年, p.50 圖 63.

인다. 그러나 와적의 중심뼈에 해당되는 암키와가 부가되지 않아 장식성이 떨어져 보인다. 川原寺式 가람배치로 백봉시대에 조영되었다.

❸ 垂直橫列式

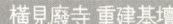
横見廢寺 重建基壇

〔圖面 19〕 横見廢寺 垂直橫列式 瓦積基壇
(田辺征夫,「瓦積基壇と渡來系氏族」『季刊考古學』第60號, 雄山閣, 1995, p.74 C)

백제와 동일한 조성기법으로 축조되었다. 완형의 암키와만 사용하여 장변을 수직으로 세우고 기단을 축조하였다(圖面 19). 기와와 기와 사이는 간극을 없게 하여 기단토의 유실을 방지하고 있다. 백제의 군수리 폐사지 수직횡렬식과 동일한 축조기법을 보이고 있다.

4. 濟・日 瓦積基壇 築造術의 比較 檢討

백제와 일본의 와적기단 축조술은 그 주체가 백제의 조사공이었다는 점에서 공통성이 있다. 따라서 형식 또한 평적식, 합장식, 수직횡렬식, 복합식 등 큰 차이가 없다.

평적식 와적기단은 양국에서 가장 먼저 등장하였을 뿐만 아니라 가장 널리 사용된 기단 형식이다.[177] 이러한 새로운 기단 형식의 창출과 유행은 평적식 기단이 할석기단과 축조기법에서 가장 비슷하고 조성면에서도 용이하다는 사실에서 그 원인을 찾을 수 있다. 하지만 세부적인 축조술에 있어서는 양국의 차이점이 발견되기도 한다. 즉, 塼과 소형 할석이 조합된 평적식 기단의 경우는 일본에서만 확인된 형식으로 伊丹廢寺 금당에서 그 예를 살필 수 있다. 전과 소형 할석이 상하 반복해서 사용되었다는 점에서 순수 와적기단이라 부를 수는 없지만 주재료가 기와라는 점에서 평적식 기단에 포함시킬 수 있다.[178] 이 기단은 외형상으로 보아 순수 평적식 기단에 비해 장식적 효과가 크다는 점은 인정된다. 하지만 기단 내부의 간극이 평적식에 비해 크고, 소형 할석 사이의 기와가 강도가 약해 쉽게 파손될 수 있다는 점에서 기단토의 止沙施設로는 부적합함을 볼 수 있다. 요컨대 여러 이질적인 재료의 혼합과 축조기법상의 어려움은 이 기단이 대중화되는데 있어 최

---

[177] 백제는 관북리 추정 왕궁지, 군수리 폐사지 등의 예로 보아 늦어도 6세기 중반경에는 평적식 와적기단이 등장하였을 것으로 판단된다. 반면, 일본은 혈태폐사 창건 사원의 예로 보아 7세기 전반경에 와적기단이 등장하였을 것으로 생각된다. 그리고 南滋賀廢寺, 崇福寺 등이 조영되는 7세기 후반경에는 평적식 기단이 본격적으로 조성되었음을 알 수 있다.
[178] 이에 대해 일인학자들의 경우는 玉石積基壇이라 부르고 있다(坪井清足·鈴木嘉吉,『埋れた宮殿と寺』- 古代史發掘 9 -, 講談社, 昭和 49年, p.50 圖 63).

고의 걸림돌로 작용하였을 것이다.

또한 일본의 경우는 田辺廢寺·伊丹廢寺·近江國衙 등에서와 같이 단면 2단의 평적식 와적기단을 확인할 수 있다. 즉, 지대석을 대신하여 塼이나 기와를 여러 겹 쌓아 기단 下面(기초시설)을 조성한 다음 그 위로 퇴물림하여 瓦積을 평적식으로 축조하였다.[179] 이러한 瓦積 하면에서의 축조법은 백제 와적기단에서는 볼 수 없는 독특한 기술로 일본에서는 8세기경에 이르러 널리 대중화되었다.

그러나 이러한 차이점에도 불구하고 양국의 와적기단 축조술은 더 많은 곳에서 공통성을 찾아볼 수 있다. 먼저 瓦積 아래에 놓여진 地臺石의 존재를 들 수 있다. 백제시대 와적기단 건물지 중에서 지대석이 확인된 예는 王興寺址 서회랑지 및 밤골사지 등에서 살필 수 있다. 그러나 조사 완료된 일부 와적기단 건물지의 경우 지대석의 확인조사가 미비했음을 볼 때 이러한 존재가 6세기 후반에 등장할 가능성은 현재로서 매우 높은 실정이다. 일본의 경우도 穴太廢寺·南滋賀廢寺·高麗寺·大寺廢寺·平川廢寺·上淀廢寺·崇福寺 등에서 瓦積 하면에 지대석이 깔린 경우를 어렵지 않게 볼 수 있다. 기단은 본래 건물 내부의 基壇土가 밖으로 밀려남을 방지함으로써 건물의 붕괴를 막는 중요

---

[179] 단면 2단으로 기단을 축조함으로써 단면 1단에 비해 기단의 안정감을 꾀할 수 있다.

한 역할을 담당한다. 이러한 기능적인 면을 고려하여 볼 때 地臺石의 존재는 매우 중요하다.180) 따라서 이러한 遺構의 존재는 백제의 造寺工들이 와적기단을 축조하는 과정에서 종래의 割石基壇을 모방하였던 것으로 생각된다.

또한 이중기단에 사용된 와적기단의 경우 백제, 일본에서 모두 평적식으로 확인되고 있어 양국의 공통점으로 파악할 수 있다. 즉 백제는 금성산 건물지의 하층에서 와적기단을 볼 수 있고,181) 일본은 상정폐사 중탑지 및 대봉사 금당지의 상층에서 와적기단을 확인할 수 있다. 하지만 이중기단 중 瓦積이 시설된 위치가 上下 달라 차이를 보이기도 한다. 결국 이러한 이중기단에서의 와적기단은 백제의 기단 축조술이 일본에 직접적으로 전파되었음을 보여주는 단적인 자료인 동시에 상정폐사 중탑지 및 대봉사 금당지 기단의 모델이 백제 금성산 건물지였음을 추정해 볼 수 있는 중요한 단서가 된다.

기타, 평면 瓦列이 2열이나 3열에 비해 1열이 상대적으로 많은 점, 기와의 장변을 기단 방향과 나란하게 한 점, 그리고 폐기와(암키와)를

---

180) 지대석은 대체로 화강암으로 이루어졌으며, 기와에 비해 기단토의 하중을 잘 견디어 낼 수 있다는 장점이 있다. 일종의 기단 적심으로 기단의 기초시설을 의미하기도 한다.
181) 상층기단은 대부분 멸실되어 정확한 기단 형태를 확인할 수 없으나 할석재가 남아 있는 것으로 보아 석축기단으로 이루어졌음을 판단해 볼 수 있다.

위주로 하여 평적식 기단을 축조하였다는 사실에서도 백제와 일본의 관련성을 찾아볼 수 있다.

합장식 기단은 백제의 경우 군수리 폐사지의 중앙기단(금당) 남면부, 동방기단 남면부, 북방기단(강당) 남면 일부에서만 확인된 반면, 일본의 경우는 崇福寺 미륵당 동방기단에서 그 예가 찾아졌다. 와적기단의 여러 형식 중 裝飾的 효과가 제일 뛰어나 군수리 폐사지의 경우 건물의 남쪽부에 주로 합장식 기단을 시설하였다.[182] 그러나 기단의 높이를 임의로 조정할 수 없고, 기단의 하면에서 삼각형의 간극이 존재하는 점, 그리고 축조상의 어려움 등에서 기단으로서의 부적합성을 살필 수 있다. 이러한 축조상의 제약은 한편으로 기단의 대중화에도 큰 제약이 되었음을 판단해 볼 수 있다.

양국의 합장식 기단을 비교함에 있어 가장 큰 차이점은 지대석의 존재 유무이다. 즉, 일본의 숭복사 미륵당 동편기단에서는 합장식의 와적 아래에서 1매의 지대석이 발견되었으나 백제의 군수리 폐사지에서는 이러한 지대석이 확인되지 않았다. 아울러 기단을 이루는 合角部에 평와의 존재 유무도 하나의 차이점으로 지적할 수 있다. 즉, 백제 군수리 폐사지의 경우는 기단의 합각부에 평와(암키와)가 한 점 끼워져 있

---

182) 군수리 폐사지를 비롯한 백제 寺址는 대부분 남-북 장축의 堂塔配置를 보이고 있다. 따라서 건물의 南面部는 결과적으로 정면을 의미한다.

는 반면, 숭복사 미륵당 동편기단의 경우는 이러한 평와가 결실되어 있다. 여기서 平瓦는 양쪽 와적의 하중을 분산시키는 역할을 담당하는 한편, 장식적인 효과도 뛰어남을 살필 수 있다.

수직횡렬식 기단도 합장식 기단과 마찬가지로 아주 적은 유적에서 그 사례가 찾아지고 있다. 즉 백제의 경우는 군수리 폐사지의 중앙기단 북면, 동면, 서면에서만 확인되고 있으며, 일본의 경우는 橫見廢寺에서 그 예를 살필 수 있다. 양국에서 확인되는 수직횡렬식 기단의 차이점은 확인되지 않는다. 다만, 평적식이나 합장식의 기단이 폐기와편을 위주로 하여 기단을 축조하는 것에 반해, 수직횡렬식 기단은 완형의 암키와만을 사용하여야 한다는 특징이 있다. 이는 기와 한 매의 장변 높이가 곧 기단의 높이를 의미하기 때문에 瓦片의 사용은 기단의 높이와 荷重면에서 부적합하다. 따라서 완형 기와만을 사용하여야 한다는 한계가 있고, 평적식 기단과 같이 높이를 임의로 조정할 수 없음도 판단해 볼 수 있다.

복합식 기단은 백제의 경우 군수리 제 1호 건물지에서 검출되었으며 하면에 수직횡렬식, 상면에 평적식이 조성되었다. 일본은 瀨田廢寺에서 살필 수 있으며 하면에 합장식, 상면에 평적식이 와적되어 있다. 양국 모두 지대석(지복석)은 시설되지 않았으며, 상면을 평적식으로 마무리하였다는 특징이 있다. 아울러 이러한 기단 형식은 기능성보다는 다분히 장식성이 강하기 때문에 양국 모두 비교 자료가 없다는 공통성이 있다.

이상과 같이 백제와 일본의 와적기단에 대해 살펴보았다. 일본의 경우는 白鳳·天平時代의 와적기단을 위주로 하여 알아보았다. 와적기단이 사용된 유적은 백제, 일본 모두 기와집에만 사용되었다는 공통점이 있다. 그리고 폐기와 片을 위주로 하여 재활용하였다는 점에서 공급의 용이성을 살필 수 있다. 특히 合掌式과 같은 와적기단은 기단으로서의 기능보다는 장식성에 많은 비중이 두어져 백제, 일본 모두 한정된 유적에 사용되었음을 볼 수 있다.

한편, 와적기단의 네 형식 중 백제나 일본 모두 平積式이 가장 유행하였고, 합장식과 수직횡렬식, 복합식 등은 극히 일부분의 유적에만 사용되었음이 확인되었다. 그리고 동일 형식의 와적기단이라 할지라도 세부적인 축조 기법에서는 약간의 차이점이 발견되었다. 그러나 이와 같은 차이점은 백제 瓦博士에 의해 제작된 飛鳥寺 와당의 예를 통해서도 쉽게 이해할 수 있다. 즉, 飛鳥寺 창건에 사용된 원형돌기식 및 삼각돌기식 와당은 백제 와당과 비교해 연판수에서 이질적인 모습을 보이고 있다. 그러나 비조사 와당의 모델은 곧 백제 와당에 있었고, 그 제작 주체 또한 백제의 瓦博士였음은 부정할 수 없다. 따라서 백제에서 확인되지 않은 와적의 퇴물림 수법 혹은 소형 할석, 기와, 塼이 혼합된 평적식 기단 역시도 백제의 조사공들에 의해 일본에서 새롭게 창안된 건축술로 판단해 볼 수 있다.

와적기단은 백제의 경우 6세기 후반~7세기 전반에 가장 큰 유행을 보았으나 백제 멸망 후에는 그 자취가 거의 사라지게 된다.[183] 반면,

일본의 경우는 9세기대에 이르기까지 비교적 장구하게 유행하고 있어 우리나라와 차이를 보이고 있다. 특히 금당지나 강당지 이외의 塔址·回廊址·中門址·僧房址 등에서도 와적기단이 확인되어 백제보다 훨씬 더 다양한 유적에 애용되었음을 살필 수 있다.

---

183) 백제 와적기단 축조의 소멸은 곧 신라 건축문화의 영향과 무관치 않을 것으로 생각된다. 와적기단은 전술하였듯이 백제 고유의 건축술이었고 이는 지금까지 고구려나 신라 유적에서는 확인되지 않았다. 당시 신라와 고구려는 할석기단 혹은 장대석을 이용한 치석기단을 주로 사용하였다. 따라서 신라에 의한 삼국 통일 후 신라의 건축문화가 중앙에서 지방으로 확산되는 과정 중에 백제의 와적기단이 완전 소멸되었던 것으로 이해된다. 소멸된 시기는 통일신라 초기로 추정된다.

백제 건축기술의 대일전파

Ⅳ. 二重基壇의 築造術

1. 百濟 二重基壇의 始原과 遺蹟現況

(1) 始原

현존하는 우리나라 최초의 이중기단은 고구려 평양에서 그 예가 나타나며 시기는 약 5세기 초로 추정된다. 즉, 長壽王은 427년 수도를 국내성에서 평양으로 천도하면서 고구려 시조왕인 東明王의 무덤을 이장하였고, 이와 때를 같이 하여 始祖王 숭배를 위한 사찰로 定陵寺를 창건하였다. 정릉사에서의 이중기단은 금당지와 8각 탑지(圖面 20)에서 확인되었으며, 이러한 이중기단은 이후 498년에 창건되는 金剛寺址(淸岩里廢寺址)를 비롯해 上五里廢寺址, 土城里廢寺址의 금당지와 塔址 등에서도 조사되었다.[184] 특히 정릉사지와 금강사지 금당지의 경우는 下層基壇 상면에 礎石을 배치하여[185] 백제를 비

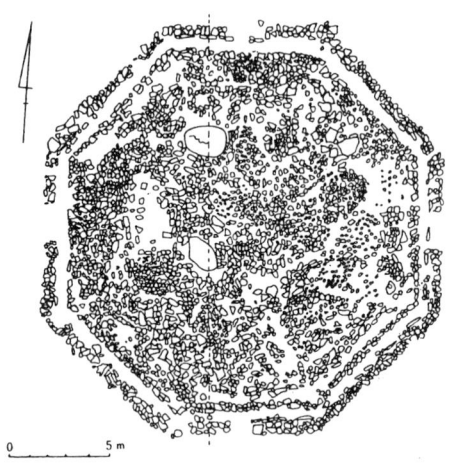

〔圖面 20〕 定陵寺址 塔址 二重基壇 平面圖
(柳田敏司・森田悌,「朝鮮の古代寺院跡について」『渡來人と佛敎信仰』, 1994, p.167 圖 2)

롯한 신라의 皇龍寺址 (最終伽藍) 금당지, 그리고 일본 飛鳥寺의 동·서 금당지 등과 有關함을 보여주고 있다.

그런데 이러한 이중기단은 본래 중국에서부터 축조되었다. 즉, 西漢(前漢)의 수도인 長安 明堂 유적내 辟雍에서 이중기단을 볼 수 있다. 명당은 황제가 주체가 되어 선조와 상제에게 제사를 지내고 제후의 조회를 받으며, 尊賢·養老를 행하는 일종의 禮制建築[186]을 의

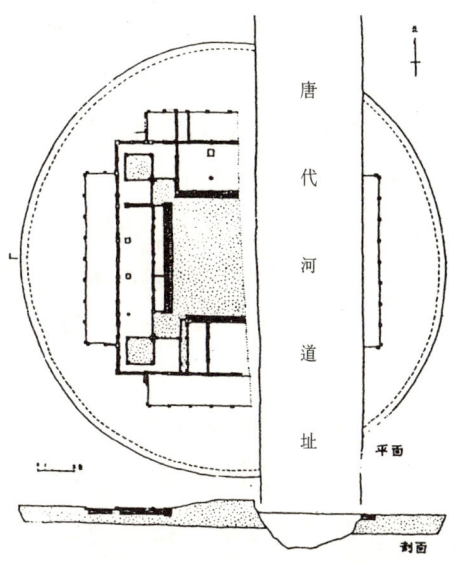

[圖面 21] 西漢 長安 明堂 辟雍 遺址 平·斷面圖
(楊鴻勛,「從遺址看西漢長安明堂(辟雍)形制」『建築考古學論文集』, 文物出版社, 1987, 圖 四)

---

184) 한인호,「고구려의 탑터와 관련한 몇가지 문제」『력사과학』제 2호, 과학백과사전종합출판사·사회과학출판사, 1988, p.41.
185) 한인호,「정릉사에 대하여」『조선고고연구』제 3호, 사회과학출판사, 1986, p.33.
186) 王仲殊 著/姜仁求 譯註, 『漢代 考古學 槪說』, 學硏文化社, 1993, p.44.

미한다. 따라서 시대에 따라 부르는 명칭도 각기 달랐는데 夏代에서는 世室, 殷代에서는 重屋, 周代 및 漢代에서는 명당이라 불렀다.

漢代의 명당은 周代의 전통을 이어받은 것으로 武帝 때 董仲舒와 같은 유학자의 역할이 지대하였다.[187] 무제는 기원전 113년에 濟南의 公玉帶가 바친 도면에 따라 태산의 북동쪽에 있는 주대의 명당지에 이를 건립하였다. 그 후 서기 4년(平帝 4)에도 장안성 남쪽에 다시 명당을 세웠는데[188] 본고에서 다루고자 하는 유적이 바로 이것이다(圖面 21 · 22).

이 건물 유구는 唐代의 河道로 인해 동쪽 부분이 멸실된 상태이다. 기단의 축조에 앞서 대지는 생토면까지 굴토 · 정지되었고, 하층기단이 놓여질 부분에 한해서는 생토를 좀 더 깊게 掘土하였다. 이러한 기단의 축조는 결국 건물의 하중을 좀 더 효과적으로 지탱하기 위해 취

---

[187] 楊鴻勛, 「從遺址看西漢長安明堂(辟雍) 形制」 『建築考古學論文集』, 文物出版社, 1987, p.169.
[188] 이 명당은 新의 王莽이 계승하였다. 그리고 後漢(東漢) 光武帝는 中元 원년 낙양의 北郊에 명당을 세웠는데 이는 魏代에까지 계승되었다. 남조에서는 梁의 武帝가 宋의 太極殿을 이건하여 명당으로 사용하였으며, 북조에서는 後魏의 高祖가 491년에 平城에 명당을 건립하였다(王仲殊 著/姜仁求 譯註, 『漢代 考古學 槪說』, 學硏文化史, 1993, p.217). 아울러 당대에는 則天武后가 689년에 명당을 세웠으나 얼마 되지 않아 화재로 소실되었고, 송대에는 명당의 의식을 大慶殿에서 거행하였다. 1117년 徽宗代에 새로 명당을 세웠으나 북송의 멸망으로 인하여 곧 멸실되고 그 후 명당의 중건은 이루어지지 않았다.

해진 조처로 판단된다. 건물지의 기단은 단면도로 보아 이중기단임을 알 수 있다.

하층기단은 대지 造成面으로부터 약 2m 정도 위에 조성되었다. 기단 상면으로는 남북 장축의 정형적인 초석과 기둥 구멍들이 확인되고 있다. 초석과 기둥 구멍을 전제로 한쪽 측면은 3칸으로 파악된다. 이러한 遺構의 출토는 결과적으로 하층기단 상면에 건물이 조영되었음을 의미하는 것으로189) 우리나라 삼국 이중기단 유적과의 관련성을 엿볼 수 있다.190) 그러나 한편으로는 하층기단 상면의 너비가 약 20~21m 정

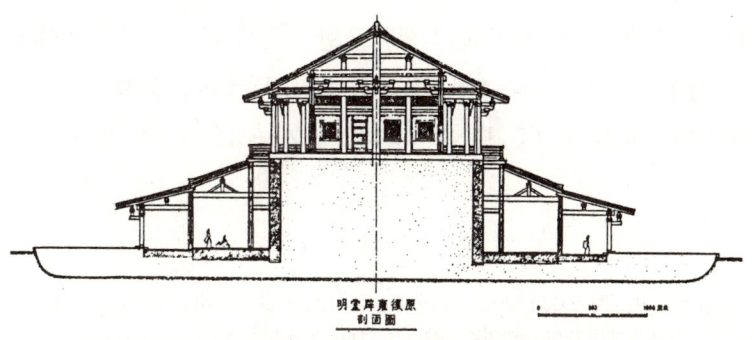

〔圖面 22〕 西漢 長安 明堂辟雍 復原圖
(楊鴻勛,「從遺址看西漢長安明堂(辟雍)形制」『建築考古學論文集』, 文物出版社, 1987, 圖 一 0)

---

189) 확실한 건물의 성격은 알 수 없으나 벽면이 시설되지 않은 것으로 보아 차양칸이 시설된 통로로 파악된다.

도이어서 우리나라에 비해 상당히 넓음을 볼 수 있다. 상층기단은 기단토가 유실되어 확실한 높이는 알 수 없으나 하층기단 상면과는 약 1m의 차이를 보이고 있다. 아울러 하층기단과 상층기단 사이는 기단토가 무너져 완만한 경사도를 보이고 있다. 상층기단에서는 하층기단과 달리 초석이나 石列 등이 전혀 확인되지 않았다.

명당은 전술하였 듯이 황제와 관련된 禮制建築으로 여기에 이중기단이 사용되었다 함은 당시의 宮闕建築이나 墓制建築[191]에도 충분히 사용되었을 가능성이 높음을 시사한다. 특히 궁궐의 경우는 황제의 거처나 정무소 뿐만 아니라 선조의 제사도 병행되었기 때문이다. 따라서 황제가 사용한 건축물이고 그 성격 또한 명당과 큰 차이가 없음을 볼 때, 西漢 이전의 秦이나 春秋戰國時代에서도 궁궐이나 묘제 등의 건축물에 명당과 같은 이중기단이 사용되었을 가능성은 충분히 있다.[192]

---

190) 고구려의 금강사지, 백제의 금성산 건물지, 신라의 황룡사지 중금당지 등과 같이 하층기단 상면에 외진주적심석(초석)이 놓여지는 경우를 말한다.
191) 중국의 경우 묘실을 지하에 시설하기 때문에 지상에는 건축물을 조성하는 것이 일반적이다.
192) 楊鴻勛,「秦咸陽宮第一號遺址復原問題的初步探討」『建築考古學論文集』, 文物出版社, 1987, p.154. 복원도 이긴 하나 발굴내용을 전제로 한 것이다. 秦代 함양궁의 제 1호 건물지가 이중기단으로 이루어졌음을 볼 수 있다. 아울러 전국시대 中山王陵 享堂 경우는 발굴조사 결과 四層基壇으로 복원되었다(楊鴻勛,「秦咸陽宮第一號遺址復原問題的初步探討」『建築考古學論文集』, 文物出版社, 1987, p.125 圖 二-5).

그렇다면 漢代의 이중기단이 어떠한 경로를 통해 한반도에까지 전래될 수 있었을까? 이에 대해선 漢四郡의 하나였던 樂浪의 역할이 결정적이었을 것으로 판단된다. 즉, 낙랑은 당시 三韓이나 三國에 비해 선진적인 대륙문화를 향유하였고, 이는 한반도의 각지에 직·간접적으로 전파되었다.[193] 이러한 문화전파 과정을 전제로 할 때 고구려의 이중기단은 평양뿐만 아니라 그 이전 도읍지인 국내성에서도 출현될 가능성이 매우 높다. 왜냐하면 국내성에는 궁궐뿐만 아니라 375년에

---

[193] 단적으로 高久健二의 경우는 낙랑 고분문화의 연구를 통해 낙랑지역에서 한국 남부지역으로의 문화 전파과정에 대해 A route, B route로 나누어 설명하였다. 여기서 전자는 遣使나 下賜 등의 방법으로 鏡 등의 漢式遺物이 개별적으로 전파된다고 보았다. 반면, 후자의 경우는 사람의 이동이나 무역 등의 방법으로 鐵矛, 鐵製短劍, 鐵製二連式재갈 등의 非漢式遺物이 체계적으로 전파된다고 보았다. 아울러 木槨墓나 漢式 樂浪土器의 경우도 漢에서 낙랑의 하위계층으로 전파·변용(樂浪化)되어 한국 남부지역으로 유입된 것으로 해석하였다(高久健二, 『樂浪古墳文化硏究』, 學硏文化社, 1995).
한편, 고구려 石室封土墳의 발생에 대해서도 대동강 유역의 漢式 고분인 석실묘, 塼室墓 등의 영향이 지대하였으며, 고분 내에 그려진 벽화의 경우도 한(낙랑)문화의 영향을 배제할 수 없다(최무장·임연철, 『高句麗壁畵古墳』, 신서원, 1990). 아울러 분구가 보편적으로 유행한 것도 漢代(王仲殊 著/姜仁求 譯註, 『漢代考古學槪說』, 學硏文化社, 1993, p.164)임을 고려하여 볼 때 고구려의 석실봉토분 기원이 한(낙랑)문화권에 있었음은 가히 짐작할 수 있다.
아울러 백제 한성 기와의 경우도 부분적으로 낙랑 造瓦術을 받았음을 풍납토성 출토 C식 기와(와통을 사용하지 않고 점토띠를 輪積하는 방식)를 통해 확인한 바 있다(權五榮, 「漢城期 百濟 기와의 製作傳統과 發展의 劃期」 『古代 東亞細亞 文物交流의 軸』, 忠南大學校 百濟硏究所, 2002, pp.63~64).

조영된 省門寺와 伊佛蘭寺,[194] 그리고 神廟 등의 禮制建築 등이 건립되었을 가능성이 높기 때문이다. 아울러 평양의 경우도 천도 이전에 9개의 사찰[195] 이 광개토왕 2년에 건립되었음을 고려하여 볼 때 이 곳에도 역시 이중기단이 시설되었을 가능성은 충분히 있다.

또한 백제의 경우도 현재 사비지역에서만 이중기단이 확인되고 있으나 차후, 발굴조사의 진행 상황에 따라 웅진 및 한성지역에서도 충분히 조사될 수 있으리라 생각된다. 이는 이중기단이라는 것이 명당과 같은 예제건축에 사용되었고, 이러한 예제건축이 당대의 궁궐건축이나 사원건축과 불가분의 관계를 유지하였음을 전제로 한 것이다. 또한 이중기단 자체가 건물의 위엄성과 장엄성을 나타내 준다는 점에서도 이것이 궁궐건축이나 사원건축에서 확인될 가능성이 어느 건축물보다도 높다고 볼 수 있다.

(2) 遺蹟現況

❶ 定林寺址

金堂址

이중기단은 사찰의 중심지인 금당지에서만 확인된다(圖面 23).[196]

---

194) 『三國史記』卷 第十八 高句麗本紀 第六 小獸林王 五年 春二月條.
195) 『三國史記』卷 第十八 高句麗本紀 第六 廣開土王 二年條.

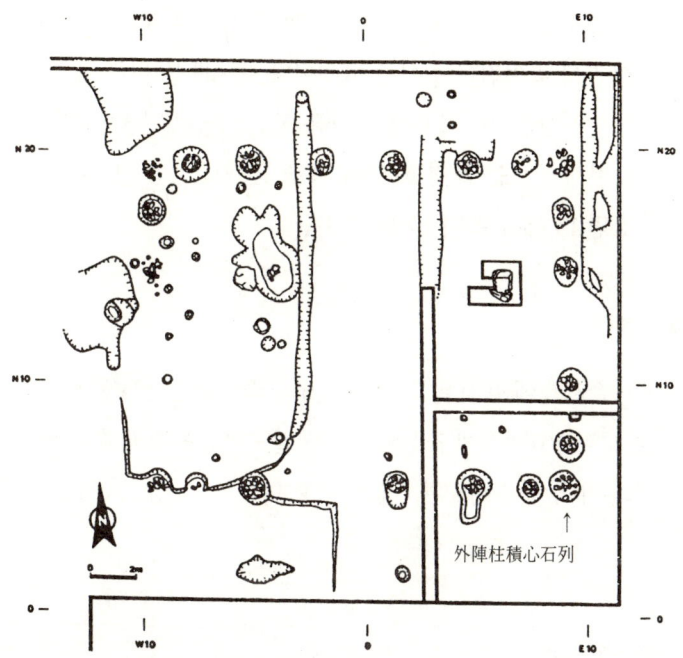

〔圖面 23〕 定林寺址 金堂址 二重基壇 平面圖
(尹武炳, 『定林寺』, 忠南大學校博物館, 1981, 圖面 5)

상층기단은 완전히 滅失되어 초석이나 적심석의 흔적은 볼 수 없다. 그러나 상층기단과 하층기단 사이의 高低差로 말미암아 상층기단의 존재를 판단케 한다.

하층기단은 상층기단과 달리 1.8m의 上面에서 外陣柱積心石列이 확인되었다. 적심석의 평면 형태는 원형이며, 직경은 약 1.30m이다. 적심석의 존재로 보아 정·측면이 각각 7칸, 5칸으로 추정된다. 특히 하층기단 상면에 놓여진 적심석은 退間이나 遮陽間을 위한 유구로 이해되고 있다.197) 상층기단의 內陣 공간은 정면 5칸, 측면 3칸이다.

기단의 전체 규모는 정면 20.55m, 측면 15.60m로 추정되며,198) 상층기단은 정면 15.15m, 측면 10.20m이다.

❷ 陵寺199)

능사는 舍利龕에 음각된 "百濟昌王十三季太歲在 丁亥妹兄公主供養舍利"로 보아 567년경에 조성되었음을 알 수 있다. 東羅城과 陵山里王陵 사이의 계곡에 中門 - 塔 - 金堂 - 講堂200) 이 남향으로 1탑1금당식

---

196) 尹武炳, 『定林寺』, 忠南大學校博物館, 1981.
197) 이러한 시설은 중요 건물에서 외부와 직접 접하는 것을 피하기 위하여 완충공간을 형성하는 의미도 있고, 당내에 아무나 출입할 수 없는 불교 교리의 위엄성도 표현하는 것으로 이해된다(張慶浩,「百濟 寺刹建築에 關한 研究」, 弘益大學校 大學院 博士學位論文, 1988, p.45).
198) 이 제원은 하층기단에 시설된 퇴칸(혹은 차양칸)의 너비를 90cm로 추정하고 계측한 것이다.
199) ① 국립부여박물관,『백제금동대향로와 창왕명석조사리감』, 1996.
② 張慶浩,「百濟寺院研究」『百濟歷史再現團地造成 調査研究報告書 - 古建築分野』, 忠淸南道, 1996, pp.205~208.
③ 金鐘萬,「扶餘 陵山里寺址에 대한 小考『新羅文化』第17·18合輯, 東國大學校 新羅文化研究所, 2000.
④ 國立扶餘博物館,『陵寺』, 2000.

을 이루고 있다. 능사의 이중기단은 금당지와 목탑지에서 확인된다.

金堂址

금당지(本文 圖版 29)의 基壇土는 능산리 폐사지를 조성키 위해 覆土하였던 垈地造成土를 다시 掘土하고, 그 공간에 암갈색 사질점토를 채워 형성하였다. 따라서 기반토가 아닌 다짐토에 사찰이 입지하고 있다.

하층기단은 동서 길이 21.62m, 남북 길이 16.16m로 兩端을 제외하고는 잔존상태가 양호하다. 목탑지와 같이 40~60cm의 花崗巖製 長臺石을 이용하여 축조하였다. 하층기단의 상면은 너비가 84cm이나 초석이나 적심시설 등의 形迹은 확인되지 않았다. 이로 보아 退間이나 遮陽間 등은 시설되지 않았던 것으로 판단된다. 아울러 地臺石의 상면에 面石을 올리기 위한 凹溝나 'ㄴ' 모양의 段이 없는 것으로 보아 治石基壇으로 축조되었음을 판단케 한다.

상층기단은 하층기단에 비해 상당부분 교란·멸실되었다. 동쪽과 남쪽 기단석 만이 양호하게 남아 있다. 복원컨대 동서 길이 19.94m, 남

---

200) 이 강당지에 대해 문명대의 경우는 輯安 소재 고구려 東台子遺蹟을 예로 들어 불상을 안치하기 위한 殿閣으로 이해하였다(文明大, 「高句麗 初創佛敎寺院 "省門寺·伊佛蘭寺"의 考察」, 『講座美術史』 10 特輯號 高句麗·渤海硏究 Ⅰ, 高句麗·渤海學術硏究委員會/社團法人 韓國美術史硏究所/韓國佛敎美術史學會, 1998).

[圖版 29] 陵寺 金堂址 二重基壇 全景
(國立扶餘博物館, 『陵寺』- 本文 - , 2000, 도판 12 - ①)

북 길이 14.48m로 판단된다. 지대석은 화강암제 장대석으로 前面이 治石되었으며, 길이는 약 120~180cm이다. 특히 지대석 상면의 안쪽으로 약 11cm 들어가 'ㄴ'모양의 段이 조출되어 있는데 이는 별도의 面石을 올리기 위한 가구수법으로 판단된다. 따라서 발굴조사자의 경우 조사 당시 하층기단 서쪽 면에서 확인된 63cm×100cm×10cm 크기의 板石 1매를 상층기단의 面石으로 이해하고 이를 가구기단으로 복원하였다.201) 상층기단에서 확인된 積心土는 정면 6개, 측면 4개로써 정·측면이 각각 5칸, 3칸임을 알 수 있다.

積心土의 평면 형태는 圓形이며, 직경 115~160cm, 잔존 깊이 30~70cm 정도이다. 적심토의 구성은 마사토와 점토를 섞어 版築工法으로 축조되었다. 적심토의 평면형태로 보아 초석은 원형으로 추정된다. 따라서 적심토 잔존 깊이의 차이, 그리고 초석의 全無한 상황으로 보아 상층기단은 어느 정도의 滅失이 이루어졌음을 알 수 있다.

木塔址

목탑지(本文 圖版 30)는 금당지의 전면으로부터 남쪽으로 21.84m 떨어져 위치하고 있다. 基壇土는 版築工法을 이용하여 암갈색 사질점토와 풍화암반토를 교대로 쌓아 축조하였다. 기단토의 가장 밑바닥은 모래를 깔아 배수가 용이토록 하였다.

하층기단은 동서 길이 11.73m, 남북 길이 11.79m로 정방형에 가깝다. 地臺石은 길이 40~60cm, 너비 15~20cm, 높이 6~10cm인 화강암제 장대석을 이용하여 축조하였다. 지대석의 상면에서 凹溝나 'ㄴ'모양의 段이 확인되지 않은 것으로 보아 하층기단은 治石基壇이었음을 알 수 있다.

상층기단은 하층기단보다 안쪽으로 약 70cm 들어가 조성되었다. 상

---

201) 金鐘萬, 「扶餘 陵山里寺址에 대한 小考」, 『新羅文化』 第 17·18合輯, 東國大學校 新羅文化研究所, 2000, p.59.

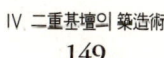

〔圖版 30〕 陵寺 木塔址 二重基壇 全景
(國立扶餘博物館, 『陵寺』 - 本文 -, 2000, 도판 10-①)

층기단에 사용된 화강암제 장대석은 길이 약 110~130cm, 너비 약 50~95cm로 하층기단의 장대석과 비교해 크기면에서 훨씬 장대하다. 아울러 기단석 상면의 안쪽 11cm 되는 지점에는 'ㄴ'모양의 段이 조출되어 있다. 이는 面石을 올리기 위한 治石技法으로 상층기단이 결과적으로 架構基壇이었음을 의미한다. 그러나 가구기단을 형성하는 면석이나 甲石의 경우 塔址내에서 정위치의 것은 한 매도 확인되지 않았다. 이로 보아 상층기단의 많은 멸실이 이루어졌음을 판단케 한다. 상층기단의 동서 및 남북 길이는 모두 10.3m이다.

이상의 자료들을 통해 볼 때 陵寺의 금당지와 목탑지 하층기단은 治石基壇으로 조성된 것에 반해, 상층기단은 기단석 위에 면석이나 갑석을 올린 架構基壇이었음을 알 수 있다.

❸ 龍井里 南建物址

논 경작과 관련하여 대부분 멸실되었고 북쪽 기단 약 24m만 남아있다. 기단은 이중의 석축기단과 단층의 석축기단으로 양분되어 있다.[202] 전자는 할석을 방형으로 다듬어 축조한 반면, 후자는 가공하지 않고 3단으로 축조하였다.

이중기단(圖面 24)의 하층기단은 1단으로 조성되었다. 기단석은 대부분 塊形을 이루고 있어 높낮이는 서로 다르나 전면은 반듯하게 처리하였다. 하층기단의 基底面은 다짐토로 이루어졌고 기단석의 높이를 맞추기 위하여 쐐기돌을 박아 놓았다. 상층 기단석은 하층 기단석에

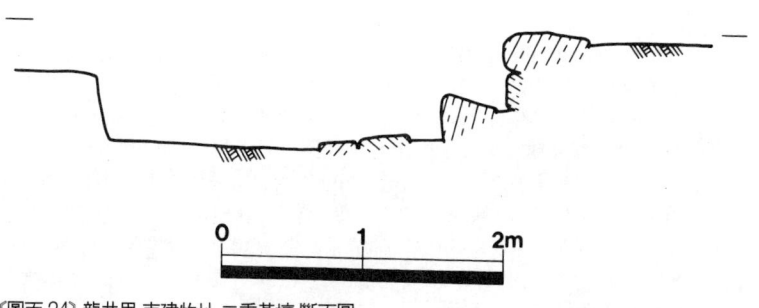

〔圖面 24〕 龍井里 南建物址 二重基壇 斷面圖

비해 상대적으로 작은 할석을 사용하였다. 대체로 3단 높이의 割石正層基壇으로 보이나 정형성은 떨어진다. 하층 기단석의 전면으로는 60~70cm 너비로 敷石을 깔아 놓았고 이 부석면에서 상층 기단석 상면까지의 높이는 38~40cm이다.

❹ 錦城山 瓦積基壇建物址

이곳은 '天王' 명 수키와의 출토로 말미암아 그 동안 天王寺址로 알려진 곳이다. 1944년 日人 학자인 藤澤一夫에 의해 조사되었으나 그 결과는 발표된 바 없다.

이중기단(本文 圖版 7~9, 圖面 9·10) 중 하층기단 전·후면의 동서 길이는 18.04m, 측면의 남북 길이는 14.72m이다. 기단 상면에는 退間 혹은 遮陽間의 柱礎로 사용되었을 것으로 추정되는 39~46cm 정도의

---

202) 이러한 기단 형식의 차이는 결과적으로 기단의 중복을 의미한다. 즉, 이중기단과 단층기단의 混築은 동일 기단면에서 상정하기 어렵기 때문에 필자의 견해로는 이중기단이 먼저 조영되고 후대의 중건 과정에서 일부가 단층기단으로 바뀌지 않았나 생각된다. 왜냐하면 그 동안 발굴조사를 통해 밝혀진 이중기단의 상징성을 고려해 볼 때 동일 시기의 혼축기단은 예상할 수 없기 때문이다.
아울러 건물지 및 그 주변에서 검출되었던 단판 8엽 연화문 와당(尹武炳·李康承, 『扶餘 龍井里 百濟建物址 發掘調査報告書』. 忠南大學校博物館, p. 39 圖版 V-②)으로 보아 건물의 초축은 6세기 중반 이후로 추정되고, 중건은 素文 와당으로 보아 7세기대로 판단된다.

圓形礎石이 一列로 배치되어 있다. 초석 아래의 적심시설은 적심토(황갈색 점토) 및 적심석으로 이루어졌는데 적심석의 경우 1~2개의 잡석으로 조성되었다.

이 건물지에서 주목되는 기단의 특징은 하층기단이 瓦積基壇으로 조성되었다는 점이다. 백제시대 하층기단은 外面이 주로 長臺石이나 割石으로 조성되는 경우가 대부분이나 이 건물지에서만 와적기단을 살필 수 있다. 하층기단은 풍화암반층을 'L'자형으로 掘土한 후 瓦積 내부에 황갈색 사질점토를 단일층으로 충전하였다. 층위상으로 보아 와적기단과 기단토는 동시에 축조되었을 것으로 판단된다.

하층기단의 상면은 너비가 약 1.4m이며, 원형 초석은 이 상면 안쪽에 시설되었다. 초석의 단면은 팽이 형태에 가까우며, 기단토에 매몰되는 부분의 경우 治石되지 않아 요철이 심하다. 따라서 치석된 부분까지를 기단의 높이로 고려한다면 瓦積의 층수는 현재의 14단보다 높은 17~18단 정도로 추정된다. 기단은 정지된 기반토 위에 2~3cm의 황갈색 점토를 깔고 그 위에 암·수키와, 혹은 塼片을 이용하여 平積式으로 축조하였다.203) 대체로 瓦刀面이 있는 반듯한 면을 前面으로 하였고, 수평을 유지하기 위하여 기와와 기와 사이는 흙을 채웠다. 한편, 와적기단의 서·남·북쪽에서는 보강시설로 사용된 암·수키와가 정연하게 세워져 있음을 볼 수 있다204) 전체 상황으로 보아 동쪽에도 보강시설이 있었던 것으로 추정되며, 평면 瓦列은 1열이다.

하층기단 안쪽 掘土面에서 와적까지의 거리는 약 30cm 정도이며,

그 사이는 황갈색 사질점토로 충전되어 있다. 풍화 암반층으로 이루어진 하층기단의 높이는 약 20cm 정도이며, 풍화 암반층의 너비는 약 110cm이다. 원형 초석 위 12cm 지점에서는 잡석으로 이루어진 상층기단의 보강시설이 확인되었다. 한편, 건물지의 4면 중 와적기단이 가장 양호하게 남아 있는 부분은 북쪽 기단이고, 가장 불량한 부분은 남쪽 기단이다.

상층기단도 하층기단과 마찬가지로 풍화암반층을 굴토하고 조성하였으며, 잔존 높이는 10cm이다. 그러나 상층기단에서 초석이나 적심시설이 전무한 것으로 보아 원래의 높이는 이보다 훨씬 더 하였을 것으로 생각된다. 상층기단의 규모는 정면이 15.3m, 측면이 12m 정도이다.

하층기단 상면에 놓여진 초석과 적심시설을 고려하여 건물의 정·측면을 살피면 정면 7칸, 측면 5칸이다. 이 중 內陣공간에 해당되는 상층기단만을 살핀다면 정면 5칸, 측면 3칸이다.

---

203) 와적기단에 사용된 塼片은 북쪽기단 일부에서 확인된다. 主재료인 기와는 대부분 片들이어서 폐기와가 재사용 되었음을 알 수 있다.
204) 북쪽에 시설된 線條文 기와는 백제시대의 것인 반면, 서쪽의 경우는 魚骨文 혹은 이의 變形文이 타날된 기와가 사용되었다. 이로 보아 이 건물의 축조시기는 백제시대로 볼 수 있으며 보수시기는 고려시대로 추정해 볼 수 있다. 이러한 와적기단에서의 보강시설은 부여 규암면 외리유적, 군수리 폐사지 등에서도 살필수 있다.

❺ 扶蘇山廢寺址

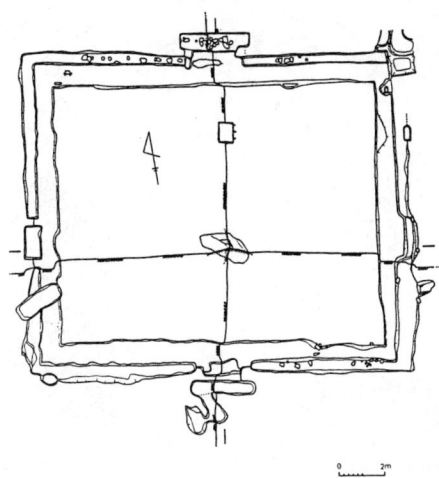

〔圖面 25〕 扶蘇山廢寺址 金堂址 二重基壇 平·斷面圖
(申光燮,「廢寺址發掘調査報告書(1980年)」『扶蘇山城』, 國立文化財研究所, 1996, 도면 3)

이중기단은 사찰의 殿閣址 중 금당지(圖面 25, 本文 圖版 31)에서만 확인되며, 기반토인 풍화암반층을 削土·整地하고 조성하였다.205) 금당지의 평면은 장방형에 가까우며, 네 면에서 石造階段址가 확인되었다. 발굴조사 당시 하층기단에 해당하는 凹溝내에서 地臺石(長臺石)의 존재가 全無하여 기단의 많은 멸실을 추정케 하였다. 精治石된 長臺石은 기단내부에 해당하는 암반 외부에서 조사되었다.

하층기단은 지대석을 시설하기 위해 생토면을 凹형으로 굴착하였

---

205) 申光燮,「廢寺址 發掘調査報告書(1980年)」『扶蘇山城』, 國立文化財研究所, 1996, p.21. 부소산 폐사지는 회랑을 구비한 1탑 1금당식으로 중문-탑-금당이 배치되어 있다. 강당이 없는 특이한 가람배치 양식을 보여주고 있다.

〔圖版 31〕 扶蘇山廢寺址 金堂址 二重基壇 全景

다.[206] 지대석을 설치하기 위한 凹溝는 舊 지표면보다 20~25cm가 깊었으며, 너비는 40~45cm였다. 아울러 凹溝의 바닥면으로부터 하층기단 상면까지의 높이는 약 40~45cm이다.[207]

하층기단 상면의 너비는 南北이 약 1m, 東西가 약 80~90cm이다. 하층기단 전체의 너비는 凹溝의 안쪽을 기준으로 할 때 동서 正面이 15.9~16m, 남북 側面이 12m이다. 기단내부에서 노출된 장대석의 경우 각 면에서 凹溝 혹은 'ㄴ'와 같은 段이 확인되지 않았다. 이로 보아 능사나 금강사지, 미륵사지 등에서 볼 수 있는 架構基壇과는 별개로

治石基壇임을 알 수 있다. 따라서 금당지의 하층기단은 40~45cm에 해당하는 높이를 고려하여 볼 때, 1매의 面石으로 축조되거나 혹은 2단 이상의 장대석을 상하로 겹쳐 凹溝內에 조성하였을 가능성이 높다.

상층기단 역시 생토면인 풍화암반토를 정지하고 조성하였다. 그러나 상층기단 내에서 살필 수 있는 적심시설이나 초석은 전혀 없다. 금당지에서 많은 기와가 출토된 것으로 보아 금당지는 기와집이었음을 알 수 있다. 또한 이러한 기와집의 하중을 지탱하기 위해선 초석과 적심시설의 구비는 필수 불가결하였을 것으로 생각된다. 따라서 현 상황으로 추정컨대 상층기단은 후대에 많은 滅失이 이루어졌음을 알 수 있다. 아울러 이를 감안하여 볼 때 하층기단 상면과 상층기단 상면 사이의 높이 差도 현재보다는 훨씬 더 컸을 것으로 생각된다. 그러나 상층기단과 관련된 基壇石의 존재가 全無하여 더 이상의 추론은 불가능하다.

---

206) 이러한 지대석를 위한 凹溝는 후술할 금강사지 금당지 및 목탑지에서도 확인되었다. 이들 寺址는 출토유물 특히 와당으로 보아 6세기 말~7세기 초반에 조영되었던 것으로 생각된다.
207) 凹溝의 바닥면과 하층기단 상면까지의 높이는 곧 하층기단석의 높이를 의미한다. 높이가 약 40~45cm이므로 높은 편이다. 보통 지대석의 높이가 20cm 내외이므로 2단정도로 축석하였음을 알 수 있다.

❻ 金剛寺址

금강사지는 부여군 은산면 금공리에 위치하고 있다. 사찰은 중문-목탑-금당-강당의 순으로 배치되었으며(圖面 26), 중문과 강당은 각각 회랑으로 연결되어 있다.[208] 다른 백제 사지가 남-북을 장축으로 正面이 남향을 취한 반면, 이 寺址는 동향을 이루고 있어 백제뿐만 아니라 삼국시대의 고구려, 신라 등의 가람 방향과도 큰 차이를 보이고 있다.

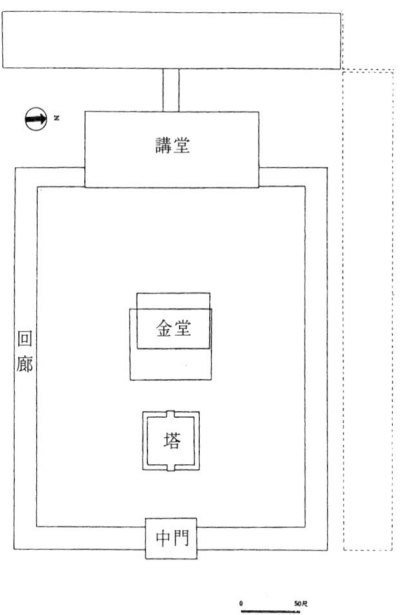

〔圖面 26〕 金剛寺址 伽藍配置圖
(尹武炳, 『金剛寺』, 國立博物館, 1969, 圖面 2)

중문, 탑, 금당은 版築基壇土 위에 조성되었고,[209] 특히 탑지는 이중

---

208) 尹武炳, 『金剛寺』, 國立博物館, 1969, p.34.
이 보고서에서도 밝힌 바와 같이 "금강사"라는 사명은 고려시대 암키와에 시문된 것이다. 따라서 백제시대에도 이 寺名을 그대로 사용했는지는 확언할 수 없다.

기단으로 조성되었다(圖面 27). 그러나 통일신라시대에 금강사지에 대한 전반적인 중건작업이 이루어지면서 백제시대 창건기의 목탑지는 많은 교란과 훼손을 입게 되었다.

탑지의 하층기단은 版築土의 범위로 보아 한 변의 길이가 약 47척으로 추정되었다. 판축토의 외곽으로는 폭 2척 내외, 깊이 3~4촌의 얕은 凹溝가 확인되었다. 이러한 凹溝는 금당지에서도 확인된 것으로 하층기단의 地臺石址로 판단된다.[210] 동북

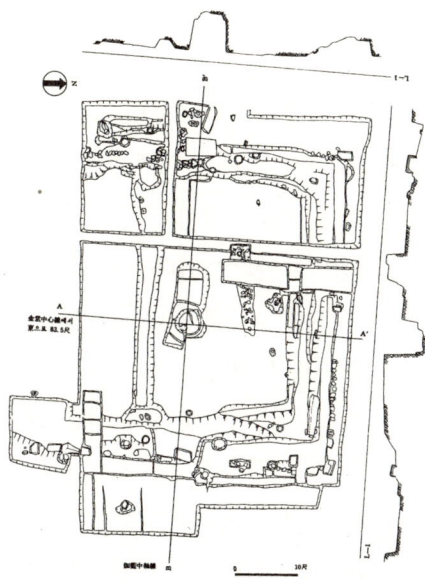

〔圖面 27〕 金剛寺址 木塔址 二重基壇 平・斷面圖
(尹武炳,『金剛寺』, 國立博物館, 1969, 圖面 5)

---

209) 금당지와 강당지는 목탑지와 달리 단층기단으로 이루어졌다. 모두 가구기단으로 축조되었으며, 특히 네 모퉁이에서 동자주의 흔적이 확인되었다. 이는 중문지에서도 마찬가지이다(尹武炳,『金剛寺』, 國立博物館, 1969, pp.30~31).
210) 地臺石址로의 추정은 하층기단의 동북쪽과 서북쪽 모서리부에 남아 있는 지대석을 통해서도 확인할 수 있다.

쪽에 남아 있는 지대석의 경우 금당지의 북서쪽과 남서쪽에서 확인된 것과 같은 장대석이 조사되었다. 이들 상면에는 童子柱와 面石을 올리기 위한 段이 조출되어 있으나 세부적 형태는 서로 다르다. 즉 금당지 지대석의 경우 동자주를 중심으로 이와 직각되게 양쪽(지대석의 방향으로 곧 동서방향, 남북방향)에 面石이 結構되는 것에 반해, 탑지의 지대석은 童子柱와 접하는 面石이 한쪽방향에만 놓여있다. 이는 달리 말하면 童子柱를 중심으로 남-북 장축의 지대석이 하나 더 놓였음을 의미하는 것이다. 탑지 지대석의 장축은 동 - 서 방향을 이루고 있으며, 주변에서 확인된 面石이나 甲石은 없다. 아울러 서북쪽에 남아 있는 지대석은 동북쪽에서 조사된 것과 성격이 전혀 다른 것으로 童子柱의 흔적은 없고, 다만 面石을 올리기 위한 段이 조출되어 있다. 지대석 상면으로 보아 童子柱 사이의 일반 지대석으로 판단된다. 따라서 탑지의 기단은 동북쪽 혹은 서북쪽에 남아 있는 지대석으로 추정컨대 금당지와 같은 架構基壇으로 판단된다.

　한편, 창건기의 版築基壇土는 주위에 배열된 추정 지대석 통과선으로부터 안쪽으로 약 5척 정도 들어와 계단 모양을 이루고 있다. 이러한 단면을 보이는 판축기단토는 탑지 북변 중앙과 동남 모서리부의 토층 시굴갱에서도 확인되고 있다. 아울러 탑지의 기단 높이는 조사당시 凹溝로부터 기단토 最高處까지 4.2척을 보였으며, 초석자리가 滅失된 것까지 감안한다면 대략 5척이 넘었을 것으로 추정되고 있다. 이와 같이 토층 단면에서 보이는 계단모양 그리고 5척이 넘는 기단 높이로 살펴보아도 금강사지의 탑지 基壇은 단층이 아닌 이층이었음을 판단해 볼 수 있다. 특히 상층 기단 동북 모서리부에서 확인된 1매의 장대석은 상면에 面石을 올리기 위한 段이 마련되어 있어 하층기단 및 금당지의 지대석과 축조기법상의 관련성을 보여 준다.

따라서 금강사지 탑지는 상·하층기단에서 출토된 지대석으로 파악컨대 동자주, 면석, 갑석이 결구된 발전된 2층의 가구기단이었음을 알 수 있다. 아울러 면석 위의 갑석은 현재 멸실되어 그 형상을 알 수 없지만 능사나 미륵사지 상층기단의 예로 보아 판석이 올려졌을 것으로 추정된다.

❼ 彌勒寺址

東·中·西院 金堂址

미륵사지의 중·동·서원 금당지는 모두 이중기단으로 되어 있다.211) 기단은 모두 架構基壇으로 금강사지의 기단과 유사함을 볼 수 있다.

동원 금당지(圖面 28)의 하층기단은 간단한 面石과 甲石인 板石으로 이루어졌고, 상층기단은 지대석과 면석, 그리고 갑석으로 結構되었다.

---

211) 文化財管理局 文化財研究所, 『彌勒寺』, 1989, pp.73~81.

기단은 기반토를 파고 조성하였으며, 하층기단의 면석은 거의 땅속에 묻혀 있다. 하층기단의 갑석은 두께 10cm, 너비 80~85cm 내외로 면석 위에 올려 있다. 지대석은 하층기단의 갑석과 맞닿아 있으며, 너비는 약 30cm 내외이다. 지대석의 정상부에는 면석이 올려질 수 있도록 약 1/2 가량 'ㄴ'모양으로 治石되었다. 면석은 쓰러져 있지만 높이가 74cm 정도이며, 갑석은 하층기단과 마찬가지로 면석 보다 약 10cm 이상

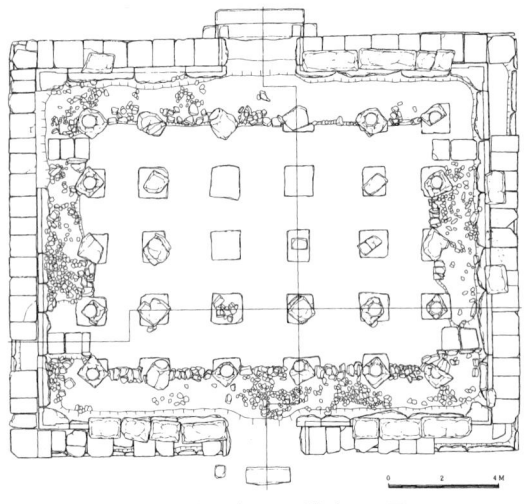

〔圖面 28〕 彌勒寺址 東院 金堂址 二重基壇 平面圖
(文化財管理局 文化財硏究所, 『彌勒寺』, 1989, 揷圖 6)

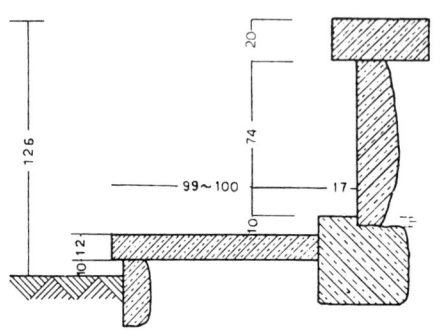

〔圖面 29〕 彌勒寺址 東院 金堂址 二重基壇(架構基壇) 復元圖
(文化財管理局 文化財硏究所, 『彌勒寺』, 1989, 揷圖 1)

앞으로 빼어 놓았다. 기단에 사용된 석재의 前面은 모두 精治石되었다. 이러한 기단의 축조기법은 階段址에서도 똑같이 살필 수 있다. 기단의 전체 높이는 120cm 이상으로 높은 편이다.

중원 금당지의 기단도 동원 금당지의 것과 비교하여 결구면에서 동일하나 규모면에서는 약간의 차이가 발견된다. 즉, 상층기단의 면석 높이가 약 20cm정도 높아 전체적으로 금당지의 기단을 높게 하고 있다. 이는 신라의 황룡사지나 분황사지와 마찬가지로 금당의 규모를 크게 하는데서 오는 불가피한 조처로 판단된다.

서원 금당지도 이중기단으로 추정되나 잔존 상태가 불량하여 자세한 현황은 살필 수 없다. 그러나 중·동원 금당지의 기단과 비교하여 큰 차이가 없어 그 형상은 유추 가능하다. 지대석은 북동쪽과 남쪽 중앙에서 확인되었고, 하층기단 갑석은 동북쪽과 서북쪽에서 각각 1매씩 조사되었다. 그리고 하층기단의 면석은 동측과 서측, 그리고 북측에서 양호하게 볼 수 있다.

2. 二重基壇의 造營的 特徵과 變遷

지금까지 조사된 백제의 이중기단은 모두 기와집터에서만 확인되었다. 특히 사비시대의 금당지나 탑지와 같은 사찰의 중심지역에서 조사되었음이 하나의 특징이다. 웅진지역에서도 백제시대의 임류각지, 추정 왕궁지, 정지산유적 등이 일부 발굴조사 되었으나 사비지역과 같은 이중기단은 지금까지 검출되지 않았다. 하지만 확실한 궁궐이나 사찰 건축이 현재까지 조사된 바 없기 때문에 이의 존재를 단순하게 부정할 수는 없다. 왜냐하면 중국 西漢의 예를 보더라도 이중기단은 황제와 관련된 明堂에서 확인되었기 때문이다. 따라서 백제 이중기단의 등장은 향후 한성 및 웅진지역에서 궁궐건축이나 사원건축을 포함한 예제건축이 조사될 소지가 많기 때문에 그 가능성을 유보하는 것이 바람직할 것으로 사료된다.

따라서 여기에서는 백제 이중기단의 조영적 특징을 현재까지 발굴조사 된 사비시대 유적을 통해 살펴보고자 한다. 아울러 시기적으로 어떻게 변화·발전해 갔는지도 검토해 보도록 하겠다.

이중기단은 單層基壇과 비교해 건물의 莊嚴과 華麗함을 표현할 수 있다는 점, 그리고 퇴칸이나 차양칸을 구비할 수 있는 공간을 마련할 수 있다는 기능적 측면에서 좀 더 발전적인 기단양식임에 틀림없다. 특히 사찰의 殿閣 중 鐘·經樓나 중문, 강당, 회랑, 부속시설과 같은 건물유적이 아닌 사찰의 핵심지역인 堂塔에만 선별적으로 채용되어 이중기단의 사용처가 매우 한정적이었음을 보여주고 있다. 이러한 건축물의 규제는 와적기단과 마찬가지로 건물의 장엄이나 화려함 이외에 건물 성격의 특수성을 대변해주는 기단시설로도 이해케 한다.

이중기단의 내부토는 사찰의 입지에 따라 版築土(다짐토 포함)나 풍화암반토와 같은 基盤土로 이루어져 있다. 즉, 용정리 폐사지나 능사지, 정림사지, 용정리 南建物址처럼 사찰이 곡간 하부나 평지에 입지할 경우 기단은 전자의 경우가 대부분이고, 부소산 폐사지나 금강사지, 금성산 건물지 등과 같이 사찰이 능선상에 조성되는 경우에는 후자의 경우를 따르게 된다. 특히 후자는 기반토의 削土·整址와 같은 방법을 이용하기 때문에 版築土나 다짐토로 조성된 전자와 큰 차이를 보인다.

  이중기단은 상층과 하층기단으로 구분된다. 이중 상층기단은 정림사지, 금성산 건물지, 부소산 폐사지와 같이 대부분 멸실 정도가 심해 기단의 높이나 기단석을 파악하기가 쉽지 않다. 특히 기단석의 전체적인 멸실은 이것이 割石基壇인지 아니면 面石이나 甲石을 올린 架構基壇인지를 모호하게 한다. 아울러 초석이나 적심시설의 부재도 상층기단의 높이 측정을 불가능하게 하여 기단의 형식을 불분명하게 한다. 반면, 건물지의 하층기단은 상층기단에 비해 비교적 잔존상태가 양호한 편이다. 정림사지의 경우 건물의 기단이 확인되진 않았지만 하층기단 상면에서 1열의 적심석렬이 조사되었다. 이러한 外陣柱積心石列은 기능적으로 볼 때 지붕의 처마를 길게 밖으로 빼내는 역할에 사용되었던 것으로 생각된다. 하층기단 상면의 외진주 적심석렬은 정림사지 이외 금성산 건물지에서도 확인되었다. 그러나 7세기대에 조영된 것으로 추정되는 부소산 폐사지, 금강사지, 미륵사지 등에서는 이러한 類의 外陣柱積心石列이 전혀 확인되지 않고 있다. 물론 웅진시대의 여러 기와집터에서도 지금까지 조사된 바 없다. 이렇게 볼 때 외진주 적심

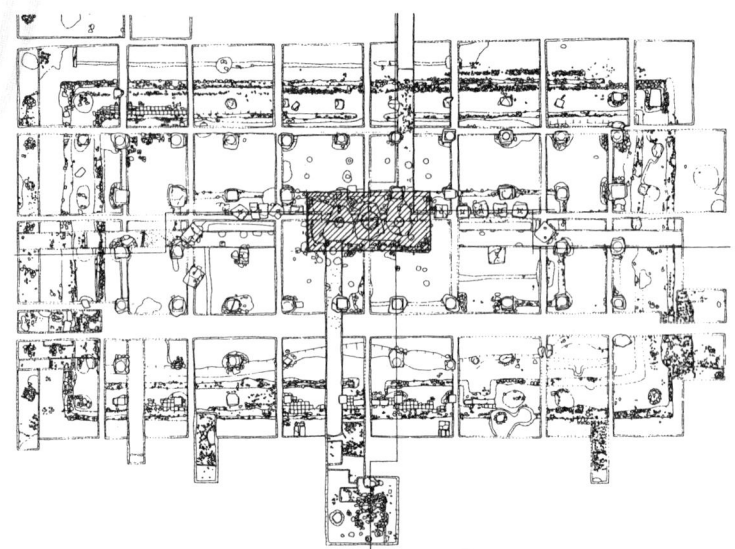

〔圖面 30〕皇龍寺址 中金堂址 二重基壇 平面圖
(文化財管理局 文化財研究所, 『皇龍寺』, 1984, 挿圖 5)

석렬이나 초석렬은 사비시대 즉, 6세기 중반에 새롭게 채택되어 6세기 말까지 한시적으로 사용된 백제의 기단 축조술 중 하나로 추정해 볼 수 있다.

한편, 6세기 말 신라 삼보의 하나인 황룡사 장육존상(574년 주조)을 안치하기 위해 진평왕 6년(584)에 중건된 사찰의 中金堂址에서도 外陣 柱礎石과 積心石列이 확인되었다(【圖面 30】).[212] 이는 결과적으로 백제의 선진적인 사찰 造營技術이 신라에 전파되었음을 의미하는 것으로 이해할 수 있다.

이 같은 판단은 황룡사를 비롯한 고신라 지역에서 백제계의 와당이나 窯址가 확인된 점,[213] 그리고 황룡사 9층 목탑의 건립에 백제의 장인인 阿非知가 참여한 사실 등에서도 쉽게 유추해 볼 수 있다.

하층기단의 기단석은 와적기단이나 가구기단이 아닌 경우 대체로 화강암제 장대석을 이용한 治石基壇임을 알 수 있다. 이러한 장대석의 치석기단은 노동면에서나 需給면에서 볼 때 분명 할석기단보다 발전된 형태로 볼 수 있다. 치석기단은 능사지와 부소산 폐사지의 하층기단에서 살필 수 있다. 그러나 양자 사이에도 차이는 있다. 즉, 능사지 치석기단의 경우가 외벌대로 축조된 단층인 반면, 부소산 폐사지의 경우는 두벌대 이상 혹은 면석으로 추정되어 治石亂層基壇인지 아니면 治石正層基壇인지 분명치가 않다.

장대석의 치석기단은 다듬은 돌을 사용하였다는 점에서 가구기단과의 관련성이 있지만, 후자의 경우 지대석 상면에 面石이나 童子柱를 올리기 위한 凹溝 혹은 'ㄴ' 모양의 段이 조출되었다는 점에서 큰 차

---

212) 외진주 적심석열이나 초석을 포함하면 정면은 11칸이며, 측면은 6칸이다. 정·측면 모두 隅柱와 연결되는 柱間의 너비가 그 외의 주칸에 비해 좁은 편이다.
213) ① 金誠龜,「新羅기와의 成立과 그 變遷」,『新羅瓦塼』, 國立慶州博物館/慶州世界文化엑스포組織委員會, 2000, pp.433~434.
② 趙源昌,「熊津遷都後 百濟瓦當의 變遷과 飛鳥寺 創建瓦에 대한 檢討」『嶺南考古學』第 27號, 嶺南考古學會, 2000.

이가 있다. 웅진시대에 해당하는 공주지역에서는 지금까지 치석기단이 조사된 바 없다. 즉, 백제시대의 기와집터로 알려진 공산성내 추정왕궁지, 임류각지, 그리고 정지산유적 등 그 어느 곳에서도 치석기단은 확인되지 않았다. 다만, 임류각지에서 와적기단의 조형이 될 수 있는 塼土混築基壇이 확인되었을 뿐이다.

그런데 陵寺址의 금당지나 탑지 상층기단에서 볼 수 있는 架構基壇의 경우는 治石基壇 중에서도 고난도의 건축기술이 요구된다.214) 따라서 6세기 중엽에 陵寺址에서와 같은 가구기단을 축조할 수 있었던 기술이었다면 사비천도 이전인 熊津(공주)지역에도 장대석의 치석기단이 조성되었을 가능성은 매우 높은 편이다. 당시 웅진지역에는 興輪寺215)를 비롯한 大通寺216) 등이 이미 건립된 상황이었다. 기술적 측면에서 가구기단이 亂層·正層의 治石基壇보다 발전된 형태임은 자명한 사실이다. 아울러 국가 사찰이 造寺工에 의해 조영된 점도 간과할 수 없다. 이렇게 볼 때 능사와 비교해 큰 時期差가 없이 조영된 웅진지역

---

214) 治石基壇은 다듬은 돌을 이용하여 외벌대 혹은 두벌대 이상으로 축조하는 것이 일반적이나 가구기단의 경우는 서로 다른 부재 즉 지대석, 면석, 동자주, 갑석 등을 이용하여 결구하게 된다. 그리고 가구기단은 일반적인 亂層·正層의 치석기단에 비해 기단 높이가 높아 기단토의 조성, 그리고 이와 관련된 건물의 하중 등 많은 역학적인 관계를 고려하여야 한다.
215) 흥륜사에 관련된 기록은 일본의『彌勒佛光寺事蹟』에 기록되어 있다.
李能和,『朝鮮佛敎通史』, 大正 七年, 上編.

의 기와집(왕궁이나 사찰 등)에 치석기단이 사용되었을 가능성 또한 배제할 수 없다.

특히 이러한 점에 착안하여 대통사지의 당간지주 주변에 모아져 있는 화강암제 장대석[217] 등을 백제시대의 치석기단으로 추정한 바도 있으나 최근 이 지역에 대한 시굴조사 결과 백제시대의 유구가 조사되지 않았으므로 이 같은 추정은 제고되어야 할 것으로 생각된다.[218]

가구기단은 割石基壇이나 亂層·正層 治石基壇에 비해 발전된 양식

---

[216] "大通"은 중국 남조 梁武帝의 연호(527~528년)로 대통사지에 관련된 문헌기록은 『三國遺事』에 비교적 간략히 전해지고 있다. 즉 『三國遺事』卷 第3 興法 第3 原宗興法條에 의하면 "大通元年丁未 爲梁帝創寺於熊川州 名大通寺"라 하여 대통사가 527년에 창건되었음을 알 수 있다. 그러나 附記를 검토하여 볼 때 이의 창건시기 또한 문제시된다. 이러한 문제는 곧 『삼국유사』 집필시 一然이 시기차가 있는 여러 사료들을 참조하였음을 의미하는 것으로써 이의 취신이 신중시 된다. 아울러 당간지주를 중심으로 주변지역에 대한 시굴조사가 진행된 바 있으나 대통사지와 관련된 寺域과 遺構는 확인되지 않았다.

[217] 이 곳에는 장대석뿐만 아니라 방형의 초반석도 여러 매 위치하고 있다.

[218] 李南奭·徐程錫, 『大通寺址』, 公州大學校博物館·忠淸南道 公州市, 2000. 이러한 가정은 일제시대 輕部慈恩의 조사에 기인한 바 크다. 즉 氏에 의하면 당간지주의 북쪽으로 약 56m 되는 지점에 탑지가 위치하고 있고, 탑지에서 다시 북쪽으로 15m쯤 나아가면 금당이 자리하는 것으로 되어 있다(輕部慈恩, 『百濟美術』, 寶雲舍, 1946, pp.194~195). 강당지는 금당지로부터 남쪽 기단을 기준으로 할 때 약 43m 정도로 계측하고 있다. 아울러 이러한 탑지, 금당지, 강당지 등의 주변으로는 담장 혹은 회랑시설과 같은 것이 돌려져 있었던 것으로 기술하고 있다. 그러나 이들 지역에 대한 조사 결과 이러한 유구의 형적은 전혀 조사되지 않았다.

이다. 사비지역의 경우 능사나 미륵사지, 금강사지 등에서 확인되고 있다.[219] 그런데 미륵사지 동·서·중원 금당지와 능사지의 금당지, 탑지는 상층기단만이 가구기단으로 조성되었을 뿐, 하층기단은 서로 다른 차이를 보이고 있어[220] 상·하층 모두가 가구기단인 금강사지와 구별되고 있다. 이는 기단 축조기술의 변천을 보여주는 것으로써 割石基壇 → 亂層·正層 治石基壇 → 架構基壇, 그리고 상층기단만의 가구기단이 상·하층기단 모두의 가구기단으로 변모하는 양상을 나타내고 있다. 또한 가구기단 모서리부만 한정해 보아도 두 유구 사이에는 部材面에서 분명한 차이가 있다. 즉, 능사지에서는 지대석과 면석 외에 동자주의 존재가 찾아지지 않는다. 그러나 금강사지 목탑지에서는 면석과 접하여 방형의 童子柱 흔적이 지대석 상면에서 확인되고 있다. 이는 금당지의 가구기단과도 일맥 상통하는 축조기법이라 할 수 있다. 이렇게 볼 때 같은 양식의 가구기단이라 할지라도 時期差에 따라 다양하게 변화 발전함을 알 수 있다. 아울러 금강사지의 예로 보아 6세기 말~7세기대에 이르면 백제의 이중기단은 상하 가구기단으로 조성되

---

219) 건물지 뿐만 아니라 정림사지 5층석탑이나 미륵사지 석탑 기단부에서도 이중기단을 엿볼 수 있다. 그리고 공예품이긴 하나 백제에서 제작되어 일본에 전래된 법륭사 소장 玉蟲廚子에서도 이중기단을 살필 수 있다.
220) 미륵사지 하층기단은 생토면을 掘土하여 面石을 세우고 그 위에 甲石을 올린 가구기단의 초보적인 형태로 축조된 반면, 능사의 하층기단은 장대석을 이용한 단층의 治石基壇이다.

고, 모서리부에 한정되긴 하지만 童子柱가 첨가됨도 살필 수 있다.

또한 하층기단 중 특징적인 것으로는 금성산 건물지의 와적기단을 들 수 있다. 이는 사비시대에 부여지역을 포함한 익산지역에서 추정 왕궁지, 사지, 기와 건물지 등에 폭넓게 사용되었다. 기단 조성에 폐기와를 재사용하였다는 점에서 공급의 용이성과 장식성이 돋보인다. 금성산 건물지에서의 와적은 평적식으로 축조되었다. 이처럼 이중기단에 와적기단이 가미된 기단형태는 현재까지 금성산 건물지에서만 확인되었으며, 그 조영시기는 수막새와 하트형 투공이 있는 器臺 등을 고려하여 볼 때 6세기말로 추정되었다. 따라서 이중기단의 하층에 瓦積이 사용된 예는 금성산 건물지의 조성시기로 보아 6세기말에 한시적으로 사용되다 사라진 건축기법으로 생각된다.[221] 이는 고구려나

---

[221] 백제 와적기단은 관북리유적 혹은 군수리 폐사지로 추정컨대 6세기 중엽경에 등장하였던 것으로 판단된다. 이후 능사, 부소산 폐사지, 규암리유적, 금성산 건물지 등 사비시대에 폭넓게 사용되었다. 특히 정림사지 강당지 서쪽에서 확인된 와적기단은 백제유민에 의해 축조된 통일신라시대의 것으로 평적식으로 축조되었다. 이중기단의 하층에 와적을 쌓으면 다른 할석기단이나 치석기단에 비해 축조재료에서 오는 이질감이 느껴지며, 또한 폐기와들을 주로 사용하기 때문에 공급의 용이성도 살펴진다. 또한 금성산 건물지 보강시설(고려시대 평기와)에서 살핀 것과 같이 내구력도 어느 정도 증명되었다. 그러나 와적은 기단이라는 기능성보다는 장식성이 주된 성격이므로 할석기단이나 치석기단에 비해 건물의 하중은 덜 받게 된다. 이러한 기능상의 차이로 인해 이중기단에서의 와적기단은 할석기단이나 치석기단에 비해 폭넓게 사용되지 못하였다.

신라에서는 볼 수 없는 독특한 기단 축조술로 백제 造寺工들의 독창성과 예술성을 돋보이게 한다.

 마지막으로, 하층기단에서 확인되는 특징은 지대석을 놓기 위한 凹溝가 부소산 폐사지의 금당지와 금강사지 목탑지에서 확인되고 있다는 점이다. 이러한 凹溝는 지대석을 시설하기 위해 조성되었지만 한편으로는 기와집의 하중을 지탱하기 위한 일종의 보강시설로도 생각된다. 凹溝의 조성은 부소산 폐사지와 금강사지 출토 와당으로 보아 대체로 6세기 말~7세기 초반기에 등장하였던 것으로 판단된다. 한편, 부소사 폐사지의 경우 서쪽 회랑이 와적기단으로 축조되었는데 이곳에서도 凹溝가 확인되었다.

3. 二重基壇 築造術의 日本 傳播

(1) 飛鳥寺의 創建

 飛鳥寺는 지난 1957~1958년 2년에 걸쳐 3차의 발굴조사가 이루어졌다.[222] 조사결과 사찰은 남북을 장축으로 南門 - 中門 - 木塔 - 中金堂 -

---

[222] 佛敎藝術學會, 『佛敎藝術』33 - 特輯・飛鳥寺의 發掘-, 昭和 33年.

講堂의 순으로 배치되었음이 밝혀졌다. 아울러 서회랑의 서쪽에서는 西門이 확인되기도 하였다. 강당만이 비교적 크게 조성되었을 뿐, 나머지 殿閣들은 규모가 비슷하다. 탑의 동서쪽에는 대칭적으로 동·서 금당이 건립되었다. 中門에서 동서방향으로 분기한 남회랑은 수직으로 上向하여 동·서회랑이 되었고, 다시 안으로 꺾여 북회랑을 이루었다. 강당은 회랑의 북쪽에 위치하고 있다. 그 외 飛鳥寺 발굴을 통해 드러난 遺構는 參道, 石敷廣場 등이 있다.

飛鳥寺의 창건에 관한 기록은 『日本書紀』와 『元興寺伽藍緣起幷流記資財帳』(이후 『緣起』로 약칭함)에 부분적으로 기술되어 있다. 이를 중심으로 飛鳥寺의 발원에서부터 완성에 이르기까지 해당 연도에 따라 그 편린을 살피면 아래와 같다.223)

먼저 587(用明 2)년, 飛鳥寺의 발원이 시작된다. 이에 대해선 『일본서기』와 『緣起』가 공통적으로 언급하고 있다. 특히 『연기』의 경우 寺址를 見定하였다고 기록하였다.

588(崇峻 元)년, 백제의 장인들이 小我氏의 요청으로 일본에 파견되고, 柵取(『연기』) 및 飛鳥衣縫造의 家가 허물어진다(『일본서기』). 특히

---

223) 이에 대해선 大橋一章의 논고가 있어 참고하고자 한다.
大橋一章, 「飛鳥寺の創立に關する問題」 『佛敎藝術』 107號, 每日新聞社, 昭和 51年.

후자의 경우는 寺址의 見定 사실이 빠져있는『일본서기』587년 條의 기록을 충분히 보완할 수 있는 내용이라 할 수 있다. 또한 가람의 설계도 어느 정도 유추해 볼 수 있다.

589(숭준 2)년부터 592(숭준 5)년까지는 사찰 건축의 목재로 사용될 나무의 柶取, 건조, 가공 사실과 寺址의 整地, 地割 등이 확인된다. 한편,『일본서기』의 경우 592년에 금당 회랑이 조영되고 있음을 기록하고 있는데 앞의 사실과 비교하여 볼 때 신빙하기 어렵다. 왜냐하면 회랑의 조영에 앞서 堂塔의 건립이 우선시 됨은 당연하기 때문이다.

593(推古 元)년에는 舍利를 心礎의 중앙에 안치하고 刹柱를 세운다.

594(추고 2)년부터 595(추고 3)까지는 塔을 조영하고, 596(추고 4)년에 노반을 완성하여 비로소 木塔을 창건하게 된다. 이렇게 볼 때 탑의 조영에 모두 3년이란 기간이 소비되었음을 알 수 있다. 아울러 나무의 柶取, 건조, 가공 및 寺址의 整地, 地割 과정 중에 이미 탑의 설계와 기와의 제작이 완료되었음도 유추해 볼 수 있다. 한편,『일본서기』의 경우 596년을 비조사의 완성 시기로 기록하고 있으나 이는 취신하기 어렵다. 왜냐하면 3금당의 조영에 관한 사실이 어디에서도 찾아볼 수 없기 때문이다.

597(추고 5)년부터 601(추고 9)까지 중금당을 조영하고, 다시 609(추고 17)년까지 동·서 양 금당을 조영함으로써 1탑 3금당의 堂塔配置를 완성하게 된다. 특히 605(추고 13)년에는 本尊의 주조를 개시하여 609년 완성하게 된다. 이렇게 볼 때 먼저 본존에 해당하는 중금당을 조영

하고, 그 다음에 동·서금당과 중금당에 봉안될 본존상을 주조하였음을 엿볼 수 있다.

610(추고 18)년부터 613(추고 21)년까지는 강당을 조영하였으며, 614(추고 22)년에는 비조사의 주요 가람이 완성하게 된다.

이러한 사실을 통해 볼 때 비조사의 조영은 발원에서부터 완성에 이르기까지 약 28년이란 기간이 소비되었음을 알 수 있다. 아울러 조영 순서에 있어서도 먼저 木塔을 건립한 후 中金堂→東·西金堂→講堂의 순으로 이루어졌음도 살필 수 있다. 그런데 이러한 계획은 전체적으로 백제의 조사공들에 의해 짜여진 만큼, 당시 백제 사찰 조영의 건물 순서를 유추할 수 있다는 점에서 시사하는 바가 크다. 왜냐하면 지금까지 문헌적으로나 고고학적으로 백제 사찰 건물의 조영 순서를 밝힌 자료가 한 곳에서도 확인되지 않았기 때문이다.

한편, 이에 반해 毛利久는 고고학 자료를 근거로 2시기에 걸쳐 비조사가 조영, 완성되었음을 말하고 있다. 즉, 중금당이 단층의 架構基壇이고, 동·서금당이 이중기단임을 근거로 비조사 2시기 완성설을 제기하였다.[224] 氏에 의하면 비조사의 제 1시기(추고 4년 완성)는 탑, 중금당, 회랑으로 이루어진 사천왕사식의 가람배치로 추정하였으며, 제 2시기(추고 13년경에 시작)는 동·서금당이 증축된 1탑 3금당식의 가

---

224) 毛利久, 「飛鳥大佛の周邊」 『佛敎藝術』 67號, 每日新聞社, 昭和 43年, pp.23~38.

람배치로 보았다. 그리고 제 1시기의 본존은 추고 4년에 완성된 金人으로, 제 2시기의 본존은 추고 17년에 완성된 장육의 銅繡 2불로 판단하였다.

더불어 후랑스와 베르체의 경우는 毛利久의 설을 발전시켜 제 2기 飛鳥寺의 조영에 대해 제 1기는 백제의 영향을 받아 기와나 가람배치 등이 백제계를 보이는 반면, 제 2기는 고구려의 영향을 받아 원흥사 등의 堂塔配置가 등장하고 止利佛의 장육상이 조상되는 시기로 보았다. 아울러 氏는 이를 정치적인 사건과도 서로 연관시켜 제 1기에는 백제계인 蘇我馬子의 집권으로 飛鳥寺에 친백제계 문화가 투영된 것으로 보았다. 그리고 제 2기에는 聖德太子가 蘇我馬子를 누르고 친 고구려의 성향을 띠어 飛鳥寺에 북방문화가 대두된 것으로 이해하였다.[225]

그러나 두 사람 모두 강당의 조영 시기에 대해서는 언급하지 못하였으며, 또한 고고학적 자료를 제시하지 못하였다는 점에서 한계를 드러냈다. 즉 만약 비조사 제 1기에 사천왕사식 가람배치가 조영되었다면 堂塔 주변으로 반드시 회랑이 돌려져 있어야 한다. 또한 飛鳥寺 제 2기에 이 회랑을 정지하고 그 자리에 동·서 금당을 조영하였다 하더라도 회랑의 기초시설까지 모두 정지할 수는 없다. 그렇다면 회랑지는 발굴

---

225) フランソウ・ベルチエ,「飛鳥寺問題の再吟味-その本尊を中心として」『佛教藝術』96號, 每日新聞社, 昭和 49年, p.72.

조사 과정에서 반드시 확인되었어야 한다. 따라서 이러한 고고학적 자료의 한계는 결과적으로 飛鳥寺가 두 번이 아닌 한 번에 걸쳐 조영되었음을 의미한다.

(2) 飛鳥寺 二重基壇의 등장

飛鳥寺(圖面 31)에서 이중기단이 확인된 건물지는 동·서 금당지이나 본고에서는 잔존 상황이 비교적 양호한 동금당지를 주로 하여 살펴보고자 한다. 발굴조사 당시 동금당지는 기단토 상부가 대부분 멸실되어 상층기단에서의 유구 즉, 적심시설, 초석열 등은 확인되지 않았다. 반면, 하층기단은 서쪽을 제외한 동·남·북쪽의 잔존상태가 양호하여 적심시설이나 礎石列 등이 정연하게 조사되었다(圖面 32). 이러한 외진주 적심석렬을 중심으로 동금당 복원 평면도(圖面 33)를 작성한 결과 다음과 같은 결론이 도출되었다.[226]

본존을 안치하기 위한 內陣은 정면 3칸으로 주칸이 각각 9척이며, 측

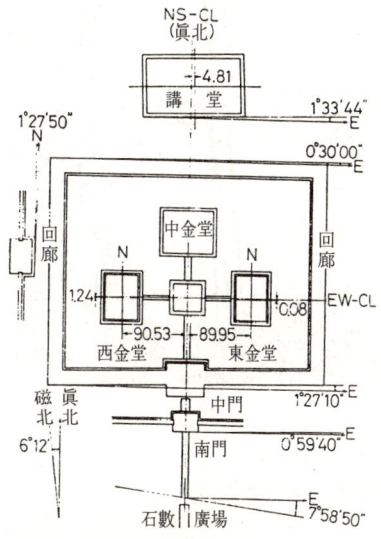

〔圖面 31〕飛鳥寺 伽藍配置圖
(大橋一章, 「飛鳥寺の創立に關する問題」『佛教藝術』107號, 每日新聞社, 昭和 51年, 圖 4)

IV. 二重基壇의 築造術
177

면은 2칸으로 주칸이 7척이다. 따라서 정면의 주칸이 측면에 비해 2척 정도 넓음을 살필 수 있다. 아울러 정면의 외진은 모두 5칸으로 양 측칸이 각각 8.5척이며, 측면은 4칸으로 역시 주칸의 너비가 8.5척이다. 상층 기단의 기단석과 外陣의 隅柱는 각각 5.4척 떨어져

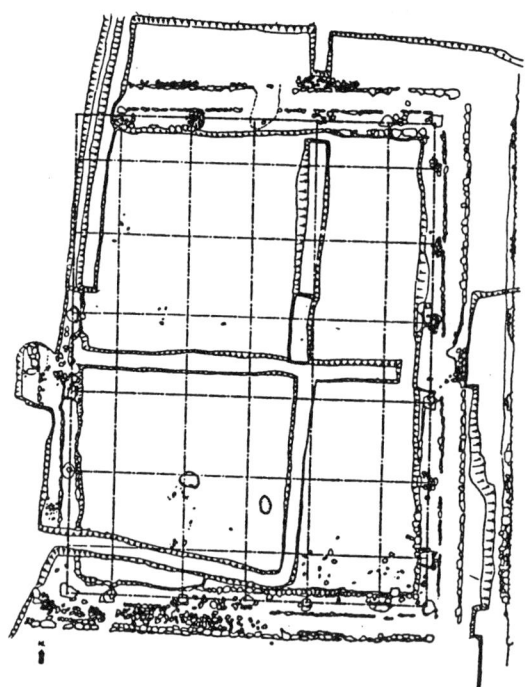

〔圖面 32〕 飛鳥寺 東金堂址 平面圖
(淺野淸,「飛鳥寺の建築」『佛敎藝術』33, 昭和 33年, p.17 圖面)

---

226) 飛鳥寺 동금당 복원 평면도는 大橋一章의 논고를 참조하였다.
　　大橋一章,「飛鳥寺の創立に關する問題」『佛敎藝術』107號, 每日新聞社, 昭和 51年, p.19 圖 6.

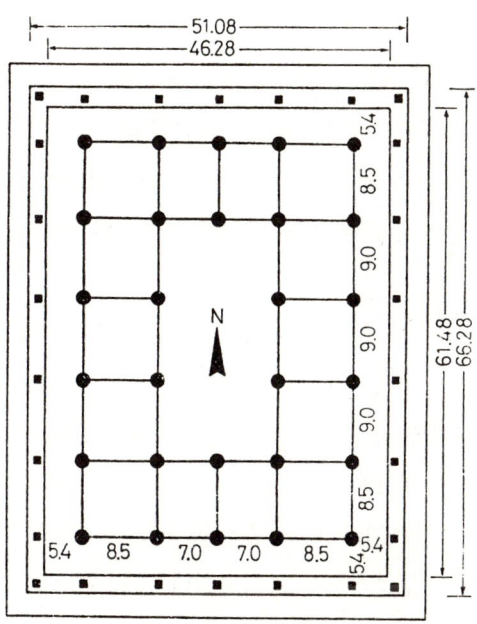

〔圖面 33〕飛鳥寺 東金堂址 復原 平面圖
(大橋一章,「飛鳥寺の創立に關する問題」『佛敎藝術』107號, 每日新聞社, 昭和 51年, 圖 4)

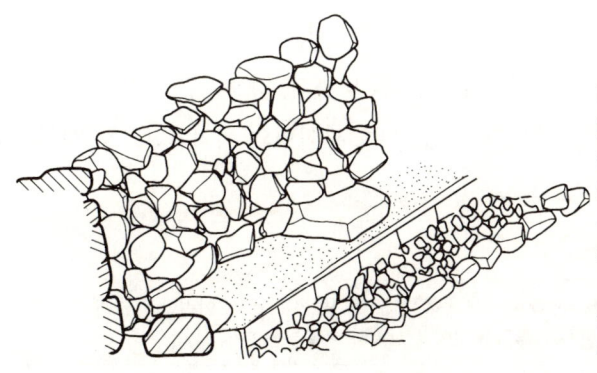

〔圖面 34〕飛鳥寺 東金堂址 二重基壇 復原圖
(フランソウ・ベルチェ,「飛鳥寺問題の再吟味-その本尊を中心として」『佛敎藝術』96號, 每日新聞社, 昭和 49年, p.63 2〈上〉)

IV. 二重基壇의 築造術

조성되었다. 정면 길이는 상층기단이 61.48척, 하층기단은 66.28척이고, 측면 길이는 상층기단이 46.28척, 하층기단이 51.08척이다. 따라서 상층기단과 하층기단의 길이 차는 정면이 4.8척, 측면이 약 4.6척 정도이다. 특히 남북방향 외진의 각 柱間은 부여의 군수리 폐사지 금당지, 부소산 폐사지 금당지, 정림사지 금당지 및 금성산 건물지와 매우 유사함을 보이고 있다.[227]

하층기단 상면에 놓여진 초석은 부정형을 띠고 있으며, 적심시설은 평면 원형에 가깝다. 이와 같이 하층기단 상면에서 적심시설이나 초석렬이 확인된 예는 고구려의 정릉사지와 금강사지, 백제의 정림사지와 금성산 건물지, 그리고 신라의 황룡사지 최종가람 등이다.

발굴조사 당시 동금당지에서는 雨落溝, 하층기단, 외진주 적심석렬(혹은 초석렬), 상층기단 등이 부분적으로 조사되었다. 우락구는 용어에서도 살필 수 있는 바와 같이 비가 직접적으로 떨어져 배수되는 부분으로 건물의 동·남·북쪽에서 주로 조사되었다. 우락구의 외부는 비교적 큰 석재로 장방형의 廓을 돌렸으며, 우락구와 하층기단 사이는 이 보다 작은 석재로 빈틈없이 채워 넣었다. 하층기단은 우락구의 외부석과 동일 방향으로 조성되었으며, 판석형의 치석기단으로 시설되

---

[227] 淺野淸,「飛鳥寺の建築」『佛敎藝術』33, 昭和 33年, p.16. 이러한 기둥 배치는 하층기단의 적심시설 혹은 초석열을 상정하여 복원한 것이다.

었다. 하층기단 상면의 초석은 소형의 화강암으로 상층기단과 접해 조성되었다. 상층기단은 玉石을 여러 겹 축석시켜 완성하였으나 하층기단에 비해 높이가 높고 견고함도 떨어져 기단토의 止沙施設로는 부적함을 살필 수 있다. 그런데 이러한 玉石積基壇(石築基壇)은 상대적으로 가구기단에 비해 구조적으로나 의장적으로 그 格이 떨어져 오히려 古式으로 평가받기도 하였다. 이러한 格의 차이는 결과적으로 가구기단으로 조성된 탑, 중금당과 이중기단(圖面 34)으로 조영된 동·서금당이 시기적으로 차이를 두고 조영되었다는 飛鳥寺 二時期完成說을 불러일으키기도 하였다.

가구기단은 옥석적기단(석축기단, 상층기단)과 비교해 구조면에서도 일견 견고함을 살필 수 있다. 雨落溝는 이중기단과 큰 차이가 없으나 화강암의 지대석과 凝灰巖의 面石, 그리고 그 위에 올려진 葛石의 상대갑석은 옥석적기단과 비교해 정교하고 장엄함을 엿볼 수 있다. 특히 치석된 지대석과 면석, 상대갑석은 옥석적기단에 비해 상대적으로 견고하여 止沙施設로써의 기능이 좀 더 효과적이었음을 추정해 볼 수 있다.

그런데 飛鳥寺라는 동일 사역에서 이처럼 다른 기단양식을 취하게 된 이유는 무엇일까? 결론적으로 말하면 이는 시기차를 반영한 축조술의 변천으로 이해할 수 있다. 즉, 597년부터 601년까지 조영된 중금당은 단층의 가구기단으로 시설되었고, 이후 609년까지 조영된 동·서금당은 이중기단으로 축조되었다.

백제 건축기술의 대일전파

　1탑 3금당식의 가람배치에서 가장 중요한 것은 탑과 본존에 해당되는 중금당이다. 그렇기 때문에 飛鳥寺의 창건에 있어서도 탑을 가장 먼저 조영하고, 그 다음에 중금당을 축조한 것이다. 중금당은 본존불을 모시는 중앙의 전각으로 다른 건물에 비해 그 格이 높았음은 의심의 여지가 없다. 이러한 위엄성과 장엄성을 나타내기 위해 백제의 조사공들은 가구기단을 계획하였던 것으로 추정된다. 왜냐하면 蘇我馬子는 불사리를 心礎의 중앙에 안치하고 刹柱를 세울 때 百濟服을 입고 참여하였을 만큼 飛鳥寺에 애착을 보였고, 또한 비조사가 최초의 사찰이자 法師寺였기 때문에 蘇我馬子는 마땅히 당시 백제에서 유행하였던 최고의 기단을 선호하였을 것으로 생각된다.
　그렇다면 백제의 조사공들이 중금당의 기단 축조을 진행함에 있어 왜 이중기단으로 시설하지 않았을까? 사실 백제만 하더라도 이중기단은 탑지와 금당지, 혹은 특수 기와집터[228]에서만 그 존재가 확인되고 있어 단층기단에 비해 위엄성과 장엄성이 한층 더하였음은 부정할 수 없다. 이의 해답을 찾기 위해선 당시 일본의 건축술을 살펴볼 필요가 있다. 비조시대의 일본은 백제의 조사공과 와박사 등이 파견되기 전만 하더라도 대규모의 사찰이 조영될 수 없었다. 이는 결과적으로 588년 이후가 되어서야 비로소 백제에서 파견된 장인들로 인해 大伽藍의 건

---

[228] 부여읍 동남리에 위치하고 있는 錦城山 建物址를 의미한다.

립이 가능하게 되었다. 장인들은 蘇我馬子의 요청에 의해 일본으로 파견된 만큼, 威德王 당대의 최고 장인들로 구성되었음은 당연하다. 따라서 이들은 이미 백제에서 유행하고 있던 이중기단의 축조술을 습득한 상태에서 일본에 건너갔을 것으로 사료된다. 그럼에도 불구하고 백제의 조사공들이 중금당의 기단을 이중기단이 아닌 단층의 가구기단으로 축조한 것은 결국 조사공을 뒷받침하는 일본인의 기단 축조술이 아직 일정 단계에 이르지 못하였음을 반증하는 것이라 할 수 있다. 기단의 조영적 측면에서 이중기단이 단층기단에 비해 복잡하고 고난도의 기술을 요했음은 여러 유적 사례를 통해 쉽게 확인할 수 있다. 따라서 백제의 조사공들은 중금당의 格을 고려하여 고난도의 기술을 요하는 이중기단 대신 단층의 가구기단으로 축조하였음을 유추해 볼 수 있다.

  이와 같은 축조술의 전파에 따른 당시 일본 장인들의 기술력은 와적기단을 통해서도 쉽게 이해할 수 있다. 즉, 백제의 조사공들은 588년 일본으로 건너갈 무렵 와적기단의 존재에 대해 누구보다도 잘 알고 있었다. 왜냐하면 조사공으로 뽑혀 일본에 파견될 정도라면 백제에서 최고의 건축술을 보유하고 있었음은 당연한 것이기 때문이다. 그러나 이러한 와적기단은 일본 최초의 사찰인 飛鳥寺에서 전혀 찾아볼 수 없다. 반면, 백봉시대에 이르면 와적기단은 여러 지역에 걸쳐 다양한 유적에 폭넓게 사용된다. 이러한 사실은 결국 일본에서의 고난도 건축술은 어느 정도의 기간이 경과된 이후에야 가능해졌음을 의미한다. 이는 그만큼 백제의 건축술이 일본에 비해 우수하였음을 반증해 주는 한편,

일본의 장인들이 백제의 조사공들로 하여금 지속적으로 건축술을 습득하고 있었음을 뜻하는 것이다.

한편, 飛鳥寺의 중금당에 이어 601년부터 609(추고 17)년까지 동·서 금당이 축조된다. 그런데 이들 금당의 경우 상층이 玉石積基壇(割石基壇), 하층이 治石基壇으로 이루어져 앞선 시기의 중금당 가구기단과 큰 차이를 보이고 있다. 이러한 이중기단의 등장은 결과적으로 일본의 장인들이 비로소 이중기단을 축조할 수 있는 기술이 습득되었음을 의미한다.

한편, 북한 학자 손량구는 동·서금당의 조성과 관련해 고구려 청암리 폐사지와의 관련성을 말하고 있다.[229] 즉, 고구려 승 慧慈와 야마토 조정 최고 실권자였던 聖德太子와의 관계에 주목하여 이와 같은 의견을 제시하고 있다. 예컨대 혜자가 성덕태자의 스승으로서 飛鳥寺가 창건된 이후 백제승 慧聰과 함께 飛鳥寺의 공동 주지로 모셔진 일, 그리고 혜자가 고구려로 귀국한 이후 성덕태자의 죽음을 알린 점등을 거론

---

[229] 손량구, 「아스카사의 고구려적 성격」, 『조선고고연구』 제3호, 사회과학출판사, 1989.
이와 같은 시각은 북한학자 대부분이 견지하고 있다. 량연국의 경우도 飛鳥寺가 고구려의 영향을 받은 백제건축가들이 고구려형식에 기초하여 건설하였다고 보았다(량연국, 『조선문화가 초기 일본문화 발전에 미친 영향』, 사회과학출판사, 1991, p.73). 또한 이중기단을 조선밖에는 없는 독특한 건축 기법으로 보았다(량연국, 위 논문, 1991, p.78).

하며, 동·서금당의 창건과 관련해 혜자의 영향력이 깊이 미쳤음을 말하고 있다. 따라서 氏는 飛鳥寺가 백제의 조사공들에 의해 창건된 것은 인정하지만 이중기단이 구비된 동·서금당은 609년 2차 건설을 계기로 高句麗式으로 만들어졌음을 이야기하고 있다.

물론 이중기단이 삼국에서의 경우 고구려에서부터 비롯되었음은 그 누구도 부정할 수 없다. 아울러 이중기단이 백제, 신라 중 특히 백제에서 다양하게 변화 발전하였음도 주지의 사실이다. 그러나 단지 이중기단의 외형적 모습만을 강조하여 이를 고구려와 직접적으로 연결시켜 보는 것은 너무 단선론적인 이해가 아닌가 생각된다. 왜냐하면 이중기단이 고구려에서 백제로 전파되고, 이를 백제의 조사공들이 변화 발전230)시켜 다시 일본 야마토조정의 실권자인 소아마자의 요청으로 飛鳥寺 동·서금당에 활용하였기 때문이다. 이렇게 보면 飛鳥寺의 이중기단은 처음 고구려에서 등장하였지만 결국 백제의 조사공들이 변화 발전의 주체가 되어 일본에 전수하였음을 알 수 있다.

또한 4각형의 탑을 중심으로 3개의 금당이 배치된 飛鳥寺의 가람 구

---

230) 예컨대 6세기 말에 해당하는 금성산 건물지의 경우 이중기단의 하층면이 평적식의 와적기단으로 꾸며졌다. 이처럼 이중기단에 와적기단이 결합된 예는 삼국 중 오직 백제에서만 볼 수 있다. 이는 백제의 조사공들이 그만큼 창의적이고 이중기단에 대한 축조기법이 상당 수준에 도달하였음을 반증해 주는 것이 아닌가 생각된다.

조도 마찬가지이다. 飛鳥寺가 발굴되었던 1950년대 후반기의 경우 우리나라에서 실질적인 삼국시대 寺址 조사는 없었다. 다만, 일제강점기에 일본인 학자들로 하여금 부분적인 조사만이 이루어져 왔을 뿐이다. 그리고 飛鳥寺가 발굴되었을 당시 우리나라에서 1탑 3금당식의 예가 확인된 곳은 고구려뿐이었다. 따라서 당시 일본인 학자들의 경우도 이러한 가람배치를 고구려와 연결시켜 보는데 크게 주저하지 않았다. 그러나 요즈음 삼국시대 寺址에 대한 조사가 진행되면서 1탑 3금당식, 혹은 이의 변화 형태인 3탑 3금당식이 백제, 신라에 똑같이 조영되었음을 살필 수 있다. 즉 백제의 익산 彌勒寺址나 신라의 경주 皇龍寺址,[231] 그리고 芬皇寺址[232] 등에서 찾아볼 수 있다. 물론 탑과 금당의 위치면에서 각각 차이가 발견되기는 하나 1탑 3금당식 혹은 이의 변화형태가 고구려뿐만 아니라 백제나 신라에서도 조영되었음을 밝혀주는 중요한 자료들이 아닐 수 없다. 이는 한편으로 시간의 경과에 따른 時期差는 있지만 문화의 흐름이 고구려를 통해 백제나 신라로 전해졌음을 알 수 있게 한다.

  그리고 결정적으로 飛鳥寺의 이중기단이 고구려의 양식 혹은 그의 기술로 만들어지지 않았음은 국내외 여러 사서의 기록 不在를 통해서도 간접적으로 알 수 있다. 즉, 飛鳥寺가 건립될 시점부터 동·서금당이 완료될 때까지 고구려의 조사공이 일본에 파견되었거나 혹은 파견요청을 받은 기사는 국내외 어느 곳에서도 살필 수 없다. 반면, 백제 조사공의 파견은 너무 극명하게 나타나고 있고, 그들이 일본에 파견된 후 飛鳥寺가 창건되고, 아울러 그 곳에 이중기단이 조성되었음은 우연으로 보기엔 너무 필연적인 사실이 아닌가 생각된다.

따라서 일본에 파견된 백제의 조사공들이 고국에서 이미 유행하였

---

231) 文化財管理局 文化財硏究所, 『皇龍寺』, 1984.
황룡사는 진흥왕 14년(553)에 조영이 시작된 사찰로서 모두 세 번의 가람 변천을 보이고 있다. 창건가람은 진흥왕 30년인 17년만에 완공되었다. 중건가람은 진평왕 6년(584) 장육존상을 안치하기 위하여 새로운 금당을 조성하면서 만들어졌다. 그리고 목탑 앞에 종루, 경루 그리고 강당 좌우의 회랑이 구분되면서 최종가람이 형성되었다. 9층목탑은 중건가람과 최종가람사이인 선덕왕 12년(643)에 기공되어 14년에 완성되었다.
중문 - 탑 - 금당 - 강당이 남북을 장축으로 일직선상에 배치되었을 것으로 추정되는 창건가람은 회랑으로 구획된 세 부분 中 중앙부에 해당된다. 중건가람은 탑-금당 좌우의 남북 회랑이 없어지면서 새로운 중금당과 그 좌우의 동·서금당, 그리고 그 전면에 9층 목탑이 배치되어 1탑 3금당식의 가람배치를 형성한다. 강당 옆의 동서 회랑은 일직선상으로 뻗고 있으며, 목탑 전면 좌우에는 새롭게 종루, 경루가 시설된다. 이러한 배치가 최종가람과 큰 차이는 없으나 다만, 강당 좌우의 동서 회랑, 그리고 남북 회랑과 중문 좌우의 동서 회랑이 이어지는 부분에서 약간의 차이를 보여주고 있다. 최종가람의 경우 탑을 전면으로 세 금당이 竝列로 배치되어 분황사나 고구려의 1탑 3금당식 가람배치와 구별되기도 한다.
232) 申昌秀, 「芬皇寺 發掘調査 槪報」 『文化史學』 第 11·12·13號, 2000, p.287.
분황사는 신라 제 27대 선덕여왕 3년(634)에 창건된 사찰로 1탑 3금당식의 가람배치를 보이고 있다. 중금당은 창건 이후 3번의 중건을 거쳤으며, 점차 그 규모가 축소되었음이 발굴조사에서 확인되었다. 중금당과 동·서금당은 品자형으로 배치되었고, 동·서금당이 이어지는 선상의 중심부, 즉 중금당 전면에서 탑지가 발견되었다. 전체적인 평면형태가 고구려의 1탑 3금당식과 유사하나 동·서금당의 전면이 남쪽을 향하고 있다는 점에서 탑을 향하고 있는 고구려의 가람배치와 구별된다.

던 이중기단의 축조공법을 누구보다도 잘 알고 있었고 이들에 의해 백제화한 이중기단이 일본에 전파되었으리라는 추정은 전혀 의심의 여지가 없다. 이는 백제의 원형돌기식이나 삼각돌기식 와당이 와박사들에 의해 飛鳥寺의 원형돌기식이나 삼각돌기식 와당으로 再誕生한 사실, 그리고 비조・백봉시대의 여러 와적기단・적심토, 神籠石系 산성 등을 통해서 얼마든지 찾아볼 수 있다. 이후 飛鳥寺의 이중기단은 7세기 초반에 건립된 법륭사 금당이나 몽전, 5층탑에서도 확인되고 있다.

(3) 其他 遺蹟現況

❶ 法隆寺 金堂

법륭사는 推古天皇 30년(606)에 창건된 비조시대의 사찰로 이의 조영은 6세기말부터 시작되었다. 그러나 7세기 말 화재로 소실되어 현재의 가람은 백봉시대에 중건되었다. 법륭사에서의 이중기단은 금당과 夢殿, 5층탑, 西圓堂 등에서 확인할 수 있으나 여기에서는 금당과 몽전에 대해서만 살펴보고자 한다.

금당은 중층의 佛殿으로 1949년의 화재로 인해 초층의 주요한 부재와 벽화 등이 훼손되었으나 동 29년에 新材를 보충하여 再興하였다. 금당은 기단 4방에 석계를 설치한 2층의 가구기단(本文 圖版 32)으로 天平 19년(747)의 『法隆寺緣起』資財帳에 의하면 "2중으로 길이는 4장7척5촌이며, 너비는 3장6척5촌, 기둥 높이는 1장2척6촌"이라고 언급하고 있다, 아울러 "외관은 초층이 정면 5칸, 측면 4칸, 2층이 정면 4칸,

〔圖版 32〕 法隆寺 金堂 二重基壇 細部

측면 3칸"이라고 표현하였다. 현재 초층의 정면 길이는 14.01m, 측면 너비는 10.78m이다.

이중기단 중 하층기단은 지대석과 면석, 그리고 갑석으로 결구되어 있다. 석재는 모두 治石된 화강암으로 면석 좌우에서는 우주와 탱주가 확인되고 있다. 갑석, 면석, 지대석은 우주나 탱주와는 달리 세장한 석재를 이용하였다. 아울러 면석은 갑석에 비해 두꺼운 석재를 사용하여 기단의 안정감을 꾀하고 있다.

한편, 하층기단의 상면에는 상층기단의 면석을 받치기 위한 단이 얕게 조출되어 있다. 외벌대인 하층기단과는 달리 두벌대로 상층기단의 면석을 축조하였으며, 그 높이도 약 3배 정도로 하여 기단에서의 안정감을 주고 있다. 두벌대 중 상부의 석재는 비교적 높이가 낮고 길이가 짧은 석재만을 이용하여 기단을 축조한 반면, 하부의 석재는 상부의 석재에 비해 높이와 길이면에서 높고 긴 것만을 사용하고 있다. 그러나 하부 석재의 길이와 높이가 각기 달라 정형성은 찾아보기 어렵고 하층기단과 비교해 부조화를 보이고 있다. 상층기단 상면의 갑석은 하층기단과 마찬가지로 일정한 길이의 장대석을 이용하여 마무리하고 있다.

익산 미륵사지 금당지 기단과 비교할 수 있으나 하층기단의 地臺石, 상층기단의 面石構造(두벌대) 등에서 차이가 발견된다.

❷ 法隆寺 夢殿

601년에 造營된 斑鳩宮跡에 行信僧都라는 고승이 聖德太子의 명복을 기리기 위해 天平11년(739)에 東院(上宮王院)을 건립하게 되는데 그 正堂이 바로 夢殿이다. 몽전이란 어원은 성덕태자가 이곳에서 『法華經』을 풀이하다가 어려운 대목이 나오면 그날 밤 꿈에 金人이 現夢하여 경전을 풀이해 주었다는 전설에서 붙여지게 되었다.

八角圓堂의 중앙 廚子에는 성덕태자 等身의 秘佛救世觀音像(飛鳥時代)를 안치하고 그 주위에는 聖觀音菩薩像(平安時代), 성덕태자의 孝養像(鎌倉時代), 乾漆의 行信僧都像(天平時代), 道詮律師의 塑像(平安時代) 등도 모셔져 있다. 이 몽전은 중문을 개조한 禮堂(鎌倉時代)과

〔圖版 33〕 法隆寺 夢殿 二重基壇 細部

回廊으로 둘려져 있으며 이중기단으로 축조되었다(本文 圖版 33).
　현재의 몽전은 鎌倉·江戶·昭和時代에 대규모의 개조가 이루어져 창건 당시의 모습은 기단 일부와 상륜부의 금동제 寶珠露盤 등에서 찾아볼 수 있다. 현재의 기단을 중심으로 살피면 다음과 같다.
　石階는 사방에 위치하고 있으며 기단은 화강암제의 8각 2층기단으로 이루어졌다. 상층기단 상면에는 난간이 돌려져 있고 난간 내부로는 외진주가 배치되어 있다. 기단은 상·하층 모두 가구기단으로 지대석, 면석, 갑석, 면석받침, 면석, 갑석 등의 순으로 올려져 있다. 하층기단의 지대석은 갑석과 비교해 두께나 길이 면에서 거의 동일하나 면석보다는 약간 얇은 편이다. 면석의 탱주는 갑석과 갑석의 결구 면에 배치되어 상층기단의 하중을 분산시키고 있다.

상층기단 상면에 올려진 면석받침은 한 변에 2매 정도로 길이가 세장한 편이다. 아울러 면석받침의 결구면은 하층기단 갑석의 탱주와 탱주 사이면서 위에 올려진 상층기단 면석의 탱주 아래로 상층기단의 힘의 분산(균형)과 동시에 하층기단과의 조화를 보여주고 있다. 상층기단의 면석은 하층기단에 비해 높이가 2배 이상으로 안정감을 이루고 있으며, 금당과 같은 두벌대가 아닌 외벌대로 축조되었다. 그리고 사용된 석재 또한 길이가 일정하여 정형성을 보여주고 있다.

❸ 檜隈寺 金堂址

회외사는 나라현 고시군 명일향촌에 위치하고 있다. 1980년 奈良國立文化財研究所에 의해 중문지로 추정되는 土壇을 조사하는 것이 목적이었으나 조사 결과 금당지로 추정되었다. 금당지(圖面 35, 本文 圖版 34)는 정면 5칸 측면 4칸으로 內陣 공간은 정면 3칸, 측면 2칸이다.[233] 상층기단 상면에서는 모두 11개의 초석이 확인되었고, 조사 결과 이중기단으로 밝혀졌다.

---

233) 岩本正二, 「明日香村檜寺の發掘調査」 『佛教藝術』 136號, 每日新聞社, 1981, pp.66~81.

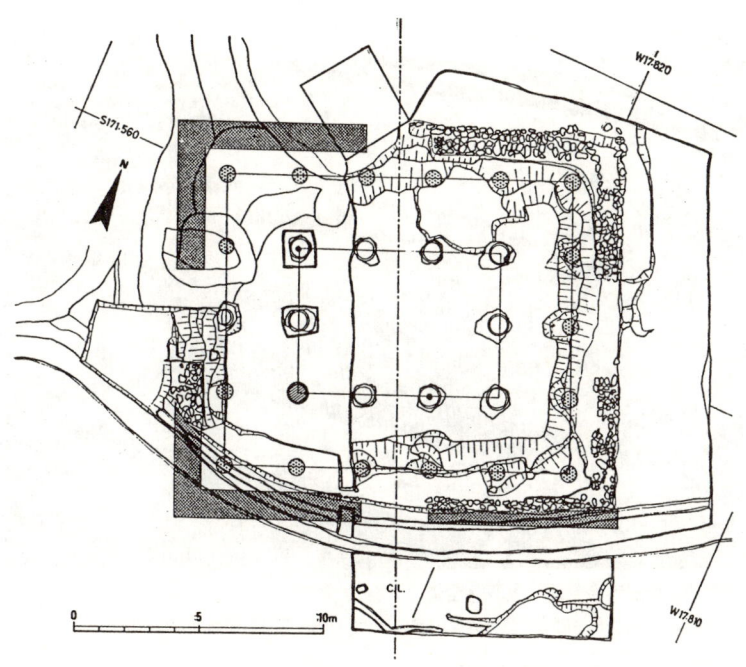

〔圖面 35〕 檜隈寺 金堂址 二重基壇 平面圖
(岩本正二,「明日香村檜隈寺の發掘調査」『佛敎藝術』136號, 每日新聞社, 1981, 圖 3)

하층기단은 人頭 크기의 화강암을 주 부재로 하여 약 1.1m의 너비로 깔아 놓았다. 이 같은 敷石 상태는 계단을 제외한 4면에서 모두 확인되나 대체로 동·남·북쪽이 양호하게 남아 있다.

상층기단은 모두 멸실되어 그 형적만 찾아지며, 지대석의 흔적은 검출되지 않았다. 따라서 상층기단이 와적기단이었는지 아니면 玉石積

[圖版 34] 檜隈寺 金堂址 二重基壇 全景
(岩本正二,「明日香村檜隈寺の發掘調査」『佛教藝術』136號, 每日新聞社, 1981, 口繪 6)

基壇이었는지는 살피기가 어렵다. 기단 규모는 하층기단이 동-서 17.95m, 남-북 15.5m이고 상층기단은 동-서 16.35m, 남-북 13.9m이다. 기단의 전체 높이는 1.3m이며, 이중 하층기단이 0.15m, 상층기단은 1.15m로 하층기단에 비해 상층기단이 약 7.6배정도 높음을 알 수 있다.

금당에 사용된 기와는 川原寺의 것을 조형으로 하였으며, 그 시기는 대략 7세기 후반으로 추정된다. 아울러 이 같은 편년은 회외사의 변천단계 중 두 번째 단계에 포함됨을 살필 수 있다.[234]

❹ 上淀廢寺 中塔址[235]

이중기단으로 조성되었으며, 상층이 평적식의 와적기단으로 축조되었다. 기단 상면에서 석재들이 瓦積과 함께 축조되는 것으로 보아 후대에 보수되었음을 알 수 있다. 기단의 높이는 약 55~60cm이며 10여매 이상의 와적이 남아 있다. 평면 와열 1열로 와적의 장변은 기단 방향과 나란하게 축조되었다. 와적의 하부는 하층기단의 기단토에 매몰되어 외관상 관찰이 어렵다. 하층기단은 1열의 석열로 높이는 약 20cm 정도이며, 상층기단 전면으로부터 약 30~40cm 정도 떨어져 조성되었다. 일반 할석으로 크기가 일정치 않으며, 1단으로 축조되었다. 대봉사 금당기단과 축조방법이 유사하다. 7세기 후반에 조영된 것으로 추정된다.[236]

234) 檜隈寺의 변천은 모두 5단계로 구분하여 볼 수 있다. 이 중 1단계는 7세기 전반에서 중엽, 2단계는 7세기 후반, 3단계는 7세기 말~8세기 초에서부터 8세기 전반, 4단계는 8세기 후반, 5단계는 9세기 이후로 대별할 수 있다.
235) 이에 대해선 【圖面 16】참조.
236) 상정폐사의 발굴조사 결과 소성 전에 각인된 '癸未年' 명 기와편이 출토되었다. 이는 창건와에 사용된 것으로 남탑의 기단토에서 출토된 수혜기(7세기대 이후) 와의 관련을 통해 '癸未年'은 683년으로 추정되었다(中原齊,「上淀廢寺伽藍の創建と變遷」『上淀廢寺』淀江町埋藏文化財調査報告書 第35輯, 1995 ; 菱田哲郎,「瓦の年代決定法-西日本を中心に-」『飛鳥・白鳳の瓦と土器-年代論-』, 帝塚山大學考古學研究所歷史考古學研究會・古代の土器研究會, 1999, p.64).

❺ 大鳳寺 金堂址[237]

　대봉사 금당지는 舊地表面을 정지하고 그 위에 조성되었는데 하층이 일반적인 할석기단인 반면, 상층기단은 평적식의 와적기단으로 축조되었다. 아울러 하층기단이 1단으로 축조되어 그 높이가 30cm 정도로 낮은 반면, 상층기단은 계단이 시설될 정도로 높게 축조되어 높이면에서 큰 차이를 보이고 있다. 하층기단에 사용된 석재는 판석형에 가까워 길이와 너비에 비해 그 두께가 얇다. 또한 상층기단의 와적이 지대석의 시설 없이 하층기단 아래에까지 이어져 정지층에 올려져 있음도 살필 수 있다. 기단의 조성에 있어 서로 다른 부재를 사용하였다는 점에서 독특한 축조방식이라 할 수 있다. 백봉시대에 조영되었다.

4. 濟·日 二重基壇 築造術의 比較 檢討

　백제 기와집 중 이중기단이 확인된 예는 사비시대에 해당하는 6세기 중엽 이후부터이다. 그 중에는 조영 연대가 비교적 분명한 6세기 중엽의 陵寺를 비롯해 7세기대의 彌勒寺址가 있다. 이중기단은 그 동안 寺址를 비롯한 특수 건물지에서만 확인되었고, 寺址의 경우도 금당지와

---

237) 이에 대해선【圖面 17】참조.

탑지에서만 주로 발견되었다는 특징이 있다.

　백제의 이중기단은 시기적으로 볼 때 上層 : 架構基壇, 下層 : 治石基壇(陵寺址) → 上層 : 石築基壇, 下層 : 割石基壇(龍井里 南建物址, 6세기 후반) → 上層 : 不明, 不層 : 瓦積基壇(錦城山 建物址, 6세기 말) → 上層 : 架構基壇 推定, 下層 : 架構基壇 推定(金剛寺址 木塔址, 6세기 말) → 架構基壇, 下層 : 類似 架構基壇(미륵사지, 7세기 초) 등으로 변천해 감을 살필 수 있다. 특히 금성산 건물지에서와 같이 하층이 와적기단으로 축조된 특수한 기단양식도 찾아지고 있다. 아울러 6세기 말에 이르면 부소산 폐사지의 금당지나 금강사지 목탑지에서와 같이 하층기단의 地臺石址(基盤土)를 凹자형으로 굴광하고 있음도 살필 수 있다. 이는 기단의 安定化를 꾀하기 위한 건축기술로 파악된다. 그런데 飛鳥寺의 동·서 금당과 같은 치석기단(하층기단)과 할석의 석축기단(상층기단)으로 이루어진 초보적 형태의 이중기단은 지금까지 사비시대의 유적에서는 확인되지 않았다. 따라서 이 같은 형식의 이중기단은 단정할 수는 없지만 웅진시대의 왕궁지나 大通寺, 興輪寺 등과 같은 유적에 사용되었을 가능성도 현재로선 배제할 수 없다.

　백제의 이중기단은 일본에 비해 좀 더 다양한 특징을 보이고 있다. 이는 시간의 흐름 속에서 이중기단이 점진적으로 변화·발전해 갔음을 의미한다. 일본은 전술하였듯이 백제의 조사공 파견에 의해 사찰 조영이 급진적으로 이루어졌고 이중기단 또한 축조되었다. 따라서 비조시대의 초기 사찰 대부분은 백제의 조사공들에 의해 계획적이고 의

도적으로 조영되었다.238)

아울러 같은 형식의 가구기단이라 할지라도 法隆寺와 백제 金剛寺 址의 그것은 부재면에서 약간의 차이가 있음을 발견할 수 있다. 즉, 법륭사의 경우 상층기단의 隅柱를 조성하는데 있어 면석을 사용한 반면, 금강사지의 금당지나 목탑지는 별도의 동자주를 사용하고 있다. 그런데 이러한 동자주는 백제의 경우 6세기 중엽에 조영된 능사의 금당지와 목탑지, 그리고 정림사지 5층석탑 등에서도 확인되지 않았다. 따라서 동자주는 금강사지 금당지와 목탑지의 예로 보아 6세기 말~7세기대에 이르러서야 비로소 등장하였던 건축 부재로 파악된다. 동자주와 면석의 결구는 지대석 뿐만 아니라 갑석에도 홈을 내야 한다는 측면에서 작업 공정의 어려움이 있다. 또한 동자주와 면석이 원활하게 결구되어야만 건물의 荷重을 적절하게 분산시킬 수 있기 때문에 동자주 없이 면석만을 사용한 가구기단과는 분명한 기술적 차이가 있다. 이러한 측면에서 동자주가 가미된 가구기단이 그렇지 않은 가구기단에 비해 보다 발전된 기단 형식임을 살필 수 있다. 아울러 일본의 비조사와 법륭사의 예를 통해 볼 때 아직까지는 기단 내에 동자주를 시설할 정도의 축조술이 뒷받침되지 않았음을 엿볼 수 있다239)

한편, 정림사지나 금성산 건물지와 같이 하층기단 상면에 놓여진 외

---

238) 이러한 계획성은 사천왕사의 가람배치를 통해서도 쉽게 살필 수 있다.

진주 적심석렬 등의 유구가 飛鳥寺 동금당지에서도 찾아지고 있어 상호 관련성이 확인된다. 특히 비조사 동금당지 내에서 살펴지는 外陣(남북방향)의 각 주칸은 부여의 군수리 폐사지 금당지, 부소산 폐사지 금당지, 정림사지 금당지 등과 유사함을 보이고 있어 좋은 비교 자료가 되고 있다. 이러한 주칸의 유사성은 결과적으로 백제의 건축기술과 일본의 건축기술이 백제의 조사공을 매개체로 서로 연관되어 있음을 의미하는 것이며, 하층기단 상면의 외진주 적심석렬 또한 같은 맥락에서 이해할 수 있겠다.

또한 백제의 금성산 건물지에서와 같은 평적식의 와적기단이 가미된 이중기단이 일본의 上淀廢寺 중탑지와 大鳳寺 금당지에서 확인되었다. 그러나 금성산 건물지의 경우 하층이 와적기단인 반면, 상정폐사나 대봉사의 경우는 상층이 와적기단으로 조성되어 상호 상반된 축조양상을 보이고 있다. 이와 같이 와적기단이 가미된 이중기단은 삼국 중 유일하게 백제에서만 확인되었을 뿐, 고구려나 신라에서는 아직까지 조사된 바가 없다. 따라서 와적기단이 가미된 이중기단은 결국 백제의 조사공에 의해 일본으로 전파된 백제 기단 문화의 일부라 생각된다.

---

239) 확실한 동자주는 아니지만 우주가 결구된 가구기단은 興福寺 식당에서 살필 수 있다(大脇潔, 「いろいろな基壇化粧」『古代の寺を考える』, 帝塚山考古學硏究所, 1991, p.118 第1圖-5). 이 유구에서는 또한 탱주가 조출되어 있으며 일본에서는 壇正積基壇으로 불리고 있다.

이처럼 일본의 이중기단은 백제의 조사공이 파견된 이후 비로소 축조되기 시작하였고, 큰 시기차 없이 다양하게 변천해 나갔다. 아울러 백제의 기단형식과 큰 차이를 보이지 않는 다는 점에서 일본 이중기단 문화의 시원을 판단해 볼 수 있겠다.

백제 건축기술의 대일전파

V. 製瓦術

백제 건축기술의 대일전파

1. 熊津遷都後 百濟瓦當의 中國 南北朝要素 檢討

(1) 百濟瓦當의 中國 南朝系 要素

백제는 武寧王(501~523) - 聖王(523~554) 두 대에 걸친 시기에 중국 南朝와 적극적인 문화교류를 펼쳤다. 이는 宋山里 6號墳에서 출토된 '梁官瓦爲師矣'[240]라는 명문전을 통해서도 단적으로 살필 수 있다. 특히 남조에서 유행하였던 製塼(瓦)技術은 무령왕릉의 축조뿐만 아니라 웅진시대의 드림새 문양 형성에도 결정적인 영향을 미치게 되었다. 이는 南京市 油房村 南朝大墓에 사용된 塼 문양과 무령왕릉에 축조된 塼 문양을 비교하여 보면 쉽게 확인할 수 있다.[241] 아울러 "梁普通二年八月七日定于琅耶郡臨沂縣"명 묘지석이 발견된 남경 燕子磯墓는 무령왕릉 내부의 배수구와 벽감, 그리고 왕릉 축조에 사용된 문양전과 동

---

240) 이 명문전은 무령왕릉과 인접해 있는 송산리 6호 전축분에서 수습되었다.
241) 양자는 서로 비슷한 시기에 축조된 것으로(小田富士雄, 「新羅・百濟系の古瓦塼」『大宰府と新羅・百濟の文化』, 學生社, 昭和 63年, p.116), 건축구조나 매장기물에 있어서도 흡사한 점이 많다. 즉 입지나 평면형태, 三平一竪 혹은 四平一竪 방식의 축조, 정상부의 券拱形, 벽면의 수직창살과 등감, 그리고 출토유물 중 자기와 동경, 진묘수는 남조의 수입품이거나 모방한 것으로 판단하고 있다(周裕興, 「南京的 南朝墓制研究」『魏晋南北朝時代 墓制制度와 百濟』, 忠南大學校 百濟研究所, 1999, 11쪽).

일성이 밝혀졌다.242) 이 밖에도 對門山墓, 燕子磯墓, 板橋墓, 仙鶴門墓, 花神墓, 蕭偉墓 등과 같은 梁墓들의 경우도 축조기법, 연화문전, 벽감, 直欞假窓 등에서 무령왕릉과의 관련성이 확인되었다.

 이러한 전축분에 사용된 塼과 "梁官瓦爲師矣"란 명문 등을 통하여 볼 때 梁의 製塼技術이 당시 백제에 전하여졌음은 분명하다고 할 수 있다. 그리고 제전기술이나 전축분의 축조기술과 함께 塼의 디자인도 자연스럽게 백제에 유입되었음을 판단할 수 있다.

 따라서 여기에서는 무령왕릉 출토 塼과 남조 梁의 諸墓에 사용된 여러 塼들을 상호 비교함으로써 어떠한 문양들이 梁에서 백제로 전래되었는지에 대해 살펴보고자 한다. 그리고 남조 요소로 판단되는 백제의 圓形突起式 연화문 와당을 통해 단판 연화문이 어떠한 과정을 거쳐 塼의 문양에서 드림새의 문양으로 도입되었는지에 대해서도 검토해 보고자 한다.

 무령왕릉에 사용된 文樣塼은 단독 연화문(本文 圖版 35) 외에 연화문+忍冬文(本文 圖版 36), 연화문+斜格子文, 五銖錢文+菱格文 등의 복합문으로 구분할 수 있다. 이 중 단독 연화문은 남경 梁墓인 童家山墓

---

242) 齊東方,「百濟武寧王墓與南朝梁墓」『武零王陵과 東亞細亞文化』, 국립부여문화재연구소·국립공주박물관, 2001, pp.121~122.

백제 건축기술의 대일전파

〔圖版 35〕 武寧王陵 出土 蓮花文塼

〔圖版 36〕 武寧王陵 出土 蓮花忍冬文塼

나 富貴山墓, 南朝大墓, 仙鶴門墓 등에서 그 예를 찾아볼 수 있겠고, 연화문+사격자문은 燕子磯墓나 富貴山墓, 蕭偉墓, 南朝大墓 등에서 살필 수 있다. 특히 蕭偉墓에서 출토된 문양전의 능격문+오수전문+오수전문+능격문 등은 무령왕릉 출토 문양전에서 보이는 오수전문+능격문+오수전문+능격문 등과 문양의 배치만 다를 뿐 큰 차이가 없어 서로 비교된다. 결과적으로 이러한 문양전의 시문 배치는 梁의 製塼技術과 함께 시문 양상이 무령왕릉의 축조와 함께 6세기 초반에 梁에서 백제로 유입되었음을 입증케 한다. 아울러 이러한 당시의 분위기를 알려주는 결정적인 유물이 곧 "梁官瓦爲師矣"라 음각된 문양전이라 할 수 있다.

이상에서와 같이 무령왕릉이나 남조 梁墓 모두에서 공통적으로 살필 수 있는 주문양은 蓮花文이다. 특히 무령왕릉 출토 蓮花文塼의 경우 연판수(6엽 혹은 8엽)와 관계없이 厚肉한 瓣端이 살짝 반전하면서 판단 중앙에 小珠文을 맺고 있어 하나의 특징을 보여주고 있다.243)

이러한 원형돌기식 蓮花文塼은 고구려나 신라에서는 살필 수 없는 아주 독특한 문양으로써 梁과의 문화교류 속에서 탄생하게 되었다. 무령왕릉이 "士 壬辰年作"이란 銘文塼을 통해 무령왕 생전인 512년경에 조성되었음을 전제로 할 때,244) 왕릉 축조에 사용된 원형돌기식 蓮花文塼 또한 등장 시기가 이와 비슷할 것으로 판단된다.

한편, 무령왕릉 출토 蓮花文塼과 유사한 蓮瓣이 공주 艇止山遺蹟내 기와집 터 출토 와당에서 처음으로 확인되었다. 그러나 지금까지 공주지역의 다른 유적에서는 출토된 바 없어 이 와당은 짧은 기간동안 한정된 유적에서만 사용되었던 것으로 이해된다.245) 물론 원형돌기식 와당은 1세기 반 이상 공산성을 비롯한 대통사지, 그리고 부여의 구아

---

243) 무령왕릉에 사용된 문양전, 명문전 등은 부여의 井洞里窯址에서 제작되어 당시 수도인 공주로 운반되었다. 이 요지는 지금까지 시·발굴조사가 이루어지지 않아 정확한 요지의 범위나 요의 숫자 등이 파악되지 않고 있다.
244) 藤澤一夫,「韓日古瓦の系譜」『日·韓古代文化の交流』, 帝塚山考古學硏究所, 1982, p.58.
245) 보고자들의 경우 이 와당이 사용된 기와집을 殯所로 추정한 바 있다(국립공주박물관,『艇止山』, 1999, p.222).

리 전 천왕사지, 가탑리 폐사지, 용정리 폐사지, 능사지 등에서 폭넓게 사용되었다. 특히 小珠文을 중심으로 한 양쪽 瓣端線의 처리, 그리고 瓣端과 瓣根 사이의 양 측면 선처리 등에서 미묘한 차이를 보여 편년적 근거나 되기도 하였다.246) 아울러 瓣端部의 小珠文은 신라 및 일본의 飛鳥寺에까지도 전파되어 이후 일본 와당 문양 형성에 큰 영향을 미쳤으며 일본에서는 이러한 와당을 星組라 부르고 있다. 이 같은 사실은 백제의 製瓦技術이 신라나 일본에 비해 우수하였음을 단적으로 반증하는 한편, 백제 瓦工(瓦博士)들의 활약도 매우 활발하였음을 의미하는 것이겠다.

요컨대 백제의 원형돌기식 와당은 그 시초가 공주 정지산유적 기와집터 출토 單瓣8葉蓮花文瓦當 임을 알 수 있겠고,247) 그 모델은 南朝 梁墓(전축분)의 영향을 받아 축조된 무령왕릉 출토 蓮花忍冬文塼 임을 판단할 수 있다. 하지만 정지산유적을 비롯한 공산성, 대통사지 출토

---

246) 拙稿,「熊津遷都後 百濟瓦當의 變遷과 飛鳥寺 創建瓦에 대한 檢討」『嶺南考古學』27, 嶺南考古學會, 2000.
247) 512년경에 축조된 것으로 보이는 무령왕릉 출토 蓮花忍冬文塼과 가장 연관성이 높은 와당이 바로 정지산유적 기와집터 출토 단판 8엽 연화문 와당이다. 즉, 판단 중앙의 小珠文을 중심으로 판단선이 완만하게 휘어지며, 小珠文도 대통사지나 공산성 출토 와당에서와 같이 완전한 원형 돌기로 발전하지 않았다. 아울러 연판과 자방의 크기에서도 후자가 전자보다 크다. 따라서 이러한 여러 특징이 정지산유적 기와집 출토 와당을 무령왕릉 출토 연화인동문전과 직접적으로 연결시켜 보는 이유가 되고, 또한 원형돌기식 와당의 시원으로 여기는 배경이 된다.

원형돌기식 와당은 아직까지 공주지역에서 그 생산처를 밝혀내지 못하고 있다. 이는 그 동안 지표조사나 시·발굴조사를 통하여 공주지역에서 백제시대의 瓦窯址를 어느 한 곳에서도 확인하지 못하였던 사실과 관련이 있다. 따라서 전술한 유적과 와요지와의 생산-수급관계 및 공주지역의 원형돌기식 와당을 파악키 위해선 우선적으로 와요지의 존재부터 확인하는 것이 필요하다 하겠다.

이상에서와 같이 남조 梁墓를 모방하여 제작한 무령왕릉 출토 연화문전을 통해 백제 원형돌기식 와당의 남조 요소를 파악해 보았다. 그 결과 다음과 같은 특징을 밝혀내게 되었다.

첫째, 연판의 크기면에서 세로변의 길이가 가로변의 길이에 비해 상대적으로 길게 나타나고 있다.

둘째, 연판 사이의 간판은 모두 영문자의 "T"자형에 가깝게 자방 쪽으로 길게 이어지고 있다.

셋째, 자방과 연판 사이에는 구상권대(양각대)가 형성되어 있다.

넷째, 자방내의 연자는 대부분 瓦范을 통해 연판과 함께 제작되었다

다섯째, 연판의 판단 중앙에는 원형의 小珠文이 돌기되어 있다.

그런데 이러한 원형돌기식 와당의 제 특징은 다음 장에서 살필 판단 첨형의 와당과 여러 면에서 다르게 표현되고 있다. 따라서 웅진시대의 와당을 이해하기 위해선 공주지역의 원형돌기식 와당과 비슷한 시기에 제작된 부여지역의 瓣端尖形 와당에 대해서도 살펴볼 필요가 있다.

V. 製瓦術

왜냐하면 국가 통제하의 와박사가 존재하는 시기에 멀지 않은 공주와 부여지역에서 전혀 다른 형태의 와당이 제작되었다면 이는 필시 새로운 문화의 접변으로 이해해 볼 수 있기 때문이다. 특히 판단첨형의 와당은 북조의 석굴사원내 蓮花文과 친연성이 있어 남조 요소를 보이는 원형돌기식 와당과 좋은 대조를 보이고 있다. 결과적으로 이러한 백제 와당에 있어서의 중국 남북조 요소 검토는 飛鳥寺의 원형돌기식 와당에 중국의 남조 요소가 내재되어 있음을 밝혀보고자 하는 것이다.

(2) 百濟瓦當의 中國 北朝系 要素

사비천도 즈음인 6세기 전반기, 당시 공주지역에는 중국 남조계의 원형돌기식 와당이 폭넓게 분포하고 있었다.[248] 이러한 경향은 다소의 시기 차만 인정될 뿐, 부여지역에서도 마찬가지였다.[249] 그러나 부여지역에서는 이러한 와당 외에도 瓣端이 尖形인 연화문 와당이 짧은 기간 동안 龍井里廢寺址에서 거의 동시기에 사용되었다. 이러한 판단첨형의 와당은 원형돌기식 와당과 비교하여 연판의 형태, 자방의 크

---

248) 정지산유적을 비롯한 공산성, 대통사지, 중동유적, 반죽동유적 등에서 원형돌기식 와당을 볼 수 있다.
249) 원형돌기식 와당이 출토된 부여지역의 백제유적으로는 龍井里廢寺址, 舊衙里 傳 天王寺址, 舊衙里百濟遺蹟(方形蓮池), 陵寺址, 定林寺址, 佳塔里廢寺址, 東南里遺蹟, 窺岩里遺蹟, 扶蘇山 등을 들 수 있다.

기, 溝狀圈帶 등에서 완전 상이함을 보여주고 있다. 이는 단지 형식상의 차이로 인한 것뿐만 아니라 문화적인 차이로 인해 나타나는 것으로도 이해되었다. 따라서 용정리 폐사지 출토 瓣端尖形 와당은 南朝系로 대표되는 원형돌기식 와당과는 다른 北朝系의 와당으로 보아야 할 것이다.

본 장에서는 북조계 백제 와당으로 추정되는 용정리 폐사지 출토 와당을 보고자의 견해에 따라 크게 A·B 두 유형으로 구분하고, 이들 와당을 北朝의 石窟寺院에서 확인되는 諸 연화문과 상호 비교하여 그 원류가 북조문화에 있었음을 검토해 보고자 한다.

용정리 폐사지는 전반적인 발굴조사가 이루어지지 않아 전체의 가람배치는 살필 수 없다. 그러나 금당지와 목탑지에 대해서는 부분적이지만 조사가 완료된 바 있다.[250] 금당지는 층위상 상층과 하층으로 구분되었으며, 瓣端尖形의 연화문 와당은 두 층위 중 하층 건물지에서 출토되었다. 상층 건물지는 목탑지 출토 단판 연화문 와당 F형(拓本 1)[251]에 의거 6세기 전반에 조영되었을 것으로 추정되었다. 따라서 보고자는 F형 와당이 출토된 상층 건물지

〔拓本 1〕龍井里廢寺址 出土 F型 瓦當

---

250) 扶餘文化財研究所, 『龍井里寺址』, 1993.

의 기단토 보다 아래에 위치하고 있는 하층 건물지의 조영시기를 토층의 선후 차에 의거하여 사비천도 그 직전으로 파악하였다.252) 그리고 이곳에서 출토된 單瓣 8葉蓮花文 瓦當 A · B형에 대해서도 6세기 중반을 넘지 않는 것으로 편년하였다.253) 그런데 한가지 흥미로운 사실은 하층 건물지 출토 연화문 와당 A · B형이 지금까지 용정리 폐사지를

---

251) 이 유형의 와당은 판단 처리면에 있어 판단융기형에 가까운 것으로 원형돌기식의 연화문 와당과는 근본적으로 다르다. 또한 공산성에서 출토된 정형적인 판단융기형의 와당과도 연판과 연자수, 자방과 연관과의 크기, 그리고 자방 외곽의 원권대 표현에서 차이를 보이고 있다. 특히 웅진시대에 해당하는 여러 유적 가운데 자방 외곽으로 원권대가 표현된 와당은 그 동안 확인된 바 없다. 따라서 이 유형의 와당은 공주지역에서 유행하였던 판단융기형의 와당이 사비천도가 이루어지면서 새롭게 변모하여 제작되었던 것으로 추정된다. 등장시기는 공산성 목곽고 출토 단판 8엽 연화문와당(5세기 말~6세기 초반)과 비교하여 6세기 중반 전엽 경으로 추정된다.
252) 扶餘文化財研究所 · 扶餘郡, 『龍井里寺址』, 1993, p.69.
253) 이에 반해 김성구는 사비천도 이전의 시기로 편년하고 있다(金誠龜, 「百濟의 瓦塼」『百濟의 彫刻과 美術』, 公州大學校博物館 · 忠淸南道, 1991, p.317). 필자의 경우도 김성구의 설에 찬성하는 바이다. 왜냐하면 이러한 유형의 와당이 사비천도 이후에 등장하였다면 현재 부여지역에서 나타나는 기와의 생산-수급관계를 고려하여 볼 때 용정리 폐사지 이외의 다른 유적에서도 확인되었어야 했기 때문이다. 특히 사비시대의 여러 유적에서 확인되는 연판의 문양을 보면 원형돌기식이나 삼각돌기식, 곡절소판형 등과 같이 다양성이 있어 보이지만 사실은 연판의 획일화도 찾아지고 있다. 따라서 용정리 폐사지 출토 A형, B형과 같은 독창적인 연판은 요업의 완전 체계화 단계보다는 그 과정 속에서, 그리고 사비천도를 위한 경영 과정에서 일시적으로 등장하였다가 사라진 와당 문양으로 판단된다.

제외한 백제시대의 어느 유적에서도 출토된 바 없다는 사실이다. 아울러 와당의 연판에 있어서도 비슷한 시기에 유행하였던 원형돌기식 와당과 판이하게 다름을 살필 수 있다. 따라서 여기에서는 이들 두 유형의 와당을 문양을 중심으로 하여 좀 더 세부적으로 살펴보고자 한다.

❶ 龍井里廢寺址 出土 瓣端尖形 A型

A형[254]은 단판 8엽으로 판단이 첨형을 이루고 있다(本文 圖版 37). 아울러 연판에 비해 자방이 현격하게 크며, 자방은 연판 상면보다 높게 솟아나 있다. 연자수는 1+7顆로 연판수와 동일하지 않으며, 연자는 별조하여 부착하였다. 아울러 연판 사이의 간판은 짧은 마름모형으로 연판 상면에만 표현되어 있을 뿐 자방에까지 연결되지 않고 있다. 판단의 첨형과 간판은 끝 선이 거의 같은 높이로 되어 있다. 특히 연판은

---

254) 이와 동일한 유형의 와당은 국립부여박물관과 경희대학교박물관에도 소장되어 있다(百濟文化開發硏究院, 『百濟瓦塼圖錄』, 1983, 도판 76・77). 두 점 모두 출토지는 용정리로 적기되어 있어 용정리 폐사지에서 수습된 것임을 알 수 있다. 전자는 와당 지름이 15~15.8cm, 자방 지름 4.6cm, 연판 길이 3.2cm, 주연 너비 1.6cm, 주연 높이 1.1cm, 두께 약 1.1cm이다. 후자는 와당 지름이 15cm, 자방 지름 4.6cm, 연판 길이 3.3cm, 주연 너비 1.3~1.5cm, 주연 높이 1.2cm이다. 와당 지름에서만 약간의 차이가 발견될 뿐 거의 비슷한 치수이다. 그런데 와당 지름의 차이는 와당의 형태가 완전한 원형이 아닌 일그러진 형태로 燔造되었기 때문에 직접적인 비교는 곤란하다. 이렇게 볼 때 양자는 동일 瓦范에 의해 제작된 것임을 알 수 있겠다.

다른 백제시대의 연화문과 비교하여 판단부에서 가장 큰 차이점이 발견되고 있다.

연판은 전체적인 평면이 오각형이나 일부 角이 抹角處理되어 원형에 가깝게 보이기도 한다. 판단선은 중앙의 尖形을 중심으로 하여 약하게 꺾여 있다. 그리고 연판의 최대경은

〔圖版 37〕 龍井里廢寺址 出土 瓣端 尖形 A型 瓦當

중상단부에 위치하고 있다. 자방과 연판의 크기를 비교하면 자방이 연판에 비해 약 1.5배 가량 큰 편이다. 이러한 연판과 자방의 크기 차이, 그리고 판단의 첨형은 다른 백제 와당에서 살필 수 없는 이 와당만의 특징이라 할 수 있다. 한편, 연판과 주연 사이에는 溝狀圈帶(陽角帶)가 없어 차이를 보여준다. 그런데 현재 출토지가 명확한 웅진시대 및 사비시대의 거의 모든 연화문 와당에는 이 溝狀圈帶(陽角帶)가 표현되어 있다. 그런데 용정리사지 출토 A형 와당에서는 이러한 공통적인 특징이 나타나 있지 않다. 이는 결과적으로 A형 와당의 와범이 원형돌기식 와당의 와범과 비교하여 판이하게 다름을 확인시켜 주는 것이라 할 수 있겠다.

❷ 龍井里廢寺址 出土 瓣端尖形 B型

B형[255)]은 A형과 비교하여 연판수는 같으나 연자수에 있어 차이가

〔圖版 38〕 龍井里廢寺址 出土 瓣端 尖形 B型 瓦當

있다(本文 圖版 38). 즉 A형이 1+7顆인 반면, B형은 1+6顆를 나타내고 있다. 아울러 B형은 와당의 크기뿐만 아니라 자방·연판·주연 너비 등에서 A형 보다 치수가 작다. 다만 두께 부분만 B형이 A형 보다 두꺼울 뿐이다. 그러나 이들 내용보다도 A형, B형을 가장 직접적으로 구분할 수 있는 기준은 곧 연판에서 살필 수 있다.

두 유형 모두 판단이 첨형임은 동일하나 B형의 판단은 좀 더 길어 주연부까지 뻗고 있다. 아울러 판단사이의 간판도 B형이 A형에 비해 약간 큰 편이다. 하지만 이러한 와당의 세부 차이점에도 불구하고 A형과 B형이 모두 용정리 폐사지의 동일 층위에서 출토되었다는 사실은 두 와당의 사용시기가 어느 시점에 이르러 같았음을 의미한다. 아울러 층위상 상한연대는 불확실하지만 하한연대 측면에서도 두 유형의 와당이 동

---

255) B형은 또한 국립부여박물관에도 소장되어 있는데 역시 용정리 폐사지 출토품이다(國立公州博物館, 『百濟瓦當特別展』, 1988, 도판 121). 와당 지름이 10.6cm, 자방 지름 3.3cm, 연판 길이 2.5cm, 주연 너비 1.1cm, 주연 높이 0.9cm, 두께 2.2cm이다. A형과 비교해 전체적인 크기는 작으나 두께는 두꺼움을 볼 수 있다. 따라서 B형은 A형과 비교하여 문양에서 뿐만 아니라 세부적인 제원에서도 상이하여 다른 瓦范으로 제작되었음을 알게 한다.

일함을 알 수 있다.

요컨대 이러한 판단 첨형 A형, B형 와당을 통해 다음과 같은 특징을 밝혀내게 되었다.

첫째, 연판의 크기를 비교하여 볼 때, 세로변의 길이와 가로변의 길이가 거의 동일하다.

둘째, 간판은 "마름모형"에 가깝다.

셋째, 자방과 연판 사이에는 구상권대가 없다.

넷째, 연판의 판단 중앙은 원형 돌기가 없이 뾰족하다.

이상에서와 같이 용정리 폐사지 출토 單瓣8葉蓮花文瓦當에 대하여 살펴보았다. 이들 와당은 사비천도 이전 시기에 제작된 것으로 비슷한 시기의 원형돌기식 와당과 비교해 연판 문양에서 분명한 차이가 있음을 확인할 수 있다. 그런데 전술한 바와 같이 원형돌기식 와당은 그 모델이 무령왕릉 蓮花文塼에 있고, 이는 다시 그 원류가 중국 남조 梁墓 출토 塼에 있어 결과적으로 남조 요소임을 알 수 있었다. 그렇다면 연판의 문양면에서 판이하게 구별되는 용정리 폐사지 출토 A형, B형의 와당은 어떠한 문화(계통)상의 차이로 등장하게 되었을까? 이의 해답을 찾기 위해선 북조시대의 瓦當이나 石佛 혹은 石窟寺院內에 표현된 연화문을 검토해 볼 필요가 있다.[256]

따라서 여기에서는 비교적 자료가 풍부한 석굴사원의 연화문을 중심으로 하여 북조 와당의 편린을 살펴보고자 한다. 편의상 용정리 폐사지 출토 와당과 시대적 차이가 멀지 않은 北魏의 연화문에 대해 기술해 보고자 한다.

(3) 北朝 石窟寺院內 瓣端尖形 蓮花文

雲岡石窟 第9號窟 前室 東壁 裝飾 蓮花文[257]

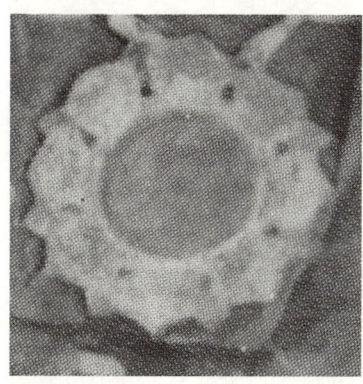

〔圖版 39〕雲岡石窟 第9號窟 前室 東壁 裝飾 蓮花文

단판 8엽에 瓣端은 尖形이며(本文 圖版 39), 연판은 용정리 폐사지 출토 B형과 유사하다. 첨형을 중심으로 판단선은 약하게 꺾였고, 연판의 최대지름은 중앙 상단에 위치하고 있다. 간판은 마름모꼴로 연판의 하단부에까지 이어지고 있으나 자방에는 연결되지 않았다. 조각이 희미하여 연자의 확인은 어려우나 자방이 연판에 비해 현저하게 크다. 北魏時代의 작품이다.

---

256) 필자는 용정리 폐사지 출토 A형, B형과 같은 유형의 와당을 북조 와당에서 실견하지 못하였다. 대신 석굴 사원의 蓮花文에서 그 유형이 관찰되어 검토해 보고자 한다.
257) 溫玉成원저·裵珍達편역, 『中國石窟과 文化藝術 下』, 景仁文化社, 1996, p.38 사진 45.

鞏縣石窟寺 第3號窟 平棋 蓮花文[258]

바둑판 모양의 곽 내부에 연화문이 내외 2重으로 조각되었다(本文 圖版 40).[259] 연판은 8엽이고 자방은 연판에 비해 현저하게 크다. 외곽의 연판을 중심으로 살피면 다음과 같다. 연판의 크기는 전체적으로 균등하지 않으나 판단은 첨형을 이루며, 연판의 최대경은 중상단에 위치하고 있다. 연판 사이의 간판은 마름모형으로 판단의 상단에서만 주로 확인되고 있다. 전체적인 형태가 용정리 폐사지 출토 A형과 유사하다. 다만, 용정리 폐사지 출토 A형의 연판이 원형에 가까운 말각 오각형인 반면, 공현석굴사 연화문은 오각형에 가깝다. 공현석굴사 제 3굴이 528~530년간에 조성되었기 때문에 이 연화문 또한 北魏末에 제작된 것으로 판단된다.

〔圖版 40〕 鞏縣石窟寺 第3號窟 平棋 蓮花文

---

258) 文物出版社, 『中國石窟 鞏縣石窟寺』, 1989, 도판 19. 3호굴은 528~530년간에 조성되었다(溫玉成원저·裵珍達편역, 『中國石窟과 文化藝術 上』, 景仁文化社, 1996, p.94).

259) 2重의 연화문 배치 중 본고에서는 내면의 문양을 주대상으로 삼았다.

이들 외에도 북조 와당은 연판이나 그 세부 형태가 매우 다양하다.[260] 그러나 용정리 폐사지 출토 연화문 와당과 관련성이 있는 와당, 즉 單瓣에 판단 첨형을 이루면서 연화문을 구성한 예는 東魏時代(本文 圖版 41),[261] 北朝 中·後期(本文 圖版 42), 隋代,[262] 唐代에 이르기까지도 면면이 확인되고 있다. 이는 결국 하나의 문양이 시간의 경과에

〔圖版 41〕鞏縣石窟寺 第4號窟 窟頂 蓮花文

〔圖版 42〕北朝 中·後期 蓮花文 瓦當

---

260) 이에 대해선 다음의 논고가 참조된다.
錢國祥,「中國 魏晉南北朝時代의 瓦當」,『기와를 통해 본 고대 동아시아 삼국의 대외교섭』, 국립경주박물관, 2000, 圖 3.
261) 鞏縣石窟寺 第4號窟 窟頂 蓮花文을 들 수 있다.
단판 8엽에 판단은 첨형이다. 판단을 중심으로 판단선은 角이 지게 꺾여 있으며, 연판 사이의 간판은 마름모형을 이루고 있다. 자방은 연판에 비해 현저하게 크다. 東魏時代(534~550)의 작품이다(溫玉成 원저·裵珍達편역,『中國石窟과 文化藝術 下』, 景仁文化社, 1996, p.90 사진 106).

V. 製瓦術

도 불구하고 고유한 특징을 내재하고 변천해 감을 보여주는 文樣史라 할 수 있다. 이는 중국의 북조뿐만 아니라 백제에서도 마찬가지였다.

(4) 北朝系 百濟瓦當의 文樣變遷

중국의 남북조문화는 당시 우리나라 삼국보다 선진문화였기에 文化 導入의 주요 대상이었고, 백제도 이들 문화를 적극적으로 받아들였다. 백제가 남조문화를 도입하였다는 사실은『삼국사기』기사나 무령왕릉 출토 유물 등을 통해 어렵지 않게 살필 수 있다. 그러나 백제가 북조문화를 도입하였다는 사실에 대해선 그 동안 남조문화만큼의 관심을 보

---

262) 敦煌石窟 第407號窟 三兎藻井飛天 蓮花文을 들 수 있다.
채색된 연화문으로 연판은 내외 2중으로 그려졌고 모두 판단 첨형이다. 마름모형의 간판과 연판에 비해 큰 자방은 북위시대의 판단 첨형 와당과 큰 차이가 없다. 이 굴은 隋代에 조영된 것으로 연화문 또한 동일 시기의 것으로 판단된다(中國旅游出版社,『敦煌飛天』, 1993, 도판 42).
263) 윤무병과 문명대는 정림사지 출토 陶俑과 塑像에 대해 북위문화의 영향을 받은 것으로 설명하고 있다.
① 尹武炳,『定林寺』, 忠南大學校博物館·忠淸南道廳, 1981, p.69.
② 文明大,「扶餘 定林寺 터에서 나온 佛像과 陶俑」『季刊美術』, 1981 겨울호.
한편 일본의 中山淸隆의 경우도 북조문화와의 연관성 속에서 정림사지 출토 도용과 소상을 살피고 있다. 즉, 도용은 洛陽 永寧寺址 출토의 도용과 유사하며, 籠冠女人像은 북위 元邵墓(526년) 출토품과 친연성이 있음을 파악하였다(中山淸隆,「第三章 武藏古代 寺院の內外 - 朝鮮の古代寺院跡について-」『渡來人と佛敎信仰』, 雄山閣出版, 1994, p.187).

이지 않았다. 그럼에도 불구하고 定林寺址에서 출토된 陶俑,[263] 佛像,[264] 그리고 武寧王陵 誌石과 "昌王…" 銘 사리감 등에 쓰여진 書體[265] 등을 북조문화의 영향으로 파악한 것은 그나마 다행한 일이 아닐 수 없다. 따라서 백제에 등장하였던 판단 첨형의 연화문 또한 북조 양식의 도용이나 불상, 그리고 서체 등과 함께 백제에 전래되는 과정에서 유입되었던 것으로 생각된다.

한편, 일본의 戶田有二는 최근 西穴寺址 출토 단판 8엽 연화문 와당(本文 圖版 43)을 北朝系[266]로 조심스럽게 추정하며, 공주지역에만 존재하는 와당 문양으로 판단하였다. 이 와당은 판단 첨형으로 연판은 8

---

264) 6세기 말 내지 7세기 초의 태안 및 서산마애삼존불, 7세기 대의 반가사유상 등은 중국의 北齊 불상 양식을 이어받은 것들이다(金春實,「百濟 7세기 佛像과 中國 佛像」『先史와 古代』15, 韓國古代學會, 2000, p.47).

265) 무령왕 지석 및 "百濟昌王…" 銘 사리감의 서체는 현재 북위체로 해석되고 있다.
① 佐竹保子,「百濟武寧王誌石の字跡と, 中國石刻文字との比較」『朝鮮學報』第百十一輯, 朝鮮學會, 1984.
② 國立扶餘博物館・扶餘郡,『陵寺』- 本文 -, 2000, p.139.
한편, 金炳基는 지석의 서체 경우 佐竹保子와 같이 북위체로 살핀 반면, 書風은 백제화된 것으로 판단해 보았고(金炳基,「誌石의 書體와 刻法」『百濟武寧王陵』, 忠淸南道・公州大學校 百濟文化研究所, 1991, pp.193~194), 李成美는 무령왕릉 매지권과 능산리사리감 명문을 남조의 程虔墓誌와 梁南康簡王蕭續神道石柱題字와의 비교를 통해 부드러운 남조체로 추정해 보기도 하였다 (李成美,「百濟時代 書畵의 對外交涉」『百濟美術의 對外交涉』, 藝耕, 1998, pp.173~180).

엽이고 자방의 지름과 연판의 길이가 거의 비슷하다. 용정리 폐사지 출토 와당과 비교해 판단의 첨형만이 유사할 뿐 전체적인 문양의 이미지는 사비시대의 와당 양식을 따르고 있다. 가장 쉽게 살필 수 있는 것으로 연자의 배치(1+4顆)를 들 수 있다. 이러한 배치는 사비 천도 이후 정암리 요지에서 燔瓦한 삼각돌기식 와당에 처음으로 표현되었고 이후 7세기대에 이르기까지 연목와 등에 확대되었다. 북조계로 추정되는 용정리 폐사지 출토 와당과 서혈사지 출토 와당을 비교해 보면 아래의 〈표 2〉와 같다.

〔圖版 43〕 公州 西穴寺址 出土 蓮花文 瓦當

區 分	龍井里廢寺址 出土 瓣端 尖形 瓦當	西穴寺址 出土 瓣端 尖形 瓦當
연판의 형태	원형에 가까운 말각오각형 (보주형)	세장함
연판과 자방의 비교	자방이 연판에 비해 현저히 큼	자방과 연판은 비슷한 크기
간판	완전 마름모형	일반적인 역삼각형
판구와 주연부 사이의 溝狀圈帶(陽角帶)	無	有
연자배치	1+6顆 혹은 1+7顆	1+4顆

〔표 2〕 龍井里廢寺址와 西穴寺址 出土 瓦當 比較

이 표로 보면 북조 요소를 보이는 용정리 폐사지 출토 와당이 시기가 지나면서 서혈사지 출토 와당의 단계에 이르러 거의 백제화 되었음을 살필 수 있다. 이는 연판의 판단 첨형을 제외한 간판, 자방, 구상권대, 연자배치 등에서 대부분 확인되고 있다.

(5) 中國 南北朝系 百濟瓦當의 特徵과 遺蹟 檢討

웅진천도후 백제 와당은 중국 남북조 요소의 영향으로 서로 판이한 문양을 보유하게 되었다. 즉, 무령왕대 남조 梁과의 관련 속에서 전축분이 등장하였고 여기에 사용된 연화문전을 모델로 정지산유적 출토의 원형돌기식 와당이 만들어지게 되었다. 이 와당은 판단의 중앙부에 소주문이 맺어져 높게 솟아있는 모습을 취하고 있다.

원형돌기식 와당의 시초는 공주 艇止山遺蹟 출토 단판 8엽 연화문 와당으로 판단되며, 이후 公山城 推定王宮址, 공산성 1차 池塘, 挽阿樓

266) 戶田有二,「百濟熊津時代の鐙瓦技法について」『백제 웅진시대와 공주 공산성』, 공주대학교 백제문화연구소, 2001. 氏는 김종만의 질의에 대한 답변으로 서혈사지를 비롯한 주미사지, 대통사지 출토 와당을 북조계로 추정하였다. 이에 대해 필자는 서혈사지 출토 와당에 대해서만 동감하는 바이다. 왜냐하면 주미사지 출토 와당은 이것이 백제시대의 와당인지 그렇지 않으면 통일신라시대의 와당인지 확실치 않기 때문이다. 주미사지는 『三國遺事』에 기록되어 있는 寺名과는 거리가 먼 것으로 여기에서의 가람은 통일신라시대~조선시대에 해당한다. 아울러 대통사지 출토 와당은 그 출처가 불분명할 뿐만 아니라 현재 실견할 수 없어 자료로서의 한계가 있다.

址, 大通寺址 등에서 검출되었다. 그리고 부여지역에서는 용정리 폐사지, 舊衙里 傳 天王寺址, 구아리 백제유적(方形 蓮池), 능사지, 정림사지, 가탑리 폐사지, 동남리유적, 규암리유적, 부소산 등 여러 유적에서 출토되었다. 그리고 588년 백제에서 일본으로 파견된 瓦博士들에 의해 백제의 원형돌기식 와당은 일본의 飛鳥寺 '星組'(원형돌기식 와당)로 재탄생하게 되었다. 이후 원형돌기식 와당은 法隆寺若草伽藍蹟, 定林寺, 橫井廢寺, 石神遺蹟, 坂田寺蹟, 豊浦寺, 奧山廢寺, 四天王寺, 斑鳩寺, 楠葉平野山窯蹟, 新堂廢寺, 法隆寺 若草伽藍, 御所市上增, 佐田遺蹟, 中宮寺, 法輪寺, 廣隆寺 등에서 그 유례를 찾아볼 수 있다. 이처럼 백제 웅진시대의 원형돌기식 와당은 사비시대를 비롯해 신라,[267] 일본에 이르기까지 영향을 미치게 되었다.

반면, 북조 요소를 보이는 백제 와당은 그 출토 유적이 매우 적다. 즉, 북조 석굴사원 내에서 확인되는 연화문과 비교하여 가장 관련성이 깊은 백제 와당은 용정리 폐사지 하층 건물지 출토 瓦例에 불과할 뿐이다.

북조의 연화문은 판단 첨형으로 세장하지 않고 보상화문에 가까운 것이 특징이다. 이는 남조요소를 보이는 원형돌기식 와당의 융기된 소주문과는 판이하게 구별되는 것이다. 그리고 연판과 비교해 자방의 크

---

[267] 황룡사지, 안압지, 월성, 물천리, 육통리 등의 유적에 영향을 미쳤다.

기가 큰 점, 연판사이의 간판이 역삼각형이 아닌 마름모형이라는 점도 하나의 특징으로 살필 수 있다. 이러한 여러 특징들은 당시 유행하였던 웅진시대의 판단융기형 혹은 원형돌기식의 와당과는 근본적으로 다른 문양이다. 뿐만 아니라 용정리 폐사지 출토 와당은 당시의 모든 백제 와당에서 확인되는 판구와 주연사이의 溝狀圈帶가 없어 製瓦技法상에서도 완전히 구별됨을 보여주고 있다. 이처럼 문양과 제와기법상의 차이는 곧 북조 와당을 이해하는 첫 번째 단계로 파악된다. 그러나 이러한 형식의 와당은 곧 百濟化되어 西穴寺址 출토 瓦例와 같은 과도기적인 문양으로 변모하게 된다. 즉, 정암리요지에서 비롯된 1+4顆의 연자 배치, 세장한 연판, 역삼각형의 간판, 판구와 주연사이의 溝狀圈帶 등 용정리 폐사지 출토 와당과는 전혀 다른 모습으로 변화하게 된다. 이제 북조 요소를 보이는 특징은 瓣端 중심부의 尖形밖에는 없다. 서혈사지 이후 판단 첨형은 定林寺址나 宮南池 등에서도 일부 살필 수 있으나 瓣端을 처리하는 방법이 판이하게 달라 직접적인 연결은 어려울 듯싶다.

이상에서와 같이 웅진천도후 백제 와당을 남조계 요소와 북조계 요소로 구분하여 살펴보았다. 그 결과 현재 남아 있는 백제 와당은 판단 및 간판의 형태, 연판과 자방의 크기, 판구와 주연사이의 溝狀圈帶 등을 기준으로 크게 양분되고 있다. 이를 항목별로 정리하면 아래의 〈표 3〉과 같다.

구분	원형돌기식 와당 (중국 남조계 요소)	판단첨형 와당 (중국 북조계 요소)
연판의 형태	화엽병	보주형
판단의 형태	원형의 小珠文이 돌기	첨형
연판의 縱線, 橫線의 비	종선 길이 > 횡선 길이	거의 비슷
간판의 형태	"T" 자형	마름모형
연판과 지방의 비	연판 길이 > 지방 길이	연판 길이 < 지방 길이
구상권대의 존재	무	유

〔표 3〕 中國 南北朝系 百濟瓦當의 比較

한편, 이들 외에도 백제 와당에 내재되어 있는 중국의 남북조계 요소는 제작기법 측면에서 더 많았을 것으로 생각된다. 그러나 많은 자료들을 실견하지 못하여 부분적인 면만 기술할 수밖에 없었다. 이는 차제에 보완해 나가도록 하겠다.

2. 熊津遷都後 百濟瓦當의 文樣變遷

백제 와당은 한성시대를 비롯한 웅진·사비시대에 모두 제작되어 왔음이 문헌상의 사찰조영[268]과 고고학 자료[269]에서 잘 살펴볼 수 있다. 그러나 지금까지 한성시대에 해당하는 사찰이나 風納土城 내의 기와집에서 출토된 와당은 거의 없다. 이렇게 볼 때 백제의 초기적인 와당 변천은 웅진시대부터라 하여도 큰 이의는 없을 것 같다. 즉 공산성

내 추정왕궁지의 木槨庫·蓮池를 비롯한 大通寺址, 艇止山遺蹟內 기와집 등에서 출토된 와당을 통해 연판(연화문)의 다양한 변화와 그를 통한 시기적 차이를 엿볼 수 있다. 이러한 와당의 문양 변천은 사비시대에도 그대로 이어져 공주지역보다 더 다양한 문양의 변화를 보이고 있다. 사비시대의 와당은 곧이어 威德王代인 588년 일본에 파견된 瓦博士들에 의해 飛鳥寺(法興寺, 元興寺)의 初創 와당으로까지 그 製瓦術과 문양이 이어진 것으로 볼 수 있다.

따라서 본장에서는 飛鳥寺 창건에 사용된 와당과 관련성이 있는 백제 와당, 즉 圓形突起式 와당과 三角突起式 와당에 대해 살펴보고, 아울러 이들과 편년고찰에 있어 직접적으로 비교 가능한 瓣端隆起形 와당에 대해서도 알아보도록 하겠다.

(1) 瓣端隆起形 瓦當

이 유형의 와당은 蓮瓣이 子房과 접한 瓣根에서 周緣部에 인접한 瓣

---

268) ①『三國史記』卷第 24 百濟本紀 第2 枕流王條.
　　　"二年春二月 創佛寺之於漢山"
　　②『三國遺事』卷第 3 興法 第3 難陁闢濟條.
269) 공주나 부여지역에서 대체로 많은 와당이 출토되었다. 하지만 서울지역의 경우는 風納土城을 비롯해 석촌동 4호분, 몽촌토성 등 일부지역에서만 출토되었다. 특히 석촌동 4호분 출토 와당과 몽촌토성 와당은 문양면에서 서로 관련성이 있어 주목되고 있다.

V. 製瓦術

端에 이르기까지 완만하게 융기하는 형식을 취하고 있다. 이러한 판단 융기형 와당은 주로 공주시 공산성내의 王宮址로 추정되는 곳에서 출토되었다. 시굴조사 과정에서 출토된 것도 있지만 여기에서는 비교적 출토위치가 확실한 圓形 蓮池 및 木槨庫내에서 발굴조사된 와당만을 주요 자료로 삼아 살펴보고자 한다. 아울러 출토위치는 다르지만 정안 上龍里山城 出土 와당과 부여 관북리 추정 왕궁지 출토 와당, 구아리 傳 천왕사지 출토 와당에 대해서도 함께 검토해 보기로 하겠다.

한편, 개별 와당의 시기를 설정하는 데에 있어서는 다음의 〈表 4〉를 중심으로 편년하였다.[270]

〈表 4〉에 따르면, 연판은 웅진시대에서의 경우 도톰한 양식을 보이며 발전하다가 사비천도 후에는 연판의 폭이 좁아드는 협판이나 혹은 판단이 뾰족한 첨형 협판으로 바뀌게 된다. 아울러 연판과 자방의 비

---

[270] 판단융기형 와당에 대한 편년은 이미 이남석에 의해 진행된 바 있다(李南奭, 「百濟蓮花文瓦當의 一研究」『古文化』 第32輯, 韓國大學博物館協會, 1988). 그러나 세부적인 측면에서 약간의 이견이 있어 기술하고자 한다. 즉, 본 연구자가 사비천도 전인 6세기 전반으로 추정한 원형 연지 출토 와당의 경우 이남석은 무령왕릉 전보다 빠르거나 동일 연대인 6세기 초 전반으로 보았다. 그러나 본 연구자는 이에 대해 오히려 무령왕릉 축조 이후의 시기로 판단해 보았다. 왜냐하면 판단부에 횡선이 그어질 정도로 심하게 융기가 이루어지는 경우는 새로운 문양의 등장을 의미하기 때문이다. 따라서 무령왕릉의 인동연화문전에서 원형 돌기식 와당이 탄생한 것과 같이 이 와당의 경우도 새로운 문양의 분위기 속에서 등장하였을 가능성이 높다.

백제 건축기술의 대일전파

區分		標本 瓦當	蓮瓣 및 瓣端 特徵	蓮瓣과 子房의 比	遺蹟
웅진시대	5세기 말~ 6세기 초반		도톰	연판<자방	公山城 木槨庫 堆積土
	6세기 전반		도톰, 융기부에 횡선	연판<자방	公山城 圓形蓮池
사비시대	6세기 중반		협판		定安 上龍里 山城
	6세기 후반 이후		첨형 협판	연판<자방	官北里 推定王宮址
			• 판단 중앙에 소주문 형성 • 연판의 판단과 판근의 폭 이 큼	연판>자방	舊衙里 傳天王寺址

〔表 4〕 瓣端隆起形 瓦當의 編年案

V. 製瓦術

율에서는 6세기 중반까지 자방의 지름이 커지다가 6세기 후반에 이르면 이러한 현상이 완전 역전됨을 볼 수 있다.

❶ 蓮池 出土 單瓣10葉 蓮花文瓦當片[271]

이 와당은 연못 바닥에서 위로 40cm지점인 부식된 퇴적층에서 수습되었다. 비록 절반정도의 片으로 잔존하고 있지만 蓮瓣·間瓣의 형태, 子房의 크기, 蓮子數 등을 비교하여 볼 때 제 1 건물지 서남우 지표하 30cm지점에서 출토된 것과 유사하다. 연지 출토 와당의 경우 현재 5엽만 남아 있지만 나머지 절반을 복원하면 蓮瓣數가 10엽임을 알 수 있다. 아울러 연자수도 연판수와 마찬가지로 1+10顆로 제 1 건물지 西南隅下 출토 와당과 동일하다.[272]

〔圖版 44〕公山城 推定王宮址 內 第 1建物址 西南隅下 出土 瓦當

또한 자방의 지름이 蓮瓣部의 지름에 비해 큰 점, 周緣幅, 周緣高가

---

271) 安承周·李南奭,『公山城 百濟推定王宮址 發掘調査報告書』, 公州師範大學博物館, 1987, 圖版 94-①.
272) 安承周·李南奭,『公山城 百濟推定王宮址 發掘調査報告書』, 公州師範大學博物館, 1987, 圖版 57-①【本文 圖版 44】.

큰 차이 없이 제작되었다는 점에서 동일 양식의 와당임을 알 수 있다. 특히 연판과 연판사이에 위치한 간판의 경우 瓣頭와 瓣根의 연결선이 날렵하지 못하고 둔감한 점에서 후행 양식인 원형돌기식 와당과 차이가 있다. 아울러 연판의 판단과 판근의 폭이 비교적 큰 차이 없이 연결되는 점, 그리고 판단의 형태가 모가 없이 곡선으로 원호를 이루고 있다는 점도 공통점으로 찾을 수 있다. 제작시기는 5세기 말~6세기 초로 추정된다.273)

❷ 木槨庫 堆積土 出土 單瓣8葉 蓮花文瓦當274)

〔圖版 45〕 公山城 木槨庫 堆積土 出土 瓦當

목곽고 바닥으로부터 40cm되는 지점에서 출토되었다. 수키와가 결실되었지만 거의 완형에 가깝다. 색채가 적색 계통이어서 전술한 회청색 계통의 와당과 차이가 있다. 특히 8엽의 연판수, 1+8과의 연자 배치 등에서 형태상의 차이가 엿보인다. 그러나 전체적으로 볼 때 자방의 지름이 연판부 지름

---

273) 이 와당에 대해 이남석의 경우는 I 형식으로 분류하고 등장시기는 5세기말로 보았다(李南奭, 「百濟蓮花文瓦當의 一硏究」, 『古文化』 第32輯, 韓國大學博物館協會, 1988, p.73). 반면에 김성구의 경우는 이 와당의 편년을 6세기 전반경으로 보고 있어 양자의 차이가 발견된다.

V. 製瓦術

에 비해 상대적으로 큰 점, 연판 판단과 판근의 폭이 큰 차이가 없는 점, 간판 판두의 둔감미 등은 양식상 10엽의 판단융기형 연화문 와당과 계통을 같이 하고 있음을 알 수 있다. 제작시기는 5세기 말~6세기 초로 추정된다.

〔圖版 46〕 公山城 圓形 蓮池 出土 瓦當

한편, 이러한 판단융기형 와당은 기간이 지나면서 연판의 판단부에 변화를 일으키게 된다. 즉 기존의 판단융기형은 연판에서의 융기가 판근에서 판단으로 가며 점차 완만하게 증가함을 볼 수 있었다. 그러나 공산성 추정 왕궁지내 건물지 출토 단판 8엽 연화문 와당275)과 원형 연지 출토 와당편,276) 목곽고 출토 와당편277) 등에서 이전의 판단융기형에서는 볼 수 없던 瓣端部에 橫線이 그어진 새로운 판단양식의 출현이 찾아지고 있다. 이에 대해 이남석의

---

274) 安承周·李南奭,『公山城 百濟推定王宮址 發掘調査報告書』, 公州師範大學博物館, 1987, 圖版 121-①【本文 圖版 45】.
275) 安承周·李南奭,『公山城 百濟推定王宮址 發掘調査報告書』, 公州師範大學博物館, 1987, 圖版 57-②.
276) 安承周·李南奭,『公山城 百濟推定王宮址 發掘調査報告書』, 公州師範大學博物館, 1987, 圖版 94-②【本文 圖版 46】·95-②·98-③·100-⑥.
277) 安承周·李南奭,『公山城 百濟推定王宮址 發掘調査報告書』, 公州師範大學博物館, 1987, 圖版 121-③.

〔圖版 47〕舊校里廢寺址 出土 瓦當

경우는 제 II형식으로 구분하고 등장시기는 6세기 초 전반으로 보았다.[278] 아울러 연판의 형태는 다르지만 판단의 상부에 횡선이 약하게 그어지는 와당은 부여지역의 舊校里廢寺址[279]에서도 확인된 바 있다.

한편, 김성구는 이러한 형태에서 좀 더 변화되어 瓣端 상부의 橫線이 曲線化되는 것을 曲折素瓣形이라 분류하고, 그 시초를 6세기 후반의

---

278) 李南奭,「百濟蓮花文瓦當의 一研究」,『古文化』第32輯, 韓國大學博物館協會, 1988, p.73.
279) 國立公州博物館,『百濟瓦當特別展』, 1988, 도판 84【本文 圖版 47】.
280) 金誠龜,「百濟의 瓦塼」『百濟의 彫刻과 美術』, 公州大學校博物館·忠淸南道, 1992, p.325【本文 圖版 48】. 고정룡의 경우도 고령 출토 백제 곡절소판형 와당의 편년을 6세기말~7세기 전반으로 보고 있다(高正龍,「慶北高靈出土 瓦當에 대한 一考察」『伽倻通信』第18輯, 1988, pp.5~16). 그런데 이 고령 출토 곡절소판형 와당의 경우 연판의 곡절형태에 있어 대통사지·공산성 추정 왕궁지 출토 와당 혹은 부여 金剛寺址 출토 와당과 차이가 있다. 오히려 공산성 추정 왕궁지 출토 판단융기형의 변형 와당에서 그 관련성이 찾아지고 있다.
281) 安承周·李南奭,『公山城 百濟推定王宮址 發掘調査報告書』, 公州師範大學博物館, 1987, p.242 圖版 59-④. 지표상에서 수습된 것으로 蓮瓣은 2葉, 蓮子數는 1+8顆를 배치하고 있다. 연판 최대경은 판단의 중상부에 위치하고 있으며 曲折은 최대경을 중심으로 약하게 외반하고 있다. 판단은 첨형에 가까우며 판단과 판근의 사이는 직선처리 되었다. 대통사지 출토 곡절소판형 와당에 비해 연판은 유사하나 자방의 형태, 연자수(1+6顆) 배치에서 차이가 보인다.

V. 製瓦術

大通寺址 출토 와당에서 찾고 있다.[280] 하지만 곡절소판형은 대통사지 이외에 공산성[281] 및 부여 용정리 폐사지[282] 등에서도 출토된 바 있어 그 시초가 되는 출토유적이나 제작시기에 대해서는 차후 재검토가 이루어져야 할 것으로 판단된다.

〔圖版 48〕 大通寺址 出土 曲折素瓣形 瓦當   〔圖版 49〕 定安 上龍里山城 出土 瓦當

❸ 公州 定安 上龍里山城 出土 蓮花文瓦當片[283]

---

282) 扶餘文化財硏究所・扶餘郡,『龍井里寺址』, 1993, 도판 46.
283) 國立公州博物館,『百濟瓦當特別展』, 1988, 도판 13【本文 圖版 49】. 이러한 狹瓣에 판단부가 융기하면서 중심부에 약하게 小珠文을 띠는 와당에 대해 일찍이 김성구는 瓣端隆起形으로 보고한 바 있어(金誠龜,「百濟의 瓦塼」『百濟의 彫刻과 美術』, 公州大學校 博物館・忠淸南道, 1992, p.312), 필자도 이를 취신코자 한다. 이 같은 연판을 보이는 와당은 경주 月城(國立慶州博物館,『新羅瓦塼』, 國立慶州博物館/慶州世界文化엑스포組織委員會, 2000, p.18 도판 17)에서도 살필 수 있다.

자방은 결실되고 연판 일부만 남아 있다. 관북리 추정 왕궁지 출토 와당이나 구아리 傳 천왕사지 출토 와당과 달리 狹瓣의 판단이 둥글게 곡선처리 되었다. 공산성 추정왕궁지 출토 판단융기형과 비교해 볼 때 연판의 폭이 좁아졌다는 점 이외에 큰 차이가 없다. 반면, 6세기 후반에 보이는 판단 첨형의 협판과는 형식면에서 다르다. 따라서 제작 시기는 사비천도 후인 6세기 중반으로 추정된다.

❹ 扶餘 官北里 推定王宮址 出土 單瓣8葉蓮花文瓦[284]

〔圖版 50〕 官北里 推定王宮址 出土 瓦當

공산성 출토 판단융기형은 연판에서의 차이가 엿보이기는 하지만 부여 관북리 추정 왕궁지 출토 단판 8엽 연화문 와당에서 그 세부 양식을 살필 수 있다. 즉 자방의 지름이 연판부의 지름에 비해 상대적으로 큰 점, 자방에서 시작되는 연판의 판근이 판단부로 가면서 완만하게 융기한 점, 연판수(8엽)와 연자수(1+8顆)가 동일한 점, 그리고 연판사이의 간판이 비슷한 시기에 유행하는 원형·삼각돌기식의 간판에 비해 세련되지 못하고 둔감한

---

284) 國立公州博物館, 『百濟瓦當特別展』, 1988, 도판 51【本文 圖版 50】.

점등이 공산성 추정 왕궁지에서 출토된 고식의 판단융기형 와당과 관련성을 보이고 있다. 그러나 연판이 狹瓣에 가까우며 끝이 뾰족하면서 판단부에 원형돌기식의 小珠文이 약하게 표현된 점등은 공산성 출토 와당과 형태상에 있어 가장 큰 차이로 살펴진다. 연판의 최대경은 판단 중간부에 위치한다.

[圖版 51] 雙北里 遺蹟 出土 瓦當

연판이 이전의 것과 비교해 협판에 가까운데 이러한 연판은 雙北里 遺蹟[285]이나 용정리 폐사지[286]에서도 출토된 바 있다. 이들 와당은 고구려 와당과 연관되어 설명되고 있으며,[287] 연판 중앙에는 능선이 있어 전술한 협판의 와당과 큰 차이가 있다. 쌍북리유적, 용정리 폐사지 출토 와당과 비교하여 제작시기는 6세기 후반 이후로 추정된다.

❺ 扶餘 舊衙里 傳 天王寺址 出土 '大王' 銘 單瓣8葉蓮花文瓦當[288]

연판 최대경이 판단의 중간부에 위치하고 있어 관북리 출토 와당과

---

285) 百濟文化開發硏究院, 『百濟瓦塼圖錄』, 1983, 도판 393 【本文 圖版 51】.
286) 扶餘文化財硏究所, 『龍井里寺址』, 1993, 도판 43.
287) 金誠龜, 「百濟의 瓦塼」 『百濟의 彫刻과 美術』, 公州大學校 博物館·忠淸南道, 1992, p.326.
288) 國立公州博物館, 『百濟瓦當特別展』, 1988, 도판 82 【本文 圖版 52】.

〔圖版 52〕 舊衙里 傳 天王寺址 出土 '大王' 銘 瓦當

비슷하다. 그러나 자방을 蓮瓣에 비해 작게 형식화한 점, 판단 중앙부가 완전 소주문화 된 점, 그리고 간판의 판두와 판근이 날렵하게 세련되었다는 점에서 관북리 추정 왕궁지 출토 와당과의 차이점이 찾아지고 있다. 제작시기는 관북리 추정 왕궁지 출토 와당과 마찬가지로 6세기 후반 이후로 추정된다. 연판과 자방의 크기를 비교하여 보면 가탑리 폐사지 및 능사지 출토 단판 8엽 연화문 와당과 연관성이 찾아진다.

이상에서와 같이 백제의 판단융기형 와당은 크게 4가지 형식으로 구분할 수 있다.

첫째, 공주 공산성 연지 출토 단판 10엽 연화문 와당편과 목곽고 출토 단판 8엽 연화문 와당편과 같이 도톰한 연판이 판단부에서 완만하게 융기하는 형식이다. 이 와당은 한성지역 뿐만 아니라 사비지역에서도 그 동안 출토되지 않은 형식 중의 하나로 이 유형에서 가장 고식에 속한다. 제작 시기는 웅진천도 후인 5세기 후반에서부터 무령왕릉 축조 후인 6세기 초반으로 추정된다.

둘째, 공산성 추정 왕궁지내 건물지 출토 8엽 연화문 와당과 연지 출토 와당편, 목곽고 출토 와당편 등에서와 같이 瓣端部에 橫線이 그어진 형식이다. 이 유형은 첫 번째 형식과 비교해 연판수, 자방 등에서 큰

V. 製瓦術

차이가 없다. 다만 연판의 판단부가 완만하게 융기되지 않고, 꺾여 횡선이 나타나고 있다. 첫 번째 형식과 함께 출토되는 것으로 보아 사비천도 전인 6세기 전반경에 제작되었을 것으로 판단된다.[289]

셋째, 공주 정안 상룡리산성 출토 와당에서와 같이 연판이 협판을 이루는 경우이다. 이러한 협판은 용정리 폐사지나 쌍북리유적 출토품으로 보아 사비천도 후에 등장하였음을 알 수 있다. 따라서 등장 시기는 사비천도 후인 6세기 중반으로 추정된다.

끝으로 네째 형식은 부여 관북리 추정 왕궁지 출토 단판 8엽 연화문 와당, 부여 구아리 傳 천왕사지 출토 '大王' 명 단판 8엽 연화문 와당에서와 같이 연판이 판단 첨형이거나 자방과 비교해 연판이 상대적으로 크게 제작되는 경우이다. 후자의 경우는 특히 6세기 후반의 원형돌기식이나 삼각돌기식의 와당에서도 동일하게 살필 수 있어 당시 와당 문양의 주요한 특징임을 알 수 있다.[290]

그런데 이 와당의 제작에 있어 백제에서 단독적으로 이루어진 것인지, 아니면 중국의 남북조나 고구려 등지에서 유입된 것인지 현재 확

---

289) 이는 무령왕릉 출토 塼에서와 같은 새로운 문양의 출현과 연관시켜 추정해 본 것이다. 즉, 무령왕릉에서 출토된 塼의 문양을 보면 그 동안 백제에서는 살필 수 없는 중국 남조의 독특한 미를 반영하고 있다. 따라서 이러한 문양의 출현은 종래의 판단융기형 와당에도 영향을 미쳐 판단의 변화를 일으켰던 것으로 생각된다.
290) 원형돌기식의 경우 가탑리 폐사지 및 부여 부근 출토 와당에서 볼 수 있고, 삼각돌기식의 경우는 금성산 건물지, 부소산, 쌍북리유적 출토 와당에서 살필 수 있다.

실치 않다. 그러나 판단융기형 와당이 고구려나 백제의 한성시대에 사용된 여러 와당과 그 문양을 비교하여 볼 때 관련성이 없음은 단적으로 볼 수 있다. 따라서 이 와당의 문양은 중국에서 유입된 것으로 추정할 수 있다. 이는 鷄首壺[291]나 청자,[292] 백자,[293] 봉보주보살상,[294] 도용 등이 중국으로부터 전래되어 백제 사회에 사용된 당시의 시대 상황을 통해서도 어느 정도 유추해 볼 수 있다.

(2) 圓形突起式 瓦當

원형돌기식이란 판단의 중앙부에 小珠文이 솟아 있는 양식을 의미한다. 이 양식은 6세기 초반에서부터 7세기대에 이르기까지 웅진시대와 사비시대 모두에서 가장 유행하였다. 먼저 공주지역의 원형돌기식 와당을 살피면 다음과 같다.

---

[291] 李南奭,「古墳出土 黑釉鷄首壺의 編年的 位置」『百濟墓制의 研究』, 서경, 2002, p.293.
[292] ① 國立中央博物館,『法泉里 I』, 2000, p.166.
② 김영원,「百濟時代 中國陶磁의 輸入과 倣製」『百濟文化』第27輯, 公州大學校 百濟文化研究所, 1998, pp.53~80.
[293] 金弘南,「武寧王陵 出土盞의 중국 도자사적 의의」『百濟文化』第21輯, 公州大學校附設百濟文化研究所, 1991, pp.157~161.
[294] 金理那,「三國時代의 捧持寶珠形菩薩立像 研究」『韓國古代佛敎彫刻史研究』, 一潮閣, 1988, p.142.

V. 製瓦術

원형돌기식 와당은 艇止山遺蹟內 기와집터를 비롯하여 공주 공산성 (推定王宮址, 靈隱寺앞 池塘, 挽阿樓址), 大通寺址, 中洞·鳳凰洞·班竹洞遺蹟 등에서 출토된 바 있다. 이들은 연판과 간판의 형태, 연판과 자방의 比, 연자수 배치 등에서 다양한 차이를 보이며 부여지역의 원형돌기식 와당과 연결되고 있다.

그러면 각각의 와당을 살피기 앞서 이들의 편년 설정에 표지가 되는 와당 몇 例에 대해 〈표 5〉로 살펴보고자 한다.

區分		標本 瓦當	蓮瓣의 特徵	子房의 特徵	遺蹟
웅진시대	6세기 초반		연판의 종선 길이와 횡선 길이가 거의 비슷	자방 > 연판	艇止山遺蹟 기와 建物址
	6세기 전반		• 소주문을 중심으로 판단선이 약하게 꺾임	• 자방 < 연판	大通寺址
사비시대	6세기 중반		• 소주문을 중심으로 판단선이 강하게 꺾임 • 연판의 중앙폭이 축소	• 자방 < 연판	舊衙里 傳 天王寺址

사비시대	6세기 후반		• 연판이 지방에 비해 급격히 커짐 • 판단부 폭이 판근부 폭보다 급격히 확대	• 지방<연판	佳塔里廢寺址
	6세기 말~ 7세기 전반		• 연판의 판단과 판근의 폭이 큼	• 지방<연판 • 연자 배치가 3열	公山城 挽阿樓址
			• 판단선이 일자 형태에 가까움 • 연판의 가로 길이와 세로 길이가 거의 유사함	• 지방<연판 • 연자 주변에 원권대 장식	中井里遺蹟

〔표 5〕 圓形突起形 瓦當의 編年案

❶ 瓦當 檢討

웅진시대

(ㄱ) 艇止山遺蹟 出土 單瓣蓮花文瓦當片[295)]

기와집에서 출토된 것으로 현재 5엽만 남아 있으나 8엽으로 추정된

---

295) 국립공주박물관, 『艇止山』, 1999, 도면 7-⑩【拓本 2】.

V. 製瓦術

다. 연자수는 1+6顆이다. 연판의 표현에 있어서 판근과 판단사이를 곡선화시킨 점(혹은 살짝 각이 지게 꺾은 점), 연판의 최대경이 판단의 중간부에 위치한 점, 소주문을 중심으로 판단선이 좌우로 약하게 곡선처리된 점, 자방이 연판에 비해 상대적으로 크면서 연자 또한 도드라지게 표현된 점등에서 武寧王陵 出土 蓮花文塼[296]과의 관련성이 살펴진다. 그러나 간판의 판근이 자방에 까지 이어진 점은 무령왕릉 출토 연화문전과 차이를 보이고 있다. 또한 판단과 판근 사이가 직선이 아닌 곡선에 가깝다는 점에서도 공산성 혹은 대통사지 출토 원형돌기식 와당과 큰 차이가 있다.[297] 제작 시기는 무령왕릉 출토 연화문전과 비교하여 510~520년경으로 추정된다.

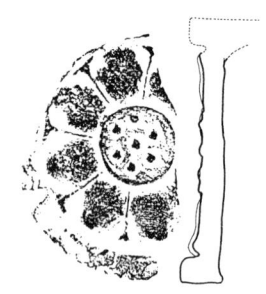

〔拓本 2〕艇止山遺蹟 出土 瓦當

(ㄴ) 公山城 出土 圓形突起式 瓦當

---

296) 百濟文化開發硏究院, 『百濟瓦塼圖錄』, 1983, 도판 568.
297) 정지산유적내 기와집터 출토 와당은 문양에 있어 무령왕릉 출토 연화문전과 유사성이 많다. 반면에, 원형돌기식 와당을 보이는 공산성 추정 왕궁지내 연지·목곽고 출토 와당, 대통사지 출토 와당과는 연판이나 자방의 표현에 있어 큰 차이가 발견된다. 따라서 정지산유적 출토 와당도 무령왕릉 출토 연화문전과 마찬가지로 부여 정동리요지에서 번와된 것은 아닌지 추정해 볼 수 있겠다.

공산성내에서 출토된 원형돌기식 와당은 전술하였듯이 추정 왕궁지, 영은사 앞 지당, 그리고 만아루지 등에서 검출되었다. 특히 추정 왕궁지내 연지 및 목곽고에서 판단융기형 와당과 함께 출토되어 상호 시기차를 파악케 한다. 추정 왕궁지내에 위치하고 있는 연지 및 목곽고 출토 와당부터 차례로 살펴보고자 한다.

i. 圓形 蓮池 出土 單瓣8葉蓮花文瓦當[298]

(단위 : cm)

와당지름	자방지름	연자배치	특징	시기
13.4	4.0	1+8	• 판단 중앙의 小珠文을 중심으로 瓣端線이 약하게 꺾임 • 연판의 最大徑이 상부에 위치	6세기 초반 이후

ii. 木槨庫 出土 單瓣8葉蓮花文瓦當[299]

(단위 : cm)

와당지름	자방지름	연자배치	특징	시기
13	3	1+8	• i번 와당과 비교하여 판단 중앙의 小珠文을 중심으로 판단선이 각이 지게 꺾임	6세기 전반 사비 천도 전

---

298) 安承周・李南奭, 『公山城 百濟推定王宮址發掘調査報告書』, 公州師範大學博物館, 1987, 圖版 96-② 【本文 圖版 53】, 97-① ・ ②.
299) 安承周・李南奭, 『公山城 百濟推定王宮址發掘調査報告書』, 公州師範大學博物館, 1987, 圖版 122-③.

iii. 靈隱寺前 池塘 出土 單瓣8葉蓮花文瓦當[300]   (단위 : cm)

와당 지름	자방 지름	연자 배치	특징	시기
·	·	1+6	• 판단 중앙의 소주문을 중심으로 판단선이 양쪽으로 꺾이며, 연판의 폭이 축소됨	6세기 중반

iv. 挽阿樓址 出土 單瓣8葉蓮花文瓦當[301]   (단위 : cm)

와당 지름	자방 지름	연자 배치	특징	시기
·	·	1+8 +17	• 자방내에 3열의 연자 배치	6세기 말~ 7세기 전반

〔圖版 53〕公山城 圓形 蓮池 〔圖版 54〕挽阿樓址 出土 瓦當 〔圖版 55〕大通寺址 出土 瓦當 出土 瓦當

---

300) 李南奭·李勳,『公山城池塘』, 公州大學校博物館·忠淸南道, 1999, 圖版 89.
301) 安承周,『公山城』, 公州師範大學 百濟文化硏究所, 1982, 圖版 14-1【本文 圖版 54】.

㉢ 大通寺址 出土 單瓣8葉蓮花文瓦當[302]

이 와당은 대통사지에서 출토된 것으로 8엽에 1+6顆의 연자수를 가지고 있다. 전체적인 연판의 형태 및 판근과 판단사이의 직선처리 등에서 정지산유적 출토 와당 보다는 공산성 영은사 앞 지당 출토 단판 8엽 연화문 와당과의 관련성이 살펴진다. 제작 시기는 사비천도 전인 6세기 전반 경으로 추정된다.

이상에서와 같이 公山城을 비롯한 艇止山遺蹟, 大通寺址 出土 圓形突起式 瓦當을 살펴본 결과 몇 가지 사실이 주목된다.

첫째, 연판이나 자방, 간판의 변화에 따른 제작 시기의 선후를 추정해 볼 수 있다. 현재 圓形突起式 蓮瓣의 編年을 가장 확실하게 살필 수 있는 유물은 무령왕릉 출토 蓮花文塼과 忍冬蓮花文塼,[303] 그리고 대통사지 출토 원형돌기식 와당이다. 여기서 王陵의 축조시기는 연도 閉鎖塼에 사용된 銘文塼중 "士 壬辰年作"이란 글자로 보아 512년경으로 추정하고 있다. 아울러 명문전과 더불어 연화문전 또한 부여 井洞里窯址群에서 제작되었기 때문에 명문전과 큰 시기차가 없는 상황하에서

---

302) 國立公州博物館, 『百濟瓦當特別展』, 1988, 도판 14【本文 圖版 55】.
303) 이러한 연화문전은 일찍이 중국 南京의 油房村大墓(塼築墳)에서 살필 수 있는 것으로 시기적으로도 서로 비슷하다(小田富士雄, 『大宰府と 新羅・百濟の文化』, 福岡縣敎育委員會編, 昭和 63年, p.116).

연화문전이 만들어졌음도 가히 짐작할 수 있다.

　무령왕릉 출토 연화문전은 1+6顆의 연자수에 8葉을 취하고 있다. 판단은 융기하면서 소주문을 이루고 있어 판단융기형과 원형돌기식의 중간 계통으로 판단된다. 자방은 연판에 비해 크다. 판단 중심의 小珠文을 경계로 좌우의 판단선은 약하게 곡면하여 판단융기형과 유사함을 보여준다. 또한 연판사이의 간판은 마름모형으로 판단만 확인될 뿐 판근은 자방에까지 이어져 있지 않다. 아울러 판단과 판근 사이는 연판 중간부에서 최대경을 이루며 각이 져 꺾이고 있다. 기타, 무령왕릉 출토 인동연화문전의 경우도 연자수 배치가 1+8顆인 점을 제외하면 연판과 간판, 자방의 형태에서 전술한 연화문전과 큰 차이가 없다.[304)]

　이러한 무령왕릉 출토 원형돌기식 연판과 직접적으로 연결시킬 수 있는 것이 정지산유적내 기와집터의 單瓣蓮花文瓦當片이다. 이 와당은 전술하였듯이 8엽으로 추정되며, 연자수는 1+6顆로 무령왕릉 출토 蓮花文塼과 관련성이 있다. 와당의 제작시기는 무령왕릉 출토 연화문전과 비교하여 510년대로 추정된다.[305)]

　아울러 대통사지 출토 와당의 경우도 『三國遺事』創寺 기록으로 보

---

304) 무령왕릉 출토 蓮花文塼은 1+6顆의 연자수, 그리고 忍冬蓮花文塼은 1+8顆의 연자수 배치를 보이고 있다. 따라서 웅진시대의 1+6顆 혹은 1+8顆의 연자수 배치는 같은 시기에 사용되었음을 알 수 있다. 이는 웅진시대 와당의 연자수 배치에 있어서도 큰 차이가 없을 것으로 판단된다.

아 늦어도 527년경에는 등장하였을 것으로 판단된다. 와당은 1+6顆에 8엽으로 판단 중심에 소주문이 위치하고 있다. 소주문을 중심으로 판단선은 角이 지게 꺾여 下向하고 있다. 이와 같은 와당은 靈隱寺前 池塘出土 와당에서도 살필 수 있다. 물론 1+6顆에 8엽을 취하였다는 점에서 전술한 무령왕릉 출토 연화문전이나 정지산유적 출토 와당과 관련성이 살펴진다. 그러나 자방이 연판에 비해 상대적으로 작은 점, 연판의 판단과 판근의 너비차가 큰 점, 판단과 판근의 사이가 직선처리된 점, 그리고 연판의 최대경이 중상부에 위치하고 있다는 점에서 무령왕릉 출토 연화문전이나 정지산유적 출토 와당과 차이가 있다. 전체적으로 보아 연판형식이 다른 와당으로 판단된다. 결과적으로 대통사지 출토 와당으로 대표되는 1+6顆에 판단 중앙의 소주문을 중심으로 판단선이 꺾여 하향하는 와당은 대통사 창건기록과 맞물려 사비천도 전인 6세기 전반경으로 추정해 볼 수 있다.

305) 蓮花文塼과 忍冬蓮花文塼이 부여의 정동리요지에서 제작될 즈음 공주지역에서는 공산성을 중심으로 판단융기형의 연화문와당이 사용되었다. 이러한 판단융기형의 와당이 사용되던 도중에 새로운 문양 즉 무령왕릉 출토 인동연화문전의 연판과 관련성이 있는 원형돌기식 와당이 왕실유적과 관련된 정지산유적에서 그 시원이 나타났다. 따라서 왕실과 관련된 건물지 혹은 사찰 등에 사용되는 와당이나 塼의 경우 큰 시기차가 없는 상황하에서 상호 文樣轉移가 이루어짐을 볼 수 있다. 이는 한편으로 정암리요지에서도 볼 수 있는 바와 같이 와당이나 塼, 토기 등이 동일 窯址群에서 제작되었다는 점에서도 쉽게 유추해 볼 수 있다.

V. 製瓦術

이렇게 볼 때 시기적으로 가장 문제시 되는 것이 공산성 추정왕궁지 내 연지 출토 와당이다. 이는 8엽의 원형돌기식 와당으로 대통사지 출토 와당과 비교하여 연자수와 판단선에서 약간의 차이가 발견된다. 즉 연자수는 1+8顆이며, 판단선은 판단 중앙의 소주문을 중심으로 약하게 곡선처리되었다. 그런데 여기서 연자수의 배치는 무령왕릉 출토 蓮花文塼(1+6顆)과 忍冬蓮花文塼(1+8顆)을 예로 볼 때 편년상 큰 의미가 없다고 생각된다. 그렇다면 문제가 되는 것은 판단선의 처리로 압축해 볼 수 있다. 이것을 해결하기 위해서는 공산성 추정왕궁지내 연지 출토 판단융기형 와당을 들 수 있다. 이 와당은 웅진시대의 가장 고식에 속하는 와당으로 원형돌기식 이전에 제작되었다. 그런데 이 와당의 판단선을 보면 모두 일자형에 가까울 정도로 약하게 곡선처리되었다. 아울러 정지산유적 출토 와당이나 무령왕릉 출토 연화문전을 보더라도 같은 판단선 처리를 엿볼 수 있다. 반면에 시기적으로 늦은 부여지역의 원형돌기식 와당과 삼각돌기식 와당 및 곡절소판형 와당 등을 검토해 볼 때 이들 대부분이 소주문이나 삼각돌기, 혹은 첨형을 기준으로 판단선이 아래로 꺾여 下向하고 있음을 볼 수 있다. 이는 달리 말하면 연판의 최대경이 판단 상부에서 중상부로 내려옴을 의미하는 것이다. 이렇게 볼 때 판단선의 처리는 일자형에 가까운 곡선처리, 그리고 연판의 최대경은 중상부보다는 상부에 위치하고 있는 것이 선행하는 와당임을 알 수 있다. 그렇다면 공산성 추정 왕궁지내 연지출토 8엽 와당은 정지산유적내 기와집 출토 와당과 대통사지·공산성 靈隱寺 앞 지당 출토 8엽와당 사이에서 등장하였음을 추정해 볼 수 있다. 그 제작시기는 6세기 초반경으로 추정된다.

둘째, 시기에 따른 蓮子配置의 차이를 살필 수 있다. 즉 6세기 초·전반경을 중심으로 등장한 공산성 추정 왕궁지 출토 와당, 정지산유적 기와집 및 대통사지 출토 와당은 모두 1+6顆, 혹은 1+8顆로 내외 2열의 연자 배치를 보이고 있다. 그런데 6세기 말~7세기 전반경의 것으로 추정되는 공산성 만아루지 출토 와당의 경우는 1+8+17顆로 3열의 연자 배치를 보이고 있다. 따라서 이 시기에 이르면 2열의 연자 배치가 3열의 연자 배치로 보다 장식화 됨을 볼 수 있다.

그런데 이와 같은 웅진시대의 원형돌기식 와당은 같은 시기의 사비지역에도 영향을 미치면서 좀 더 다양하게 변화·발전하게 된다. 특히 中洞·鳳凰洞·班竹洞지역에서 출토된 것과 같은 형식의 와당이 부여의 龍井里廢寺址나 舊衙里 傳 天王寺址 등에서 출토되고 있어 양자의 관련성이 찾아지고 있다. 그런데 이들 와당은 대통사지 출토 와당과 비교해 시기적으로 같거나 약간 늦은 양식으로 추정되고 있다. 대체로 6세기 전·중반경에 제작된 것으로 판단된다. 이러한 와당의 변천을 통해 웅진시대인 聖王대에 이미 사비천도를 위한 사비경영이 이루어지고 있었음을 추정해 볼 수 있다.[306]

한편, 백제의 원형돌기식 와당은 신라의 皇龍寺址[307]를 비롯해 月城,[308] 雁鴨池,[309] 六通里[310] 및 勿川里[311] 와요지 등에도 영향을 미쳤다.

V. 製瓦術

〔圖版 56〕皇龍寺址 出土 瓦當

〔圖版 57〕月城 出土 瓦當 1

〔圖版 58〕月城 出土 瓦當 2

〔圖版 59〕雁鴨池 出土 瓦當

〔圖版 60〕六通里 窯址 出土 瓦當

〔圖版 61〕勿川里 窯址 出土 瓦當

306) 이는 어디까지나 와당의 문양 검토를 통해 알 수 있는 사실일 뿐, 성왕대에 泗沘 遷都의 준비가 시작됨을 의미하는 것은 아니다. 사비천도를 위한 준비작업은 대체로 무령왕대에 활발하게 이루어지고 있었음을 와당을 통해 추정해 볼 수 있다. 이는 이남석이 분류한 제 II형(6세기 초반에 등장)이 공주 공산성 뿐만 아니라 부여 용정리 폐사지에서도 출토되고 있는 사실에서도 살펴 볼 수 있다.
307) 國立慶州博物館, 『新羅瓦塼』, 國立慶州博物館/慶州世界文化엑스포組織委員會, 2000, p.103 도판 325【本文 圖版 56】.
308) 國立慶州博物館, 『新羅瓦塼』, 國立慶州博物館/慶州世界文化엑스포組織委員會, 2000, p.19 도판 20(右)【本文 圖版 57】및 p.21 도판 22【本文 圖版 58】.

기타 蓮瓣의 형태나 연자 배치에 있어 차이는 있지만 사비시대의 龍井里廢寺址, 陵寺址, 定林寺址, 佳塔里廢寺址, 東南里遺蹟, 扶蘇山 등지의 여러 유적에서도 원형돌기식 와당이 폭넓게 확인되고 있다. 이들 유적을 중심으로 출토된 와당을 살피면 다음과 같다.

사비시대

(ㄱ) 扶餘 및 隣近地域

i. 龍井里廢寺址 出土 單瓣8葉蓮花文瓦當片[312]

(단위 : cm)

와당 지름	자방 지름	연자 배치	특징	시기
16	3.5	1+8	• 판단 중앙의 小珠文을 중심으로 瓣端線이 곡면처리 • 연판의 最大徑이 중상부에 위치	6세기 중반

ii. 舊衙里 傳 天王寺址 出土 單瓣8葉蓮花文瓦當[313]

(단위 : cm)

와당 지름	자방 지름	연자 배치	특징	시기
14.2	3.4	1+6	• 大通寺址나 공산성 1차 池塘 出土 와당과 유사 • 소주문을 중심으로 판단선이 약하게 꺾임	6세기 중반

이에 반해 또 다른 와당[314]을 보면 같은 형식임에도 불구하고 蓮瓣의 처리에 있어 색다른 변화양상을 보여주고 있다. 즉 판단 중앙의 소주문을 중심으로 판단선이 더 예각으로 꺾인 점, 동시에 연판의 최대

경이 중간부에 위치한 점, 판단과 판근의 너비 차가 상대적으로 작아 細長한 느낌을 주는 점, 그리고 간판의 瓣頭가 상대적으로 크게 조각된 점등이 전술한 같은 寺址 출토 와당과 차이를 보인다. 제작 시기는 6세기 중반 이후로 추정된다.

〔圖版 62〕 舊衙里 傳 天王寺址 出土 瓦當 1

〔圖版 63〕 舊衙里 傳 天王寺址 出土 瓦當 2

309) 國立慶州博物館, 『新羅瓦塼』, 國立慶州博物館/慶州世界文化엑스포組織委員會, 2000, p.37 도판 76 【本文 圖版 59】.
310) 國立慶州博物館, 『新羅瓦塼』, 國立慶州博物館/慶州世界文化엑스포組織委員會, 2000, p.184 도판 584 【本文 圖版 60】.
311) 國立慶州博物館, 『新羅瓦塼』, 國立慶州博物館/慶州世界文化엑스포組織委員會, 2000, p.180 도판 574 【本文 圖版 61】.
312) 扶餘文化財研究所, 『龍井里寺址』, 1993, 도판 48.
313) 國立公州博物館, 『百濟瓦當特別展』, 1988, 도판 80 【本文 圖版 62】.
314) 國立公州博物館, 『百濟瓦當特別展』, 1988, 도판 81 【本文 圖版 63】.

iii. 陵寺址 出土 單瓣8葉蓮花文瓦當[315]

1+6顆의 蓮子數를 보이는 단판 8엽 연화문 와당이다. 子房은 연판에 비해 그 크기가 현저히 작고, 판단과 판근의 너비차는 커 연판의 세련됨과 날렵함을 볼 수 있다. 연판과 자방의 형태로 보아 후술할 가탑리 폐사지 출토 단판 8엽 연화문 와당과 관련성이 찾아진다. 그러나 능사지 출토 와당이 小珠文을 중심으로 판단이 융기된 반면, 가탑리 폐사지 출토 와당은 융기되지 않아 연판에 있어서의 세부적 차이가 발견된다. 제작시기는 6세기 중반 이후로 추정된다.

iv. 定林寺址 出土 單瓣8葉蓮花文瓦當[316]

(단위 : cm)

와당 지름	자방 지름	연자 배치	특징	시기
14	3.3	1+7	• 웅진시대에서는 볼 수 없는 1+7과의 연자 배치 • 자방의 외곽으로 두껍게 1條의 圓圈文이 돌려 있음	6세기 중반 이후

v. 東南里遺蹟 出土 單瓣8葉蓮花文瓦當[317]

(단위 : cm)

와당 지름	자방 지름	연자 배치	특징	시기
13.4	3.3	1+8	• 연판의 판단이 융기하면서 소주문을 형성	6세기 중반 이후

〔圖版 64〕 東南里 遺蹟 出土 瓦當   〔圖版 65〕 扶蘇山 出土 瓦當

Ⅵ. 扶蘇山 出土 單瓣8葉蓮花文瓦當318)
(단위 : cm)

와당 지름	자방 지름	연자 배치	특징	시기
14.9	3.5	1+8	• 판단 중심의 小珠文을 중심으로 瓣端線이 강하게 꺾여 연판이 왜소해 보임 • 구아리 전 천왕사지 출토 와당 2의 연판과 유사	6세기 중반 이후

한편, 1985년 사비루 주변 조사중에 출토된 와당의 경우는 전술한 것과 연판에서 큰 차이를 보이고 있다.319) 즉, 片으로 남아 있어 자방의 형태는 자세히 볼 수 없으나 소주문을 중심으로 판단선이 약하게 혹은

---

315) 국립부여박물관,「부여 능산리사지 제6차 발굴조사」, 2000.
316) 國立公州博物館,『百濟瓦當特別展』, 1988, 도판 43.
317) 國立公州博物館,『百濟瓦當特別展』, 1988, 도판 66【本文 圖版 64】.
318) 國立公州博物館,『百濟瓦當特別展』, 1988, 도판 99【本文 圖版 65】.
319) 國立文化財硏究所,『扶蘇山城』, 1996, p.461 도판 28-③.

완만하게 꺾임을 살필 수 있다. 연판의 최대경은 상부에 있으며 판단 과 판근의 너비 차가 살펴진다. 6세기 중반 이후로 추정된다.

Vii. 佳塔里廢寺址 出土 單瓣8葉蓮花文瓦當[320]

(단위 : cm)

와당 지름	자방 지름	연자 배치	특징	시기
15.5	2.4	1+6	• 瓣端과 瓣根의 너비 차가 크고, 자방이 연판에 비해 비해 현격히 작음 • 판단 중앙의 小珠文은 일반 원형돌기식 와당 小珠文과 달리 도드라지게 표현	6세기 후반

이와 같은 연판 형식을 보이는 와당은 능사지[321] 및 금성산 와적기단 건물지[322] 출토 단판 8엽 연화문 와당과의 연관성이 살펴진다. 전체적으로 자방이 작고, 연판의 판단·판근 너비 차가 크다는 점에서 일본 飛鳥寺 출토 星組와 비교된다. 시기적으로 보아 6세기 후반경에 제작된 것으로 추정된다.

한편, 동일 寺址 출토 단판 8엽 연화문 와당[323]의 경우는 8葉에 1+6

---

[320] 百濟文化開發硏究院,『百濟瓦塼圖錄』, 1983, 도판 165【本文 圖版 66】.
[321] 2000년 4월 부여 능산리사지 제 6차 발굴조사시에 출토되었다. 현장설명회 자료집에서는 소개되지 않았지만 현지에서 직접 실견하였다.
[322] 연화문 와당 C형식으로 분류된 것이다(申光燮·金鐘萬,『扶餘錦城山百濟瓦積基壇建物址 發掘調査報告書』, 國立扶餘博物館, 1992, p.89 圖版 40-②).

顆의 蓮子 배치를 보이고 있어 大通寺址系의 원형돌기식임을 알 수 있다. 그러나 연판의 형태에서 이미 사비시대의 양식을 취하고 있음을 파악케 한다. 이 와당과 직접적으로 비교되는 瓦例로는 구아리 傳 천왕사지 출토 와당[324]을 들 수 있다. 즉, 연판수와 연자수의 배치가 동일하고 연판의 最大徑이 중상부에 위치하고 있다는 점에서 양자의 공통성을 찾아볼 수 있다. 하지만 판단 중심의 小珠文을 중심으로 瓣端線의 곡면처리가 구아리 전 천왕사지 출토 와당보다 완만하고, 연자가 도드라지게 표현되었다는 점에서 등장시기는 6세기 중반 이후로 추정된다.

〔圖版 66〕佳塔里 廢寺址 出土 瓦當 1

〔圖版 67〕佳塔里 廢寺址 出土 瓦當 2

---

323) 國立公州博物館, 『百濟瓦當特別展』, 1988, 도판 88 【本文 圖版 67】.
324) 國立公州博物館, 『百濟瓦當特別展』, 1988, 도판 81.

ⅷ. 錦城山建物址 出土 單瓣8葉蓮花文瓦當[325] (단위 : cm)

와당 지름	자방 지름	연자 배치	특징	시기
13	3.5	1+7	• 연판과 주연 사이에 1조의 구상권대(양각대)가 돌려져 있음	6세기 말~ 7세기 전반

이와 같은 와당은 정림사지, 군수리 폐사지, 동남리유적, 성주사지 등에서도 출토된 바 있다.[326]

(ㄴ) 益山 彌勒寺址 出土 單瓣8葉蓮花文瓦當[327]

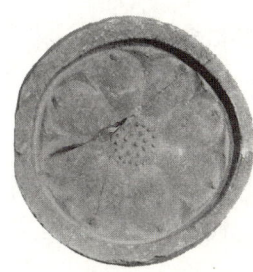

[圖版 68] 彌勒寺址 出土 瓦當

3열의 연자 배치를 보이는 연화문 와당이다. 연판의 양감은 빈약하며 연판의 최대경이 중상단에 위치하고 있다. 원형 돌기를 중심으로 판단선은 완만하게 꺾이고 있다. 연판 사이의 간판은 연판 보다 양각화가 뚜렷하다. 자방의 장식화로 보아 7세기에 제작된 것으로 추정된다.

---

325) 申光燮・金鐘萬,『扶餘錦城山百濟瓦積基壇建物址 發掘調査報告書』, 國立扶餘博物館, 1992, p.90 圖版 41.
326) 申光燮・金鐘萬,『扶餘錦城山百濟瓦積基壇建物址 發掘調査報告書』, 國立扶餘博物館, 1992, p.41.
327) ① 國立扶餘文化財研究所,『彌勒寺 Ⅰ』, 1987, 圖版 158-④.
   ② 國立扶餘文化財研究所,『彌勒寺 Ⅱ』, 1996, 圖版 181-①【本文 圖版 68】.

이상에서와 같이 사비시대의 부여지역과 익산지역 출토 원형돌기식 와당을 살펴본 결과 다음과 같은 사실이 주목되고 있다.

첫째, 대통사지 출토 원형돌기식 와당과 비교되는 와당이 용정리 폐사지 및 구아리 전 천왕사지 등에서 출토되고 있는 것으로 보아 웅진시대에 이미 사비천도의 준비가 이루어지고 있음을 판단해 볼 수 있다.

둘째, 6세기 중반경에 이르면 연자 배치의 다양화가 나타난다. 즉, 정림사지 출토 와당의 경우 연자 배치가 1+7과 임을 보여주고 있다. 이는 웅진시대의 와당이 1+6顆 내지는 1+8顆처럼 짝수를 유지하였다는 점에서 큰 차이가 있다. 이러한 연자 배치의 다양성은 정암리와요지 출토 삼각돌기식 와당을 통해서도 쉽게 알 수 있다. 즉 1+4顆의 연자배치는 사비천도 후 새롭게 등장한 배치 형식이라 할 수 있다. 이 외에도 1+5顆를 살필 수 있다.

셋째, 가탑리 폐사지와 능사지, 금성산 건물지 출토 연화문 와당에서처럼 6세기 후반경에 이르면 연판의 형식화가 이루어지고 있음을 볼 수 있다. 즉, 이들 와당에서는 자방이 연판에 비해 현저히 작고, 판단과 판근의 너비 差가 커지고 있음을 알 수 있다. 이는 연판이나 자방의 비례면에서 6세기 중반경의 와당과 쉽게 구별되기도 한다. 특히 6세기 중반으로 편년된 정암리와요지 출토 와당을 보면 이전 시기보다 자방이 연판에 비해 오히려 커지고 있음을 살필 수 있다. 이렇게 볼 때 자방과 연판의 형식화는 편년 설정에 중요한 근거가 되고 있다.

특히 가탑리 폐사지와 능사지, 금성산 건물지 출토 와당은 일본의 飛

[圖版69] 中井里遺蹟出土瓦當

鳥寺 원형돌기식 와당과 연판면에서 가장 관련성이 깊어 飛鳥寺 창건 와당과 이들 폐사지의 기와 제작 瓦工이 결코 무관치 않음을 판단케 한다.

넷째, 부여 中井里遺蹟 출토 와당[328]으로 보아 6세기 말에 이르면 연자의 형식화가 이루어짐을 살필 수 있다. 대체로 자방 내의 연자는 융기되는 것이 일반적인데 이 와당의 연자는 소주문 외곽에 원권문을 돌림으로써 연자를 표현하고 있다.

다섯째, 6세기 말~7세기 전반에 이르면 연자의 장식화를 확인할 수 있다. 즉, 이전에는 볼 수 없었던 3열의 연자 배치가 등장하게 된다. 그런데 이러한 와당들의 대부분은 자방이 거의 평면화 되었거나 간판이 연판에 비해 양각화가 뛰어나다는 특징이 있다.

여섯째, 지역적 특징으로 원형돌기식 와당은 삼각돌기식 와당과 달리 부여지역 및 익산의 미륵사지에서만 주로 확인되고 있다. 익산 왕궁리유적이나 보령 오합사지(後 聖住寺址) 등에서는 원형돌기식 와당이 거의 확인되지 않고 있는데 이는 瓦工과 관련된 취향으로 판단된다.

일곱째, 6세기말~7세기 전반의 원형돌기식 와당은 3열의 연자 배치

---

328) 國立公州博物館, 『百濟瓦當特別展』, 1988, 도판 130 【本文 圖版 69】.

V. 製瓦術

만 보일 뿐, 삼각돌기식 와당과 같은 다양한 장식화는 보이지 않는다. 이러한 양상은 결과적으로 6세기말~7세기 전반에 이르면 원형돌기식 와당이 삼각돌기식 와당에 의해 점차 그 자리를 잃어가고 있음을 의미하는 것이다.

여덟째, 6세기말~7세기 전반에는 정림사지, 군수리 폐사지, 동남리 유적, 오함(합)사지 등에서와 같이 연판과 주연사이에서 1조의 원권대(양각대)를 확인할 수 있다.[329]

⑶ 三角突起式 瓦當

삼각돌기식 와당은 그 동안 공주지역의 公山城이나 艇止山遺蹟 혹은 大通寺址등에서 출토된 예가 거의 없는 와당 형식이다.[330] 이로 보아 웅진시대에는 사용되지 않은 사비시대의 와당 형식으로 추정된다.[331] 물론 公州 주변에서도 삼각돌기식 와당이 확인된 바 있지만,[332] 자방의 형태

〔圖版 70〕 公州 周邊 出土 三角突起式 瓦當

---

329) 龜田修一, 「百濟古瓦考」 『百濟研究』 第12輯, 忠南大學校 百濟研究所, 1982, p.9.
330) 공산성내 임류각지에서 출토된 바 있으나 그 수량이 1점 정도로 극히 미미한 편이다(安承周, 「臨流閣址」 『公山城』, 公州師範大學・忠淸南道, 1982, p.67 挿圖 8-1).

나 연자 배치에 있어서 웅진시대의 형식과는 전혀 다른 사비시대의 형식을 취하고 있다.333) 즉 蓮子 배치가 1+4顆이고 자방의 둘레를 圓圈帶334)가 두르고 있어 亭岩里窯址 출토 와당과 직접적으로 연결되고 있다. 이렇게 볼 때 삼각돌기식 와당은 사비시대에 등장하여 그 주변 지역에도 일부가 전파되었던 것으로 추정된다.

현재 부여지역의 삼각돌기식 와당은 官北里 推定王宮址를 비롯하여, 舊衙里 傳 天王寺址, 舊衙里 百濟遺蹟, 定林寺址, 東南里遺蹟, 軍守里寺址, 扶蘇山廢寺址, 窺岩面 外里寺址, 亭岩里瓦窯址 등에서 출토된 바 있다. 그런데 정암리 B지구 요지 출토 單瓣8葉蓮花文瓦當과 椽木瓦의 경우 관북리 추정 왕궁지, 군수리 폐사지, 동남리유적, 규암면 외리유적, 용정리 폐사지 등에서 확인되어 상호 生産-需給關係를 판단케 한다.

---

331) 기와집에서 기와의 補修는 필연적이다. 즉, 사비천도 후 1세기 이상 정암리와요지, 왕진리와요지 등에서 삼각돌기식 와당이 燔瓦되었음에도 불구하고 공주지역의 기와 집에 이러한 와당이 등장하지 않았음은 두 가지 경우로 살펴볼 수 있다. 첫째는 공급의 불균형을 들 수 있다. 이는 달리 말하면 부여지역에서의 기와집 창·중건이 공주지역과 달리 매우 활발하게 일어났음을 의미한다. 둘째는 공주지역의 瓦工 집단이 전통성에 입각하여 부여지역과 달리 종래의 문양을 꾸준하게 고수하였던 것으로 생각된다.
332) 공주 부근이라고 말할 뿐 확실한 출토지는 알 수 없다. 추정컨대 공주와 부여의 사이 지역에서 출토된 것으로 판단된다.
333) 國立公州博物館, 『百濟瓦當特別展』, 1988, 도판 18【本文 圖版 70】·19.
334) 일종의 陽角帶로 웅진시대 와당에서는 지금까지 확인된 바 없다. 사비시대에 새롭게 창안된 문양이라 할 수 있다. 이는 7세기대에도 계속해서 나타나고 있다.

Ⅴ. 製瓦術

區分		標本 瓦當	蓮瓣의 特徵	子房과 間瓣의 特徵	遺蹟
사 비 시 대	6세기 중반		• 연판은 도톰하며, 삼각돌기는 삼각형에 가까움	• 자방둘레에 원권대가 표현 • 연자 배치는 1+4과	公州 周邊
	6세기 후반		• 연판이 자방에 비해 현저히 커짐	·	官北里 推定王宮址
			• 삼각돌기의 형태가 이등변 삼각형에 가까움	·	軍守里廢寺址
	6세기 말~ 7세기 전반		• 연판내에 3葉의 장식	• 자방이 연판에 비해 현격히 커짐	彌勒寺址
			• 연판 중앙에 稜이 형성 • 연판 주변에 경계선 뚜렷	• 간판은 "▽" 형에 가까움	聖住寺址
			• 삼각돌기의 형태가 이등변 삼각형에 가까움	• 자방이 鬼目처럼 돌출	王興寺址

〔表 6〕 三角突起式 瓦當의 編年案

그러면 각각의 유물을 검토하기 앞서 삼각돌기식 와당의 시기 설정에 도움이 될 수 있는 와당을 선정하여 특징과 함께 〈表 6〉으로 알아보고자 한다.

❶ 扶餘 및 隣近地域

官北里 推定王宮址 出土 單瓣8葉蓮花文瓦當[335]

(단위 : cm)

와당 지름	자방 지름	연자 배치	특징	시기
15.4	3.2	1+8	• 연판 길이가 4.5~4.7cm로 자방에 비해 길다. • 연판의 판단부와 판근부의 너비 差가 크다.	6세기 후반

〔圖版 71〕官北里 推定王宮址 出土 瓦當

〔圖版 72〕陵寺 出土 瓦當 1

335) 尹武炳,『扶餘官北里 百濟遺蹟 發掘報告(Ⅱ)』, 忠南大學校博物館・忠淸南道, 1999, p.217 圖版 75-1【本文 圖版 71】.

V. 製瓦術

陵寺址 出土 單瓣8葉蓮花文瓦當

이곳에서 출토된 와당은 연화문 와당, 파문 와당, 소문 와당 등 다양한데 이중 연화문 와당이 가장 다수를 차지하고 있다. 연화문 와당은 자방부의 크기나 연자의 배치, 판단부의 형태에 따라 모두 8가지 유형으로 세분되었다.[336]

(단위 : cm)

와당	와당 지름	자방 지름	연자 배치	특징	시기
1	14	1+8	1+4	• 6세기 중반으로 추정된 정암리요지 출토 와당과 비교해 연판 · 자방 · 연자 배치 등에서 유사하나 연판에서의 양감이 없다.	6세기 중반 이후
2	13.3	4.4	1+6	• 와당 1과 비교해 연판의 길이가 길어지고 자방이 평면화 되었다.	6세기 후반
3	14.2	4.9	1+8	• 와당 2와 비교해 연판의 도톰함이 보이는 반면, 자방둘레의 원권帶는 없다.	6세기 중반 이후~6세기 후반

[圖版 73] 陵寺 出土 瓦當 2

[圖版 74] 陵寺 出土 瓦當 3

이 중 정암리요지 출토 와당과 비교해 연판의 양감 약화,337) 자방의 평면화,338) 그리고 자방 둘레의 원권문이 없는339) 6세기 중반 이후~6세기 후반에 해당되는 와당에 대해서만 살펴보기로 하겠다.

舊衙里 傳 天王寺址 出土 單瓣8葉蓮花文瓦當340)

(단위 : cm)

와당 지름	자방 지름	연자 배치	특징	시기
15	3.4	1+8	• 자방에 비해 연판이 크며 삼각돌기를 중심으로 판단선이 곡선처리 되었다. • 연판은 도톰하나 자방은 평면화에 가깝다.	6세기 후반

이 와당은 관북리 추정 왕궁지341) 및 구아리 백제유적 출토342) 삼각돌기식 와당과도 문양면에서 유사하다.

336) 國立扶餘博物館,『陵寺』, 2000, pp.158~166. 반면, 김종만의 경우는 연꽃의 형태에 따라 판단첨형(A), 판단반전돌기형(B), 판단반전형(C), 판단삼각반전형(D), 판유각판 전형(E) 등으로 분류하였다(金鐘萬,「扶餘 陵山里寺址出土 瓦當考」『日韓古代寺院にみる造營技術の傳播』, 帝塚山大學考古學硏究所, 1998, pp.2~3). 이중 삼각돌기형은 판단삼각반전형(D)을 의미한다.
337) 國立扶餘博物館,『陵寺』, 2000, 도판 103-②【本文 圖版 72】.
338) 國立扶餘博物館,『陵寺』, 2000, 도판 195-①【本文 圖版 73】.
339) 國立扶餘博物館,『陵寺』, 2000, 도판 185-⑦【本文 圖版 74】.
340) 國立公州博物館,『百濟瓦當特別展』, 1988, 도판 79【本文 圖版 75】.
341) 尹武炳,『扶餘官北里 百濟遺蹟 發掘報告(II)』, 忠南大學校博物館·忠淸南道, 1999, p.217 圖版 76-1·3등.

〔圖版 75〕 舊衙里 傳 天王寺址 出土 瓦當　　〔圖版 76〕 東南里遺蹟 出土 瓦當

東南里遺蹟 出土 單瓣8葉蓮花文瓦當[343)]

(단위 : cm)

와당 지름	자방 지름	연자 배치	특징	시기
14.5	5.1	1+5	• 연판에서의 양감, 자방 둘레의 원권대 등에서 정암리 요지 출토 와당과 관련성이 엿보인다. • 중앙 연자의 둘레가 5顆로 홀수이다.	6세기 중반 이후

軍守里廢寺址 出土 單瓣8葉蓮花文瓦當

(단위 : cm)

와당	와당 지름	자방 지름	연자 배치	특징	시기
1	13.6	4.5	1+4	• 연판의 양감, 자방의 크기, 연자 배치 등에서 정암리요지 출토 와당과 유사하다.	6세기 중반
2	14.7	4.9	1+6	• 연판의 판단부가 축소되어 협판처럼 보이고, 판단 중앙의 삼각돌기가 길어져 자방 근처에까지 나 있다.	6세기 후반

와당 1은 문양으로 보아 정암리요지에서 생산하여 공급한 것으로 판단된다.[344] 와당 2[345]는 6세기 중반에 보이는 판단 중앙의 삼각돌기와 비교해 볼 때, 그 끝이 뾰족하고 길어 押釘을 연상시킨다. 시기적으로 後行하는 삼각돌기 형식이다.

〔圖版 77〕軍守里廢寺址 出土 瓦當   〔圖版 78〕扶蘇山廢寺址 出土 瓦當

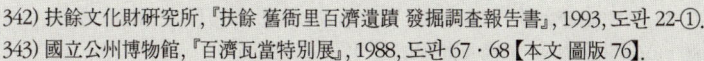

扶蘇山廢寺址 出土 單瓣8葉蓮花文瓦當[346]

(단위 : cm)

와당 지름	자방 지름	연자 배치	특징	시기
15.2	4.2	1+5 +12	• 연판은 양감이 없어지고 평면화 되었다. • 판단 중앙의 삼각돌기는 그 끝이 길게 이어졌다. • 3열의 연자수 배치를 보이고 있다.	6세기 말~ 7세기 전반

342) 扶餘文化財研究所, 『扶餘 舊衙里百濟遺蹟 發掘調査報告書』, 1993, 도판 22-①.
343) 國立公州博物館, 『百濟瓦當特別展』, 1988, 도판 67 · 68【本文 圖版 76】.

V. 製瓦術

扶蘇山 出土 單瓣8葉蓮花文瓦當[347]

(단위 : cm)

외당 지름	자방 지름	연자 배치	특징	시기
?	5.7	1+8	• 연판의 판근 중앙에서는 꽃술이 확인된다. • 자방의 둘레에서는 1조의 연주문대가 양각되어 있다. • 연판의 외곽선이 굵게 양각되어 있다.	6세기 말~ 7세기 전반

한편, 이러한 와당은 부소산 폐사지 및 동남리유적, 관북리 추정 왕궁지 등에서도 출토된 바 있다.

〔圖版 79〕扶蘇山 出土 瓦當

窺岩面 外里遺蹟 出土 單瓣8葉蓮花文瓦當[348]

(단위 : cm)

외당 지름	자방 지름	연자 배치	특징	시기
13.3	4.47	1+4	• 자방이 연판에 비해 상대적으로 크다. • 연판의 양감, 판단 중앙의 삼각돌기 등에서 정암리 요지 출토 와당으로 판단된다.	6세기 중반

---

344) 國立公州博物館,『百濟瓦當特別展』, 1988, 도판 61.
345) 國立公州博物館,『百濟瓦當特別展』, 1988, 도판 62【本文 圖版 77】.
346) 國立公州博物館,『百濟瓦當特別展』, 1988, 도판 95【本文 圖版 78】.
347) 國立文化財硏究所,『扶蘇山城』, 1996, p.461 도판 28-⑤【本文 圖版 79】.
348) 國立公州博物館,『百濟瓦當特別展』, 1988, 도판 105.

金剛寺址 出土 單瓣8葉蓮花文瓦當					(단위 : cm)
와당	와당 지름	자방 지름	연자 배치	특징	시기
1	15.4	·	1+8	• 연판에서의 양감은 보이나 판단 중앙의 삼각돌기가 아주 작게 형식화되었다. • 자방에서의 평면화가 보인다.	6세기 말 이후
2	16.8	·	1+5	• 와당 1과 문양면에서 유사하나 연자수 배치에서 차이를 보인다.	6세기 말 이후

　와당 1[349])과 2[350])는 연판의 판단 처리에 있어 6세기 중·후반의 여러 와당과 차이를 보이고 있다. 즉, 6세기 중·후반으로 추정되는 삼각돌기식 와당의 경우, 판단은 삼각돌기에 의해 갈라져 보인다. 그런데 금강사지 출토 와당 1·2의 경우는 삼각돌기가 형식화되어 판단이 갈라지지 않고 부채꼴 형태로 되어 있다.

[圖版 80] 金剛寺址 出土 瓦當 1

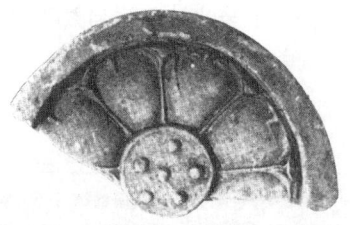

[圖版 81] 金剛寺址 出土 瓦當 2

❶ 益山 및 隣近地域

> 彌勒寺址 出土 瓦當

미륵사지에서는 출토 지역과 관련 없이 다양한 형태의 와당이 출토되었다. 특색 있는 와당 형식으로 3가지를 들 수 있는데 먼저 연판의 판근 중심에 子葉이 장식된 경우를 들 수 있다. 이러한 와당은 삼각돌기식이 장식화된 것으로써 자방이 연판에 비해 크게 제작되었으며, 연자수는 1+6과의 배치를 보이고 있다. 연판의 둘레에는 양각대가 돌려져 있으며, 연판 사이의 삼각돌기는 판근부에 까지 이어지고 있다. 꽃술에 따라 一字形(本文 圖版 82)[351]과 三葉形(本文 圖版 83)[352] 두 가지로 구분할 수 있는데 전자는 동원 금당지 · 동회랑지 · 남회랑지 · 북회랑지 · 승방지 · 당간지주 부근 · 동편축대 외부, 중원 동회랑지 · 서회랑지 · 북회랑지, 서원 동회랑지 · 남회랑지 · 북회랑지 · 승방지 · 강당지 · 강당지와 서원 승방지 연결 회랑 · 연못지, 강당지 동편기단 외부 구지표층, 강당지 남편기단 외부, 서연못 북편호안 와적층, 사역 남쪽 연못지 등에서 출토되었다. 후자는 동원 금당지 · 동회랑지 · 승

---

349) 尹武炳, 『金剛寺』, 國立博物館, 1969, 圖版 37-Ⅰ【本文 圖版 80】.
350) 尹武炳, 『金剛寺』, 國立博物館, 1969, 圖版 37-Ⅱ【本文 圖版 81】.
351) 國立扶餘文化財硏究所, 『彌勒寺』-圖版編-, 1996, 圖版 182-①.
352) 『미륵사지유물전시관』, 1997, p.31 상단 우측 도판.

방지 · 당간지주 부근 · 동편 축대 외부, 중원 탑지 · 금당지 · 동회랑지 · 서회랑지 · 북회랑지, 서원 탑지 · 금당지 · 동회랑지 · 남회랑지 · 강당지 · 강당지와 서원 승방지 연결 회랑, 연못지, 사역 중심곽 유구, 사역 북편지역, 사역 남쪽 연지 등에서 확인되었다. 연판의 장식화로 보아 7세기 전반경에 제작되었음을 알 수 있다.

두 번째 형식은 단판 8엽 연화문 와당으로 연자의 장식화(3列의 연자 배치)를 들 수 있는데 원형돌기식 및 삼각돌기식 와당으로 구분할 수 있다. 원형돌기식 와당은 동원 승방지, 서원 석축 C, 사역 서편 및 북서편, 사역 남쪽 연못지 등에서 출토되었고, 삼각돌기식 와당은 사역 북편지역, 동원 승방지 등에서 확인되었다. 연자의 장식화로 보아 7세기 전반경에 제작되었음을 알 수 있다.

세 번째 형식은 단판 6엽 연화문 와당으로 연판이 複葉을 이루고 있다(本文 圖版 84).[353] 자방은 연판에 비해 크게 제작되었으며, 연자 배치는 1+6顆이다. 동원 북회랑지, 서원 동회랑지, 서원 연못지 · 석축 C, 사역 남쪽 연지에서 출토되었다. 연판의 장식화로 보아 7세기 전반경에 제작되었음을 알 수 있다.

---

353) 『미륵사지유물전시관』, 1997, p.31 하단 우측 도판.

〔圖版 82〕 彌勒寺址 出土 瓦當 1 〔圖版 83〕 彌勒寺址 出土 瓦當 2 〔圖版 84〕 彌勒寺址 出土 瓦當 3

王宮里遺蹟 出土 瓦當

왕궁리유적에서도 미륵사지와 같이 다양한 형식의 와당이 출토되었다. 그 중 미륵사지 출토 와당의 두 번째 형식은 남성벽 서반부 및 동성벽, 탑 남편 등에서 확인되었다.[354] 그리고 세 번째 형식은 탑 서편 2번 건물지, 탑 남·북측 동서 석축, 남성벽 서반부 등에서 발견되었다.[355]

한편, 이들 외에도 여러 종류의 와당이 출토되었으며, 모두 연판에서의 장식화가 찾아졌다. 특히 곡절소판형과 유사한 판단장식도 확인되었다.[356] 이러한 와당들의 경우 자방은 연판에 비해 크게 제작되었고

---

354) 國立扶餘文化財研究所, 『王宮里』, 2001, p.512 圖版 33-①·p.513 圖版 34-②·p.514 圖版 35-⑧·p.515 圖版 36-③.
355) ① 國立扶餘文化財研究所, 『王宮里』, 1997, p.520 圖版 106-⑤.
② 國立扶餘文化財研究所, 『王宮里』, 2001, p.512 圖版 33-⑥.
356) 國立扶餘文化財研究所, 『王宮里』, 2001, p.512 圖版 33-④·⑤.

자방 외곽으로는 1조의 원권대가 돌려져 있다. 판단은 융기되었으며, 연자수는 1+5과 내지는 1+6과의 배치를 보인다. 아울러 'S'자형의 연판을 보이며, 판단 중심의 삼각돌기가 길게 세장화되어 판근부 근처에까지 이어진 것도 볼 수 있다.357)

이들 와당은 연판의 장식화로 보아 7세기 전반에 제작되었을 것으로 추정되며, 이러한 와당은 帝釋寺址에서도 출토되었다.

帝釋寺址 出土 單瓣8葉蓮花文瓦當359)

발굴조사가 아닌 지표조사에서 수습되었다. 연판은 양감이 있으며, 판단은 날렵하게 융기되어 'S'자형을 이룬다. 판단 중심의 삼각돌기는 세장한 이등변 삼각형을 이루며, 연자수는 1+6과의 배치를 보이고 있다. 자방 외곽으로는 1조의 원권대가 돌려져 있다.

한편, 제석사지에서는 곡절소판형의 와당도 수습된 바 있다. 1+4과의 연자 배치에 자방 외곽으로는 1조의 원권대가 돌려져 있다.359) 이러한 와당들의 경우 연판의 장식화로 보아 7세기 전반기에 제작되었

---

357) 國立扶餘文化財硏究所, 『王宮里』, 2001, p.514 圖版 35-①.
358) 林洪洛, 「益山綜合高等學校 所藏遺物」 『益山郡文化財地表調査報告書』, 圓光大學校 馬韓・百濟文化硏究所, 1986, p.361 拓本 ②・③.
359) 洪潤植, 「百濟의 帝釋信仰攷」 『馬韓・百濟文化』 第2輯, 圓光大學校 馬韓・百濟文化硏究所, 1977, p.54.

음을 추정할 수 있다.

❸ 保寧 및 隣近地域

聖住寺址 出土 單瓣8葉蓮花文瓦當

삼각돌기식 와당이 주로 사용되었으며 연자 배치, 연판 형태에 따라 몇 가지 형식으로 구분할 수 있다.[360]

A형[361]은 정암리요지 출토 와당과 유사한 문양을 보이고 있다. 연판은 양감이 있으며, 연자 배치는 1+4과이다. 정암리요지 출토 와당의 경우 연판의 최대경이 판단 부근에 위치해 있는 반면, 성주사지 출토 Ⅰ형은 그 최대경이 연판 중단부 내지는 중상단에 자리하고 있어 미묘한 차이를 보인다. 아울러 판단과 판근의 너비 차가 크지 않은 점도 차이를 보인다.

B형[362]은 Ⅰ형의 변형으로 연판에 稜이 양각되어 있다. 이 경우 연자 배치는 1+4과 1+5과, 1+6과 등이 있으나 1+6과가 다른 것에 비해 압

---

360) 『聖住寺』보고서에서는 연판부의 형태를 위주로 하여 12가지 형식으로 분류하였으나(成正鏞, 「遺物에 대한 考察-기와-」, 『聖住寺』, 保寧市 · 忠南大學校博物館, 1998, p.127) 필자는 이중 2가지 형식에 대해서만 살펴보도록 하겠다.
361) 忠南大學校博物館, 『聖住寺』, 1998, p.739 사진 139-7【本文 圖版 85】등. 보고서에서는 ⅠBa형으로 분류하였다.
362) 忠南大學校博物館, 『聖住寺』, 1998, p.739 사진 139-5【本文 圖版 86】등. 보고서에서는 ⅠBa형으로 분류하였다.

도적으로 많다.

C형363)은 1+6과의 연자 배치를 보이는 II형과 유사하나 연판선, 특히 판단선이 곡선이 아닌 직선에 가깝다는 점에서 큰 차이를 보인다. 아울러 연판의 경계가 연판선에 의해 두드러지게 표현된 점도 특징으로 살필 수 있다. 연판에 비해 자방이 작게 표현되었다.

마지막으로 D형364)은 연판이 狹瓣으로 제작된 경우이다. 연자 배치

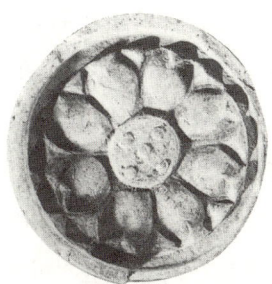
〔圖版 85〕 聖住寺址 出土 瓦當 A

〔圖版 86〕 聖住寺址 出土 瓦當 B

〔圖版 87〕 聖住寺址 出土 瓦當 C

〔圖版 88〕 聖住寺址 出土 瓦當 D

는 1+6顆이며, A·B·C형에 비해 연판 사이의 간판과 자방이 작게 표현되었다. 이 유형은 연판 중앙의 稜의 유무에 따라 다시 두 가지 형식으로 구분된다.

이러한 4가지 형식 중, A형의 경우는 정암리요지 출토 와당과 비교하여 6세기 말경에, 그리고 나머지 B·C·D형은 연판에 표현된 稜의 장식화로 보아 7세기 이후에 제작되었을 것으로 추정된다.

위에서 살펴본 바와 같이 삼각돌기식 와당은 사비천도 후 급격히 증가하는 불사 조영 및 중건, 그리고 특수 건물의 축조와 관련되어 등장한 와당 형식으로 판단된다. 원형돌기식 와당과 비교하여 판단부에서만 차이가 날 뿐, 세부적 형태는 크게 다를 바가 없어 사비천도 후 백제의 와박사들에 의해 새롭게 창작된 와당 형식으로 이해된다. 현재 삼각돌기식 와당이 출토된 와요는 부여를 중심으로 한 청양지역에서 주로 확인되고 있다. 부여지역은 亭岩里窯址가 가장 대표적이고, 청양지역은 왕진리요지와 관현리요지로 압축해 볼 수 있다.

먼저 정암리요지를 살피면, 亭岩里 B지구 窯址의 축조시기는 연화문 와당과 토기류를 바탕으로 하여 대략 6세기 중엽에서부터 7세기초

---

363) 忠南大學校博物館, 『聖住寺』, 1998, p.746 사진 146-5【本文 圖版 87】. 보고서에서는 ⅠBd형으로 분류하였다.
364) 忠南大學校博物館, 『聖住寺』, 1998, p.745 사진 145-7【本文 圖版 88】. 보고서에서는 ⅠBd형으로 분류하였다.

〔圖版 89〕 官北里 推定王宮址 出土 瓦當   〔圖版 90〕 東南里遺蹟 出土 瓦當

엽으로 추정되었다.365) 가마 중 6세기 중엽으로 시기가 비교적 이른 9호 窯에서는 단판 8엽 연화문 와당366)과 연목와367)가 함께 출토되었다. 전자는 8葉의 연판에 1+4顆의 연자수를 배치하고 있다. 연판은 양감이 있고, 판단 중심부에는 볼록하게 양각된 역삼각형의 삼각돌기가 위치하며, 연판의 最大徑은 瓣端部에 가까운 상부에 있음을 볼 수 있다. 이렇게 연판의 최대경이 판단부에 가깝게 위치하고 있는 것은 공주 공산성 추정 왕궁지 출토 원형돌기식 와당, 부여 관북리 추정 왕궁지 출토 삼각돌기식 와당,368) 구아리 傳 天王寺址

---

365) 申光燮・金鐘萬, 『부여 정암리 가마터(II)』, 國立扶餘博物館・扶餘郡, 1992, p.128.
366) 申光燮・金鐘萬, 『부여 정암리 가마터(II)』, 國立扶餘博物館・扶餘郡, 1992, 도판 44-②.
367) 申光燮・金鐘萬, 『부여 정암리 가마터(II)』, 國立扶餘博物館・扶餘郡, 1992, 도판 49-①・②.
368) 國立公州博物館, 『百濟瓦當特別展』, 1988, 도판 53【本文 圖版 89】・55.
369) 扶餘文化財研究所, 『扶餘 舊衙里百濟遺蹟發掘調査報告書』, 1993, 도판 22-②・③.

V. 製瓦術

출토 삼각돌기식 와당,369) 용정리 폐사지 출토 삼각돌기식 와당370) 등 시기가 이른 유적에서 주로 확인되고 있다. 아울러 자방이 연판에 비해 현저히 크고, 그 내에 배치된 1+4顆의 연자배치도 웅진시대의 와당에서는 볼 수 없는 새로운 양식이라 할 수 있다. 자방에서의 형식화는 확인되나 연판이 웅진시대의 전통을 따르고 있어 시기는 대략 6세기 중반경으로 추정된다. 기타 이러한 양식을 보이는 와당은 부여 군수리 폐사지,371) 동남리유적,372) 규암면 외리유적373) 등에서도 찾아지고 있다. 한편, 연목와는 단판 8엽 연화문 와당과 비교하여 연판과 연자배치의 차이는 없으나 자방에 있어 외곽으로 圓圈帶가 돌려지고 있다. 이러한 원권대는 6세기 중엽으로 편년된 9호요에서 출토되었다. 따라서 사비시대에 보이는 자방 외곽의 원권대는 그 시초가 6세기 중반임을 알 수 있다. 이러한 형식은 정림사지,374) 공주 부근, 관북리 추정 왕궁지,375) 용정리 폐사지376) 등에서 살필 수 있다.

이러한 와당은 후반에 이르면 瓣端文과 子房, 그리고 연판의 양감에

---

370) 國立公州博物館,『百濟瓦當特別展』, 1988, 도판 120.
371) 國立公州博物館,『百濟瓦當特別展』, 1988, 도판 61.
372) 國立公州博物館,『百濟瓦當特別展』, 1988, 도판 67【本文 圖版 90】· 69.
373) 國立公州博物館,『百濟瓦當特別展』, 1988, 도판 105.
374) 尹武炳,『定林寺』, 忠南大學校博物館, 1981, 도판 99-C.
375) 國立公州博物館,『百濟瓦當特別展』, 1988, 도판 54.
376) 國立公州博物館,『百濟瓦當特別展』, 1988, 도판 120.

있어 이전과는 다른 변화를 보이게 된다. 즉 판단은 이전의 생동감있는 역삼각형보다는 형식적이고 세장한 逆이등변삼각형으로 바뀌게 된다. 아울러 연판의 경우도 6세기 중반에서 볼 수 있었던 양감은 대부분 사라져 빈약화되고 평면적으로 변화하고 있다.[377] 자방에 있어서도 크기가 다양해지고 凸모양 뿐만 아니라 평면적인 것도 찾아볼 수 있다.

판단의 변화는 정암리요지에서 燔瓦된 6세기 중엽의 와당과 비교하여 보면 쉽게 그 차이점을 알 수 있다. 즉, 9호요에서 출토된 와당은 판단이 역삼각형 혹은 밑변이 양변보다 긴 삼각형[378]에 가까우며, 양변이 안쪽으로 곡면 처리되어 만나고 있다.[379] 그러나 6세기 말~7세기 전반으로 추정되는 왕흥사지 및 관북리 추정 왕궁지, 군수리 폐사지, 부소산 폐사지 출토 와당을 보면 판단을 이루는 삼각형의 꼭지점이 길게 이어져 그 끝이 판근 쪽으로 향하고 있음을 살필 수 있다.

또한 6세기 후반에 이르면 자방의 크기와 연자의 형태 변화도 찾아볼 수 있다. 즉, 6세기 중반기에 정암리요지에서 燔瓦된 와당만 보더라

---

377) 부소산 폐사지, 관북리 추정 왕궁지 등에서 살필 수 있다.
378) 판단의 밑변이 양변보다 길게 표현됨으로써 전체적으로는 그 높이가 낮게 됨을 의미한다.
379) 이러한 와당은 관북리 추정 왕궁지 및 동남리유적, 궁남지(國立扶餘文化財研究所, 『宮南池』, 1999, p.278 圖版 161-③), 군수리 폐사지(國立公州博物館, 『百濟瓦當特別展』, 1988, 도판 61) 등에서 살필 수 있다.

도 자방이 연판에 비해 상대적으로 크게 만들어졌음을 볼 수 있다. 그러나 6세기 후반에 이르면 쌍북리유적 출토 와당[380])과 같이 자방이 연판에 비해 월등히 작게 제작되고 있다. 이러한 자방의 형식화는 6세기 후반의 원형돌기식 와당에서도 찾아볼 수 있다.[381]) 아울러 연자의 경우도 작은 돌기 주변에 원권대가 돌려짐으로써 이전에 비해 좀 더 형식화되었음을 알 수 있다.[382])

한편, 6세기 말~7세기경에 이르면 자방이나 연판에서의 장식화 현상이 두드러지게 나타난다. 즉, 複葉의 연판과 연판 내에는 꽃술[383])이나 稜[384]) 이 새롭게 등장하며, 자방의 연자수는 2열 배치와 함께 새롭게 3열 배치가 등장하게 된다. 그리고 자방의 외곽을 圓圈文이외의 1열,[385]) 2열,[386]) 3열[387])의 小連珠文帶 혹은 鋸齒文[388]) 등으로 장식해

---

380) 國立公州博物館, 『百濟瓦當特別展』, 1988, 도판 136.
381) 가탑리 폐사지 출토 단판 8엽 연화문 와당을 들 수 있다.
382) 中井里遺蹟(國立公州博物館, 『百濟瓦當特別展』, 1988, 도판 130) 및 龍井里廢寺址 (國立公州博物館, 『百濟瓦當特別展』, 1988, 도판 122) 출토 와당에서 볼 수 있다.
383) 용정리 폐사지, 관북리 추정 왕궁지, 동남리유적, 부소산, 부소산 폐사지 등에서 확인된다.
384) 삼각돌기식 와당의 연판 중심에 稜(縱線文)이 그어진 것은 金剛寺址 출토 와당 (百濟文化開發研究院, 『百濟瓦塼圖錄』, 1983, 도판 416·417【本文 圖版 91】)에서 살필 수 있다. 이러한 양식의 와당은 일본 白鳳時代 正法寺 瓦當에서도 확인된다.
385) 부여 은산면 金剛寺址에서 출토되었다(百濟文化開發研究院, 『百濟瓦塼圖錄』, 1983, 도판 215【本文 圖版 92】).

〔圖版 91〕 金剛寺址 出土 瓦當 1

〔圖版 92〕 金剛寺址 出土 瓦當 2

〔圖版 93〕 軍守里廢寺址 出土 橡木瓦

〔圖版 94〕 王興寺址 出土 瓦當

〔圖版 95〕 雙北里遺蹟 出土 瓦當

386) 國立公州博物館,『百濟瓦當特別展』, 1988, 도판 164【本文 圖版 93】. 이는 삼각 돌기식을 취한 橡木瓦이다. 6顆의 蓮子외곽으로 2열의 小連珠文帶가 감싸고 있다. 군수리 폐사지에서 출토되었다.

387) 尹武炳,『扶餘官北里 百濟遺蹟 發掘報告(Ⅱ)』, 忠南大學校 博物館・忠淸南道, 1999, 圖版 84-1.

388) 金誠龜,「百濟의 瓦塼」『百濟의 彫刻과 美術』, 公州大學校 博物館・忠淸南道, 1992, 도 62.

V. 製瓦術

놓기도 하였다. 또한 자방을 평면이 아닌 鬼目文처럼 볼록하게 튀어나오도록 꾸민 것도 확인된다.[389] 연판은 평면으로 변하고, 더 나아가 문양의 일부 혹은 전체[390]를 陰刻線으로 꾸며놓은 것도 살필 수 있다. 또한 보령 聖住寺址에서 살핀 바와 같이 판단선이 직선화되면서 연판의 외곽을 양각화하여 龜甲文처럼 보이도록 한 것도 찾아볼 수 있다.

따라서 백제에서 일본으로 건너간 와박사들은 그 파견시기로 보아 6세기 말~7세기경의 장식화된 와당 형식은 습득하지 못하였을 것으로 사료된다. 다시 말하면 6세기 후반에 백제에서 유행하였던 형식화된 와당 형식을 일본에 전수하였음을 의미하는 것으로 이는 飛鳥寺 창건 와당을 통해서도 쉽게 찾아볼 수 있다. 즉, 이들 와당은 자방이 연판에 비해 현저하게 작고, 판단과 판근의 너비차가 크다는 특성이 있다. 결과적으로 飛鳥寺의 원형돌기식 및 삼각돌기식 와당이 가탑리폐사지·쌍북리유적·금성산 와적기단건물지·부소산 출토 와당과 관련성이 있음을 볼 수 있다.

---

[389] 부여 규암면 신리 王興寺址에서 출토되었다(百濟文化開發研究院, 『百濟瓦塼圖錄』, 1983, 도판 383 【本文 圖版 94】).

[390] 雙北里遺蹟(國立公州博物館, 『百濟瓦當特別展』, 1988, 도판 138 【本文 圖版 95】) 및 佳增里廢寺址(國立公州博物館, 『百濟瓦當特別展』, 1988, 도판 126) 등에서 볼 수 있다.

3. 日本 飛鳥寺 瓦當의 製作과 其他 遺蹟出土 瓦當

(1) 飛鳥寺 瓦窯(圖面 36)

飛鳥寺 출토 원형돌기식과 삼각돌기식 와당은 588년 백제에서 일본으로 파견된 와박사들에 의해 제작되었다.[391] 그런데 이들 와박사에

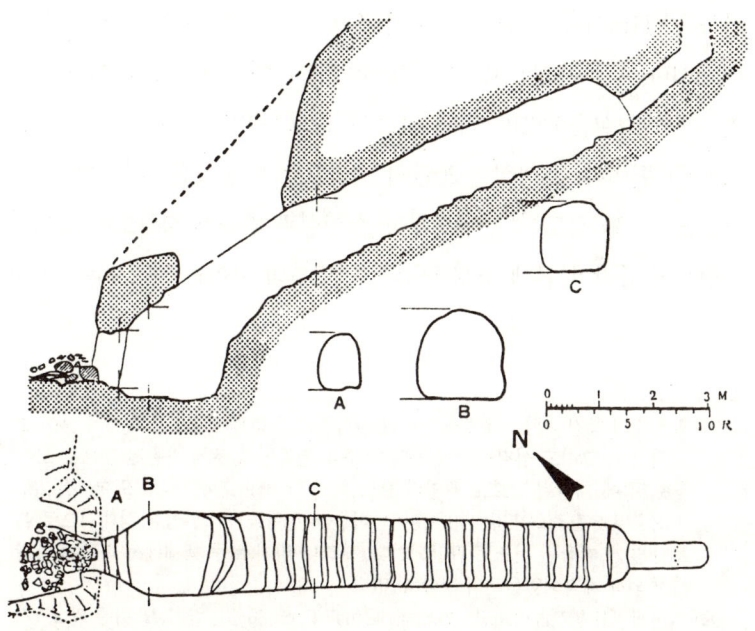

〔圖面 36〕 飛鳥寺 瓦窯 平・斷面圖
(大川淸,『日本の古代瓦窯』, 雄山閣, 昭和47年, 第8圖)

의해 제작된 와당을 살펴보면 백제 와당과는 좀 다른 형태를 띠고 있다. 이러한 차이는 연판수, 연판과 자방의 비 등에서 확인할 수 있다. 따라서 백제 와당과 飛鳥寺 와당의 이 같은 차이는 瓦范의 이동보다는 새로운 와당의 제작으로 이해된다. 와당의 제작은 한편 瓦窯의 등장을 의미하는데 이러한 측면에서 飛鳥寺 瓦窯의 발굴은 시사하는 바가 크다.392)

飛鳥寺 瓦窯는 완전 지하식 등요로 평면이 주사기 형태이며 전체 길이가 10.11m이다. 이중 소성부의 길이는 약 8.7m이며, 최대 너비는 1.5m이다. 아궁이(焚口)는 90×75cm의 크기에 평면 長圓形이다. 이와 연결된 연소실은 레벨이 약간 낮으며, 段壁은 약 1.8m로 높고, 경사도도 급한 편이다. 소성실은 20단의 계단으로 이루어졌으며, 窯床의 경사도는 25~30°정도이다. 연도부도 소성실과 비슷한 경사도를 보이며, 소성실의 중앙 끝단에 조성되었다. 연도부의 길이는 약 1.9m이며, 굴

---

391) 飛鳥寺의 창건 와당인 원형돌기식과 삼각돌기식 중 양적으로는 후자가 많이 출토되었다. 그리고 삼각돌기식 와당이 주요 건물인 堂塔에 사용된 것으로 보아 588년경에 제작된 것으로 보았다(龜田修一, 「百濟古瓦考」『百濟硏究』第12輯, 忠南大學校 百濟硏究所, 1981, p.99). 아울러 원형돌기식 와당은 상대적으로 이보다 늦게 제작된 것으로 판단되었다. 그러나 양자 모두 백제에서 파견된 와박사에 의해 제작되었음은 부정할 수 없다.

392) 大川淸, 『日本の古代瓦窯』, 雄山閣, 昭和47年, pp.30~31. 한편, 또 다른 와요 1기가 전술한 瓦窯 근처에서 확인된 바 있다(毛利光俊彦, 「近畿地方の瓦窯」『佛敎藝術』148號, 每日新聞社, 昭和 58年, p.62).

뚝은 수직으로 세워 처리하였다. 窯의 내부 천정은 아치형태를 이루고 있으며 가마의 조영 연대는 6세기 말로 추정되었다. 이러한 지하식의 계단식 登窯는 일찍이 부여의 亭岩里瓦窯393)에서도 확인된 바 있으며, 일본 소재 楠葉瓦窯394) 隼上リ瓦窯,395) 三井瓦窯396) 등과도 구조

---

393) B-7호요 및 B-8호요([圖面 37])가 이에 해당된다. 전자는 소성실의 瓦段이 8단이며, 후자는 7단이다. 2기 모두 전체 길이가 6m 이내이고 평면 형태는 長舟形이다. 가마의 평면 형태, 소성실의 瓦段, 전체 크기면에서 飛鳥寺 와요와 차이를 보인다(申光燮·金鐘萬, 『부여 정암리 가마터(II)』, 國立扶餘博物館, 1992).

394) 大阪府 枚方市와 京都府 八幡市의 구릉상에 조영되었으며, 현재까지 모두 8기의 窯가 확인되었다. 사천왕사식의 와당은 3·4·8호요에서 燔瓦되었고, 奧山久米寺식의 와당은 6호요, 山田寺식의 와당은 7호요에서 각각 燔瓦되었다. 須惠器도 함께 번조된 瓦陶兼業窯이다(畑中英二, 「近畿地方の飛鳥·白鳳時代土器編年研究と問題點」, 『飛鳥·白鳳の瓦と土器』, 帝塚山大學考古學研究所歷史考古學研究會·古代の土器研究會, 1999, pp.54~56).

395) 京都府 宇治市 隼上リ에 위치하며, 1982년에 발굴조사 되어 1986년에 국가 사적으로 지정되었다. 飛鳥時代의 유적으로 4기의 瓦窯와 工房遺蹟(掘立柱 건물 7동, 굴립주·1, 土壙 등)이 조사되었다[圖面 38·39]. 窯는 표고 약 50m 정도의 구릉 南斜面에 약 8m의 간격을 두고 배치되었다. 공방유적은 窯群의 남서쪽 약 50m 떨어진 緩斜面에서 확인되었다. 窯의 조업 개시는 7세기 전반이며, 폐업시기는 7세기 중반경이다. 4기 중 2호와 3호窯는 토기, 기와 兼用 窯로 사용되었다. 이곳에서 燔瓦된 와당이 大和 豊浦寺의 것과 동범이어서 생산-수급관계를 보여주기도 한다(岡本東三, 「七世紀代の瓦窯跡」, 『佛教藝術』 174號, 每日新聞社, 昭和 62年, pp.73~76 ; 毛利光 俊彦, 「近畿地方の瓦窯」, 『佛教藝術』 148號, 每日新聞社, 昭和 58年, pp.60~61).

한편, 이곳에서 출토된 須惠器의 경우도 640년경으로 편년되었다(畑中英二, 「近畿地方の飛鳥·白鳳時代土器編年研究と問題點」, 『飛鳥·白鳳の瓦と土器』, 帝塚山大學考古學研究所歷史考古學研究會·古代の土器研究會, 1999, p.53).

V. 製瓦術

면에서 관련성이 찾아진다.397) 飛鳥寺 瓦窯는 기와 외에 須惠器도 燔造하여 瓦陶兼業窯로 알려져 있다.

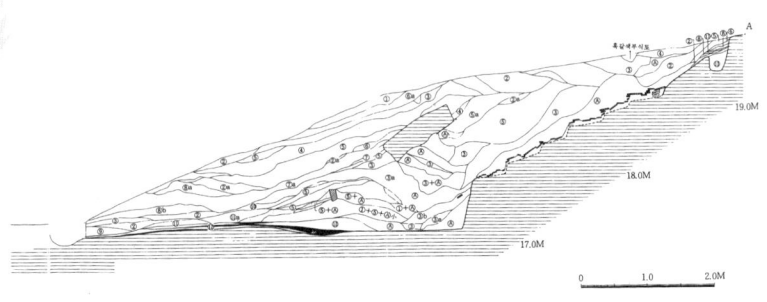

〔圖面 37〕 亭岩里 B-8號窯 土層 斷面圖
(申光燮·金鐘萬,『부여 정암리 가마터(II)』, 국립부여박물관, 1992, 揷圖 24)

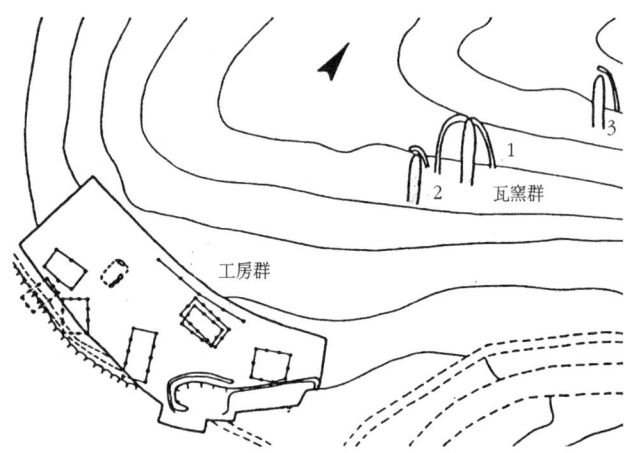

〔圖面 38〕 隼上リ瓦窯蹟 遺構配置圖
(毛利光 俊彦,「近畿地方の瓦窯」,『佛敎藝術』148號, 每日新聞社, 昭和 58年, 圖1-1)

한편, 飛鳥寺 瓦窯에서 생산된 기와와 토기는 飛鳥寺에 공급되었음을 알 수 있는데 본고에서는 백제의 와박사와 관련된 와당에 대해서만 살펴보고자 한다.

(2) 飛鳥寺 瓦當의 製作

飛鳥寺 와당은 연판의 판단부 및 제작기법에 따라 크게 원형돌기식 와당(星組)과 삼각돌기식 와당(花組)으로 나눌 수 있다. 전자는 회전을

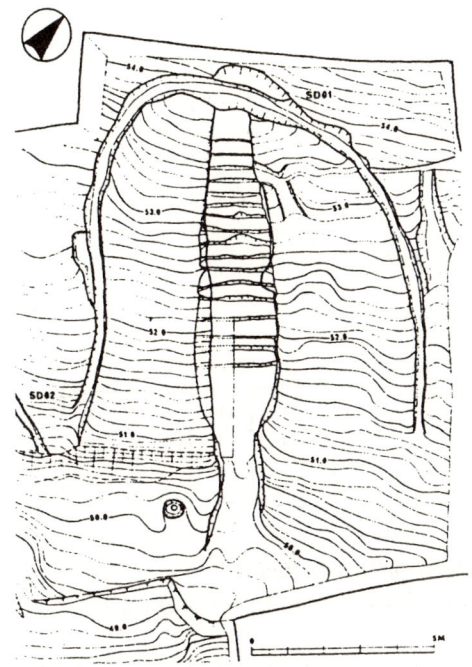

〔圖面 39〕 隼上リ 瓦窯蹟 1號窯 平面圖
(岡本東三,「七世紀代の瓦窯跡」,『佛敎藝術』174號, 每日新聞社, 昭和 62年, 圖 8)

396) 奈良縣 生駒郡 富鄕村 大字三井의 法輪寺와 法起寺의 중간 북쪽에 위치한 구릉 西斜面에 자리하고 있다(大川淸,「瓦窯の形態と年代」『日本の古代瓦窯』, 雄山閣, 昭和 47年, p.33). 아궁이, 연소실, 소성실, 연도부 등이 남아 있으며, 잔존 길이는 4.92m이다. 조사 당시 요상에서 9개의 계단이 확인되었다【圖面 40】. 7세기 후반의 瓦窯이다.

이용해서 만들어진 막새와 끝부분에 段을 지운 수키와(미구기와)를 조합해서 완성한 것이다. 이 와당은 웅진시대인 6세기 초반에서부터 7세기대까지 정지산유적내 기와집을 비롯한 공산성 추정왕궁지, 공산성 1차 池塘, 만아루지, 대통사지 등 다양한 유적에 사용되

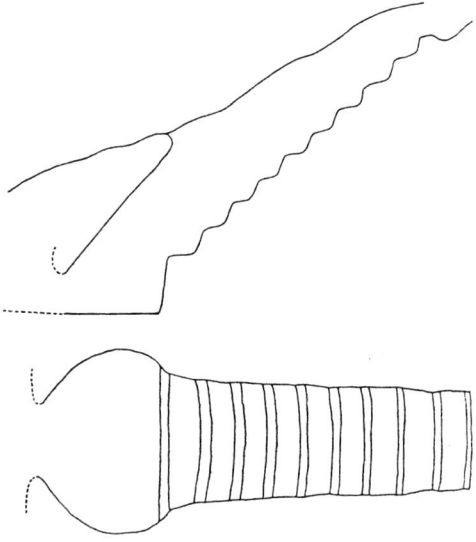

〔圖面 40〕 三井瓦窯 平·斷面圖
(大川淸,『日本の古代瓦窯』, 雄山閣, 昭和47年, 第9圖)

었다. 그리고 사비시대에는 용정리 폐사지, 구아리 傳 천왕사지, 구아리 백제유적(방형 연지), 능사, 정림사지, 가탑리 폐사지, 동남리유적, 규암리유적, 부소산 유적 등에 사용되었다.

이와 같이 공주·부여지역에서 변천을 보인 원형돌기식 와당은 588

---

397) 毛利光 俊彦, 「近畿地方の瓦窯」『佛敎藝術』 148號, 每日新聞社, 昭和 58年, p.65.

백제 건축기술의 대일전파

〔圖版 96〕 飛鳥寺 出土 圓形突起式 瓦當

년 백제에서 일본으로 파견된 瓦博士들에 의해 일본의 飛鳥寺 원형돌기식 와당에 그대로 영향을 미치게 되었다. 물론 飛鳥寺 와당이 백제의 것과 비교하여 연자수나 연판수와 같은 세부적인 요소에서 약간의 차이가 확인되기는 하지만 연판과 자방의 전체적인 형태에서는 큰 차이가 없다. 예컨대 飛鳥寺 원형돌기식 중 자방이 작고 연판 11엽에 연자수가 1+5顆를 취하는 와당(本文 圖版 96)[398]은 연판수에서 보이는 것처럼 백제 본래의 8엽과는 차이가 있다.

그러나 자방과 연판의 전체적인 비례를 살펴볼 때 부여지역 출토 원형돌기식 와당과 유사함을 볼 수 있다. 즉 연판의 크기에 비해 상대적으로 자방이 작은 와당은 가탑리 폐사지, 금성산 건물지, 능사지, 부여 부근 등에서 출토되었다. 특히 가탑리 폐사지 및 금성산 건물지 출토 와당은 판단과 판근의 폭이 크고 연판의 길이가 세장하여 여느 와당의 연판과 비교해 식별이 확연하다. 특히 연판에 비해 자방을 현저히 작

---

[398] 6세기 말에 제작된 와당으로 飛鳥寺의 창건와에 해당된다(奈良國立文化財硏究所·飛鳥藤原宮跡發掘調査部, 『藤原宮と京』, 1991, p.88).

V. 製瓦術
287

게 표현하여 자방의 형식화를 살필 수 있다. 그런데 이러한 형식의 와당이 일본 飛鳥寺 와당에서도 그대로 확인되고 있어 하나의 특징이 아닐 수 없다. 따라서 飛鳥寺 원형돌기식 와당을 제작한 백제의 와박사는 가탑리 폐사지(本文 圖版 66), 금성산 건물지,[399] 陵寺址, 부여 부근 출토 와당으로 보아 부여지역에서 6세기 후반경에 활발한 활동을 보였던 백제의 瓦工임을 추정해 볼 수 있다. 그리고 백제의 와박사 파견과 관련하여 瓦范은 일본에 건너가지 않았던 것으로 사료된다. 이는 飛鳥寺 원형돌기식 와당이 연판수와 문양 면에서 백제의 것과 다르다는 사실에서도 어느 정도 유추할 수 있다. 물론 보는 관점에 따라 구아리 傳 천왕사지 출토 와당을 飛鳥寺 원형돌기식과 관련시켜 보는 경우도 있지만[400] 전체적인 연판의 형태나 자방의 크기 등을 비교하여 볼 때 가탑리 폐사지, 능사지, 금성산 건물지 출토 와당이 飛鳥寺 원형돌기식 와당과 더 관련성이 있음을 살필 수 있다. 그리고 판단 중심의 小珠文을 중심으로 그 좌우의 瓣端線이 원호를 이루며 꺾이는 것은 공주 대통사지·공산성 池塘 출토 및 부여 지역의 여느 원형돌기식 와당에서 보는 것과 큰 차이가 없다.[401] 또한 1+5顆[402]의 연자수 배치는 사비

---

399) 申光燮·金鐘萬, 『扶餘錦城山百濟瓦積基壇建物址發掘調査報告書』, 國立扶餘博物館, 1992, 圖版 40-②. 연화문 와당 C형식이 이에 속한다.
400) 李タウん, 「百濟の瓦からみ飛鳥時代初期の瓦について」『飛鳥·白鳳の瓦と土器』, 帝塚山大學考古學研究歷史考古學研究會, 1999, p.7.

시대에 이르러 자유롭게 등장한 하나의 변화라 할 수 있다.

　이에 비해 삼각돌기식 와당(花組)은 제작과정에서 회전을 이용하지 않아, 뒷면이 편평한 막새를 끝부분의 왼쪽을 약간 깎거나 아무런 가공을 하지 않은 토수기와와 조합해서 완성하였다. 그런데 드림새와 수키와의 접합방법은 같은 건물지에서 출토된 동일 시기의 와당에서도 다양하게 나타나고 있어 시기 설정에는 큰 도움이 되지 않고 있다. 따라서 본고에서는 연판이나 자방의 형태에 중점을 두고 飛鳥寺의 삼각돌기식 와당을 검토해 보고자 한다. 아울러 이 과정에서 飛鳥寺 와당의 시원이 될 수 있는 백제의 삼각돌기식 와당에 대해서도 함께 알아보고자 한다.

　飛鳥寺 삼각돌기식 와당의 시원은 백제의 정암리 B지구 9호요 출토 와당에서 찾아볼 수 있다. 9호요는 無階段式 登窯로 6세기 중엽경에 조업이 시작된 것으로 추정된다.[403] 여기에서는 단판 8엽 연화문 와당

---

401) 백제의 경우 판단 중심의 小珠文을 중심으로 瓣端線이 一字形에 가깝게 曲面處理된 것과 角이 지게 下向하는 것으로 구분할 수 있다. 이러한 두 양식은 모두 飛鳥寺 원형돌기식 와당에서 확인되고 있다. 특히 소주문을 중심으로 角이 지게 하향하는 瓣端은 豊浦寺, 斑鳩寺, 奧山廢寺 등에서도 살필 수 있다.
402) 삼각돌기식으로 1+5顆의 연자배치를 보이는 것은 부여 동남리유적, 구교리 폐사지, 용정리 폐사지 출토 8葉 와당이 있다. 또한 曲折素瓣形의 조형이 될 수 있는 판단융기형의 변형인 1+5顆 8葉와당도 금강사지에서 출토된 바 있다.
403) 申光燮・金鐘萬, 『扶餘錦城山百濟瓦積基壇建物址發掘調査報告書』, 國立扶餘博物館, 1992, p.121.

과 연목와가 함께 燔瓦되었다. 와당은 웅진시대에 볼 수 없었던 1+4顆의 연자수를 배치하였으며, 연판의 최대경이 판단과 가까운 상부에 위치하였다. 이러한 형식의 와당은 관북리 추정왕궁지, 군수리 폐사지, 동남리유적, 규암면 외리유적, 용정리 폐사지, 임강사지, 금강사지, 쌍북리유적 그리고 공주 부근 등에서도 확인된 바 있어 일찍부터 상호 생산-수급관계를 판단케 하였다.

6세기 중·후반을 거치면서 백제의 삼각돌기식 와당은 연판이나 자방 등에서 다양한 변화를 추구하였다. 이러한 변화에 대해선 일본으로 파견된 백제의 瓦博士들도 충분히 인지하였을 가능성이 높다. 따라서 와박사에 의해 제작된 飛鳥寺의 삼각돌기식 와당에서도 이러한 특징은 충분히 표현되었다고 볼 수 있다.

飛鳥寺의 삼각돌기식 와당은 연판수에 있어 다양함을 볼 수 있는데 본고에서는 창건 와당에 해당되는 10엽을 주로 하여 살펴보고자 한다(本文 圖版 97).[404] 아울러 이의 조형이 될 수 있는 백제의 삼각돌기식 와당에 대해서도 검토해 보도록 하겠다.

〔圖版 97〕 飛鳥寺 出土 三角突起式 瓦當

---

404) 奈良國立文化財硏究所·飛鳥藤原宮跡發掘調査部, 『藤原宮と京』, 1991, p.88.

飛鳥寺 와당의 연판은 자방에 비해 현저하게 크며, 瓣端 중심부엔 역삼각형의 삼각돌기가 위치해 있다. 연자 배치는 1+5顆이며, 자방의 외곽에 1조의 원권대가 돌려져 있다.405) 연판 사이의 간판은 양감이 있으며 날렵하다. 아울러 연판에 있어서의 판단과 판근의 폭이 넓어졌음을 볼 수 있다.

이러한 연판의 특징을 보이는 와당은 백제의 경우 관북리 추정 왕궁지(本文 圖版 71), 부소산,406) 쌍북리유적(本文 圖版 99), 금성산 건물지407) 등에서 출토된 바 있다. 그리고 와박사가 일본에 파견될 즈음인 6세기 후반경에 부여지역에서 유행하였다. 따라서 문양면으로 볼 때 飛鳥寺 삼각돌기식 와당의 모델로 볼 수 있다. 그러나 이들 와당이 와요지에서 출토된 것이 아니기 때문에 올바른 생산 - 수급관계를 밝히기란 그리 쉽지 않다. 아울러 와요의 위치에 대해서도 지금까지 알려진 바 없어 와공의 출신지에 대한 검토도 쉽지 않다. 다만 와박사가 파견될 즈음에 국가에서 경영하였던 대규모의 瓦窯가 부여지역 내에 존

---

405) 이와 같이 1+5과의 연자 배치에 원권문이 돌려 있는 자방은 부여 동남리유적에서 확인할 수 있다. 그러나 동남리유적 출토 삼각돌기식 와당의 경우는 연판에 비해 자방이 크게 제작되어 飛鳥寺 삼각돌기식 와당과 반대임을 볼 수 있다.
406) 國立公州博物館, 『百濟瓦當特別展』, 1988, 도판 100 【本文 圖版 98】. 이 와당은 삼각돌기식을 취하고 있다.
407) 姜友邦, 「韓國瓦當藝術論序說」『新羅瓦塼』, 國立慶州博物館/慶州世界文化엑스포組織委員會, 2000, p.422 圖 7.

재하고 있었으므로 이들의 系統만을 대략적으로 파악해 볼 수 있을 뿐이다. 이를 위해 부여지역의 亭岩里瓦窯를 주목해 보고자 한다.

〔圖版 98〕扶蘇山 出土 瓦當

〔圖版 99〕雙北里遺蹟 出土 瓦當

飛鳥寺 삼각돌기식 와당은 정암리 B지구 9호요 출토 삼각돌기식 와당과 비교해 자방·연판·주연의 두께 면에서 차이를 살필 수 있으나 이러한 속성의 변화는 부여지역에서 보이는 다양한 와당 변천을 검토해 볼 때 이질적인 요소로 파악하기는 어렵다. 아울러 정암리요지의 폐업 시점이 7세기 중엽으로[408] 약 1세기 동안 조업하였음을 감안하여 볼 때 하나의 계통 즉 삼각돌기식 와당을 성립·발전시키기에는 충

---

408) 申光燮·金鐘萬,『扶餘錦城山百濟瓦積基壇建物址發掘調查報告書』, 國立扶餘博物館, 1992, p.128.

분하리라 생각된다. 특히 이전 시기인 웅진시대의 공산성이나 정지산 유적 내에서 이러한 삼각돌기식 와당이 한 점도 출토되지 않았다는 사실에서도 이의 생산이 부여지역을 중심으로 한 사비시대에 주로 이루어졌음을 판단해 볼 수 있다.

이렇게 볼 때 飛鳥寺의 삼각돌기식 와당은 정암리요지에서 활동하였던 瓦博士(瓦工)들이나 혹은 이의 영향권 하에 있었던 瓦博士(와공)들이 국가의 통제권 속에서 파견되었음을 추정해 볼 수 있다.409) 왜냐하면 1세기 이상의 조업이 이루어 지면서 瓦工의 分化는 당연하였을 것이며, 분화된 와공들에 의해 동일 계통의 다양한 와당이 출현함도 충분히 가능하기 때문이다.

그렇다면 백제 와당과 飛鳥寺 창건 와당의 매개체로 백제 와박사가

409) 정암리요지 출토 삼각돌기식 와당은 현재 발굴조사 결과 왕실과 관련된 건물지나 寺址 등에 주로 공급되었다. 또한 와요의 생산규모가 큰 점, 조업 기간이 1세기 이상이라는 점에서도 정암리요지가 국가의 직접적인 통제권 하에 있었음은 가히 짐작해 볼 수 있다. 특히 588년 백제에서 일본으로 파견된 장인 중 瓦博士라는 이름에서도 볼 수 있듯이 瓦窯址나 瓦博士 모두 국가의 관리하에 있었음은 틀림없다.
한편, 6세기 말로 편년된 飛鳥寺 삼각돌기식 와당을 보면 연판수, 연자배치, 판단의 형태 등에서 전혀 상이함을 볼 수 있다. 이는 원형돌기식 와당에서도 마찬가지이다. 따라서 일본에 파견된 백제의 와박사는 와범을 소유하지 않고 파견되었다는 점에서 서로 다른 와당 제작술을 지니고 있었음을 짐작할 수 있다.

있었음에도 불구하고 飛鳥寺 와당이 백제 와당과 다른 형식을 취하게 된 동기는 무엇일까? 양국의 와당 형식 중 가장 큰 차이는 곧 연판수이다. 백제의 경우 웅진천도 후부터 멸망기까지 8엽을 견지하여 왔다.[410] 그러나 飛鳥寺 와당의 경우는 8엽 이외에 9엽, 10엽, 11엽 등 다양한 연판수를 보이고 있다. 백제 와당과 비교해 8엽 이상이 주류를 이루고 있음을 볼 수 있다.

백제를 비롯한 삼국시대의 경우 기와는 그 사용처가 매우 제한되었을[411] 뿐만 아니라 瓦工의 경우 그 능력에 따라 瓦博士란 칭호도 하사되었다. 이러한 박사 칭호는 오경박사, 모시박사, 노반박사 등과 같이 백제시대에 해당 분야의 전문가였음을 추론케 한다.

백제 정암리와요는 1세기 정도의 조업이 이루어졌음을 전제로 할 때 이 분야에 있어서의 체계화나 분업화, 그리고 瓦工의 분화 등도 능히

---

410) 극소수에 불과하지만 6엽(용정리 폐사지, 미륵사지), 7엽(정림사지), 9엽(동남리 유적)의 와당도 살필 수 있다.
411) ①『舊唐書』卷 一百九十九上, 列傳 第 一百四十九上 東夷 高麗條.
"其所居必依山谷 皆以茅草葺舍 唯佛寺神廟 及王宮官府 乃用瓦."
②『新唐書』卷二百二十, 列傳 第一百四十五 東夷 高麗條.
"居依山谷 以草茨屋 惟王宮官府佛廬以瓦."
이상의 예로 볼 때 기와는 불사, 신묘, 왕궁, 관부 등 아주 제한적인 곳에만 사용되었음을 볼 수 있다. 이러한 제한성은 곧 기와 건물의 권위성을 나타내주는 것이라 할 수 있겠다. 아울러 기와 중에서도 와당은 그 사용처가 더욱 한정되어 왕궁이나 사원, 혹은 신묘 등에만 사용되었을 것으로 판단된다.

짐작해 볼 수 있다. 이러한 요업체계 속에서 백제 와당은 6세기 후반의 형식화와 6세기 말~7세기경의 장식화로 변화하게 되었다. 이러한 형식화와 장식화는 연판과 자방의 형태, 연자 배치 등에 주요 초점을 맞춘 것으로 연판수와는 관련이 없다. 즉, 8엽의 연판수는 웅진천도 후부터 멸망기까지 큰 변화 없이 기조를 유지하였다.

  이러한 상황하에서 보면 8엽의 연판수는 웅진천도 후부터 백제멸망기에 이르기까지 백제 와당의 가장 큰 특징으로 꼽을 수 있다. 특히 원형돌기식 와당의 조형이 되었던 무령왕릉 출토 단판 8엽 연화문전의 출현은 이후 백제 와당의 연판수에 결정적인 시초가 되었다. 이는 6세기 전반 공산성, 정지산유적, 대통사지 등에서 출토된 와당이 모두 8엽이라는 사실에서도 확인할 수 있다. 이러한 8엽의 연판은 사비천도 후에도 큰 변화 없이 와당의 연판수로 자리 매김 하였다. 물론 8엽 이외의 연판수도 살필 수 있지만 전체 출토량에 비하면 아주 소량에 해당되므로 개체로 구분하기 어렵다.

  이와 같이 8엽의 연판은 웅진천도 후 백제 와당의 가장 큰 특징 중 하나였다. 그러나 백제는 6세기 후반을 거치면서 본격적인 연화문의 형식화를 추구하였다. 이는 이전의 와당 문양과 비교하여 보면 연판, 자방 등에서 많은 차이를 보이고 있다. 하지만 연판수에 있어서 만큼은 결코 큰 변화가 일어나지 않았다. 이러한 불변의 연판수는 결론적으로 문양사적 측면에서의 조화미(균형미)로 대변되는 요업사회의 보수성과 밀접한 관련이 있었을 것으로 생각된다.

V. 製瓦術

와박사는 기와 제작과 관련된 최고의 장인으로 판단된다. 아울러 웅진 및 사비시대에 각지에서 기와 건물이 조영되었음을 전제하여 볼 때 와박사 또한 다양한 지역에서 활동하였음을 알 수 있다. 따라서 똑같은 칭호의 와박사라 할지라도 기와를 제작하는 기법은 각기 달랐을 것으로 생각된다. 즉, 와박사 중에는 기존의 제와술을 답습하기 위해 노력하였던 무리가 있었던 반면,[412] 한편으로는 새로운 제와술을 추구하려고 시도하였던 무리도 존재하였을 것이다. 그러나 새로운 방법이나 문양의 창안이 조화미로 대표되는 기존의 테두리 내에서 강요된다면 올바른 작품활동은 불가능하였을 것으로 사료된다. 따라서 飛鳥寺 창건과 관련되어 일본에 파견된 麻奈文奴·陽貴文·㥄貴文·昔麻帝彌등 4인은 기존의 보수적 분위기에서 탈피하여 새로운 작품을 창안하기 위해 떠난 선구자들로 판단된다. 그렇기 때문에 이들은 백제에서 일본으로 파견될 때, 그 누구도 자신이 사용하였던 瓦范을 소유하지 않았던 것이다. 만약, 이들 와박사들이 기존의 보수적 이미지에 젖어 있었다면 그들은 마땅히 자신의 와범을 가지고 이동하였을 것이다. 그리고 일본에서도 백제의 것과 똑같은 와당이 출현함이 당연하다. 그러나 지금까지 백제 와당과 동일한 飛鳥寺 와당은 출토된 바 없다.

---

412) 權五榮, 「漢城期 百濟 기와의 製作傳統과 發展의 劃期」 『古代 東亞細亞 文物交流의 軸』, 忠南大學校 百濟研究所, 2002, p.62.

한편, 이러한 새로운 와당의 출현은 飛鳥寺의 창건 분위기와도 일맥 상통한다고 볼 수 있다. 飛鳥寺는 1탑 3금당식의 가람으로 백제와 고구려라는 성격이 다른 두 나라의 불교문화를 융합하여 완성하였다. 즉, 평면 4각형의 탑이 백제 고유의 塔婆建築 특징 중 하나라면,413) 3금당의 구조는 고구려 伽藍配置 특징 중 하나에 해당한다.414) 이러한 서로 다른 두 문화의 결합은 飛鳥寺가 완성된 후 주지 임명에서도 자연스럽게 재현되었다. 즉, 고구려 승 慧慈와 백제 승 慧聰은 삼보의 棟梁415)으로서 飛鳥寺의 공동 주지로 임명되었다.416) 이처럼 飛鳥寺는 백제의 조사공들에 의해 창건되었지만 당시 백제나 고구려에서는 볼 수 없던 새로운 가람으로 조영되었다. 이러한 결과는 한편으로 백제나 고구려식의 가람이 아닌 일본만의 가람을 탄생시켜 보고자 하는 일본인들의 염원이 담겨있었을 것으로 이해된다. 그렇기 때문에 蘇我馬子

---

413) 정림사지 5층석탑이나 미륵사지 석탑을 비롯해, 능사 목탑지, 군수리 폐사지 목탑지, 금강사지 목탑지, 부소산 폐사지 목탑지, 용정리 폐사지 목탑지 등에서 찾아볼 수 있다.
414) 정릉사지를 비롯해 상오리 폐사지, 토성리 폐사지, 금강사지(청암리 폐사지) 등에서 볼 수 있다.
415) 『日本書紀』卷 第22 推古天皇 三年 五月戊午朔丁卯條,
 "高麗僧慧慈歸化 則皇太子師之 是歲 百濟僧慧聰來之 此兩僧 弘演佛教 並爲三寶之棟梁"
416) 『日本書紀』卷 第22 推古天皇 四年 冬十一月條,
 "…是日慧慈慧聰 二僧 始住於法興寺"

가 588년 백제에 와박사를 요청할 때에도 이러한 분위기에 맞는 신진세력을 요청하였을 가능성이 높다. 따라서 보수적 분위기에서 탈피하여 새로운 문양을 창안하고자 하는 백제의 와공들에게는 일본이 더 없는 기회의 땅으로 여겨졌을 것이다. 바로 이러한 당시의 상황하에서 飛鳥寺의 원형돌기식 및 삼각돌기식 와당이 새롭게 제작되었던 것으로 판단된다.

(3) 其他 遺蹟出土 瓦當

飛鳥寺가 창건되기 시작한 이후 일본에서는 본격적인 사찰 조영이 이루어졌다. 이러한 사찰 조영은 필수적으로 기와를 필요로 하게 되었고, 이에 따른 瓦窯가 일본 각지에서 만들어지게 되었다. 물론 기와 이외에 瓦工과 瓦范이 이동된 예도 살필 수 있다.[417] 따라서 여기에서는 와당을 원형돌기식과 삼각돌기식으로 나누어 검토해 보고자 한다.

---

417) 畿內지역에 한해 삼각돌기식 와범이 이동되어 와당이 제작된 예는 飛鳥寺 → 豊浦寺, 豊浦寺 → 斑鳩寺, 斑鳩寺 → 四天王寺 등에서 살필 수 있다(花谷浩, 「畿內の飛鳥・白鳳時代の瓦とその年代」『飛鳥・白鳳の瓦と土器』, 帝塚山大學考古學研究所歷史考古學研究會, 1999, p.12 圖 1).

V. 製瓦術

❶ 圓形突起式 瓦當

〔圖版 100〕 豊浦寺 出土 瓦當

僧寺인 飛鳥寺에 대한 蘇我本宗家의 尼寺가 곧 풍포사이다. 4종류의 금당 창건 와당 중 한 종류를 제외하면 飛鳥寺 원형돌기식 와당과 태토, 소성도 면에서 동일하다. 와당은 上增窯 등에서 생산 공급된 것으로 판단되며,[419] 이후 斑鳩寺의 원형돌기식 와당에 영향을 미치게 되었다.

자방내의 연자 배치는 1+4과, 1+5과, 1+6과 등이 있으며, 연판수 또한 9엽, 11엽 등 다양하다. 반구사 원형돌기식 와당과 同范을 보이는 것은 1+6과에 9엽의 연판수를 보이는 것이며(本文 圖版 100) 7세기초에 제작되었다.

---

[418] 603년(推古天皇 11)에 추고천황이 豊浦宮에서 小墾田宮으로 옮길 때 蘇我馬子가 풍포궁을 양도받아 寺院化 한 것이 풍포사의 시초이다(奈良國立文化財研究所飛鳥資料館, 『飛鳥資料館 案內』, 1996, p.72).
[419] 花谷浩, 「畿內の飛鳥・白鳳時代の瓦とその年代-大和を中心に-」 『飛鳥・白鳳の瓦と土器-年代論-』, 帝塚山大學考古學研究所歷史考古學研究會・古代の土器研究會, 1999, p.34.

〔圖版 101〕 斑鳩寺 出土 瓦當 1   〔圖版 102〕 斑鳩寺 出土 瓦當 2

斑鳩寺[420] 瓦當

반구사 와당은 1+6과의 연자 배치에 8엽, 9엽의 연판수를 보이고 있다. 이중 전자(本文 圖版 101)는 연판과 자방이 후육하고 소주문의 원형돌기가 눈에 띠며 후자(本文 圖版 102)는 사천왕사와 同范이다. 이러한 와당의 동질성은 결과적으로 瓦工과 瓦范의 이동을 의미한다. 7세기 초·전반에 제작되었다.

法隆寺[421] 瓦當

법륭사 출토 와당은 여러 종류가 있는데 크게 3가지로 나누어 볼 수

---

420) 推古天皇期인 601년에 조영되었다.
421) 推古天皇期인 607년에 조영되었으나 670년(天智天皇)에 燒失되었다. 현재의 法隆寺는 백봉시대에 중건된 것이다.

〔圖版 103〕 法隆寺 出土 瓦當

있다. 첫째는 1+6顆의 蓮子數에 8엽을 보이는 것으로 판단선이 소주문을 중심으로 심하게 각이 진 형태이다(本文 圖版 103). 그리고 두 번째는 첫 번째 와당과 연자 배치, 연판수 면에서 동일하나 판단선이 전자에 비해 완만하게 각이 진 형태이다. 마지막으로 세 번째는 연자 배치가 1+5+8顆에 8葉을 한 와당이다.

이중 첫 번째 와당은 楠葉瓦窯에서 생산 공급된 것이며, 두 번째 와당은 北倭瓦窯에서 공급되었다.[422] 이와 같이 두 지역의 와요에서 와당이 공급되게 된 계기는 남엽와요의 경우가 사천왕사의 付屬瓦窯로 사용되었기 때문이다.[423] 이는 달리 남엽와요에서 제작된 기와 중 일부만이 법륭사에 공급되었음을 의미한다.[424] 모두 7세기 전반에 제작되었다.

---

[422] 毛利光 俊彦, 「近畿地方の瓦窯」 『佛敎藝術』 148號, 每日新聞社, 昭和 58年, p.63 圖 2.
[423] 毛利光 俊彦, 「近畿地方の瓦窯」 『佛敎藝術』 148號, 每日新聞社, 昭和 58年, p.64.
[424] 이는 결과적으로 법륭사 약초가람의 창건에 사용된 와범이 이후 사천왕사의 창건과 관련하여 남엽와요로 이동되었음을 의미한다(佐藤隆, 「四天王寺の創建年代について」 『飛鳥・白鳳の瓦と土器』, 帝塚山大學考古學硏究所歷史考古學硏究會・古代の土器硏究會, 1999, p.149).

V. 製瓦術

四天王寺[427] 瓦當

[圖版 104] 四天王寺 出土 瓦當

楠葉瓦窯[426]에서 생산 공급되었다. 1+6과의 연자 배치에 8엽을 이루고 있다 (本文 圖版 104). 연판 사이의 간판 판두는 자방에 비해 크게 만들어졌다. 판단선은 연판 중앙의 소주문을 중심으로 동심원상의 원호를 이루고 있다. 사천왕사는 남엽와요 외에 반구사의 瓦工이 이동하여 기와를 번와하기도 하였다. 이는 반구사 원형돌기식 와당과 同范이라는 사실에서도 알 수 있다. 7세기 2/4분기에 제작되었다.[427]

---

425) 『일본서기』에서는 推古元年(593년)에 완성된 것으로 전해지나 이에 대해선 신빙성의 문제가 많이 있다. 그리하여 村田治郎의 경우는 문헌자료, 고고학, 미술사학 등의 성과를 검토하여 사천왕사의 조영이 推古朝 말년인 623년경에 시작된 것으로 보았다(村田治郎, 「四天王寺創立史の諸問題」 『聖德太子研究』 2號, 聖德太子研究會, 1996). 한편, 고고학 분야에서도 1955~57년의 발굴조사를 통해 사천왕사 창건시에는 금당, 탑이 우선 조영되고, 중문, 강당, 회랑 등의 조영은 7세기 후반 이후에나 이루어졌음을 밝혀냈다.

426) 楠葉瓦窯는 瓦陶兼業窯로 사천왕사 뿐만 아니라 奧山久米寺 등에 기와를 공급하였다. 아울러 窯는 각 사원의 원격지에서 생산하는 형태를 취하였으며, 修造시에도 기와를 공급하는 등 장기간에 걸쳐 조업을 행하였다(上村和直, 「廣隆寺-移建か山背最古の寺-」 『古代寺院の移建と再建お考える』, 帝塚山考古學研究所, 1995, p.121).

定林寺[428] 瓦當

1+6顆에 11엽의 연판을 보이는 와당이다(本文 圖版 105). 연판이 전체적으로 세장하고 판단의 융기문을 중심으로 판단선이 각이 지게 꺾인 점, 그리고 연판에 비해 자방이 현저히 작은 점등에서 가탑리 폐사

---

427) 이러한 편년은 남엽와요에서 소성된 수혜기의 검토를 통해 이루어졌다. 즉, 남엽와요는 瓦陶兼業窯로 기와 이외에 수혜기도 번조하였다. 가마 출토 수혜기를 난파지역의 다른 유적 출토 수혜기와 비교해 본 결과 推古朝 말년경(7세기 2/4분기)을 상한으로 하였음이 밝혀졌다(佐藤隆, 1999, 「四天王寺의 創建年代について」『飛鳥・白鳳の瓦と土器-年代論-』, 帝塚山大學考古學研究所歷史考古學研究會・古代の土器研究會, pp.149~151). 이는 村田治郎의 설도 거의 일치하는 것이다.

428) 明日香村 立部의 서쪽으로 펼쳐진 소구릉상에 위치하고 있으며, 지명에 의거 立部寺라고도 불린다. 1928년 石田茂作이 이 곳을 방문하여 土壇과 초석을 실측하고 소규모의 발굴을 실시하였다. 아울러 1953년에는 탑지를 발굴조사하였다. 탑의 心礎는 지표 하 2m 지점에서 확인되었고, 심초 위쪽의 充塡土에서는 塑像과 瓦, 塼, 金環 등이 함께 출토되었다. 그 결과 1966년 정림사는 史蹟으로 지정・보호받게 되었다. 이후 1977년에도 정비 차원의 목적으로 발굴조사가 진행되었다. 조사 결과 鎌倉時代의 중건 기단 주변 瓦積層에서 비조시대 瓦가 주로 출토되어 정림사는 겸창시대에 이르러 대규모의 중창불사가 이루어졌음이 추정되었다(飛鳥資料館, 『日本と韓國の塑像』, 昭和 60年, pp.52~53). 성덕태자가 창건하였다고 전해지며 현재 春日神社 경내가 사지이다. 출토된 와당으로 보아 정림사의 창건은 7세기대로 판단된다(奈良國立文化財研究所飛鳥資料館, 『飛鳥資料館 案內』, 1996, p.72).

한편, 정림사의 북으로는 飛鳥寺, 산전사, 오산구미사, 풍포사 등이 있고, 남으로는 법륭사가 있다. 그리고 동으로는 모삭사, 서로는 석천정사 등이 있다(小笠原好彦, 「寺お建てた氏族たち」『古代の寺お考える』, 1991, p.40 圖 1).

지 출토 와당과 유사함을 볼 수 있다. 와당 문양은 飛鳥寺 원형돌기식과 유사하나 제작기법은 삼각돌기식에 가깝다.[429] 7세기 전반에 제작되었다.

이들 외에도 원형돌기식 와당은 橫井廢寺(7세기, 本文 圖版 106), 石神遺蹟(7세기,

〔圖版 105〕 定林寺 出土 瓦當

〔圖版 106〕 橫井廢寺 出土 瓦當   〔圖版 107〕 石神遺蹟 出土 瓦當   〔圖版 108〕 坂田寺 出土 瓦當

〔圖版 109〕 奧山久米寺 出土 瓦當   〔圖版 110〕 和田廢寺 出土 瓦當   〔圖版 111〕 新堂烏含寺 出土 瓦當

本文 圖版 107), 坂田寺(7세기, 本文 圖版 108), 奧山久米寺(7세기, 本文 圖版 109), 和田廢寺(7세기, 本文 圖版 110), 新堂烏含寺(7세기, 本文 圖版 111), 御所市上增, 佐田遺蹟, 中宮寺, 法輪寺, 廣隆寺 등에서 그 예를 찾아볼 수 있다.430)

❷ 三角突起式 瓦當

豊浦寺 瓦當

1+8과의 연자 배치에 8엽의 연판을 보이는 단판연화문 와당이다(本

---

429) 大脇潔,「渡來系氏族寺院の軒瓦と基壇」『季刊 考古學』第 60號, 雄山閣, 1997, p.67.
430) 이상의 와당에 대해서는 다음의 책자를 참조하였다.
① 會津八一,『法隆寺・法起寺・法輪寺 建立年代の研究 二』, 昭和8年.
② 奈良國立文化財研究所・飛鳥藤原京跡發掘調査部,『藤原京と京』, 1991.
③ 帝塚山考古學研究所,『古代寺院の移建と再建を考える』, 1995.
④ 帝塚山大學考古學研究所歷史考古學研究會,『飛鳥・白鳳の瓦』, 1999.
⑤ 國立公州博物館,『日本所在 百濟文化財 調査報告書Ⅰ-近畿地方-』, 1999.
⑥ 國立慶州博物館,『新羅瓦塼』, 2000.
한편, 飛鳥寺 星組를 형식 분류하여 同范의 계통을 밝힌 논문으로는 다음의 것이 있다.
① 花谷浩,「畿內の飛鳥?白鳳時代の瓦とその年代」『飛鳥・白鳳の瓦と土器-年代論-』, 帝塚山大學考古學研究所歷史考古學研究會・古代の土器研究會, 1999, pp.33~47.
② 李だうん,「百濟の瓦からみた飛鳥時代初期の瓦について」『飛鳥・白鳳の瓦と土器-年代論-』, 帝塚山大學考古學研究所歷史考古學研究會・古代の土器研究會, 1999, pp.83~96.

〔圖版 112〕豊浦寺 出土 瓦當

〔圖版 113〕坂田寺 出土 瓦當

文 圖版 112). 판단 중앙의 삼각돌기는 형식화되어 一字形으로 보인다. 판단선은 삼각돌기를 중심으로 급하게 곡면화되었다. 이러한 판단선의 처리는 6세기말의 飛鳥寺 화조와 비교해 많은 차이를 보인다. 7세기초에 제작되었다.

坂田寺 瓦當

1+5과의 연자 배치에 10엽의 연판을 보이는 단판 연화문 와당이다(本文 圖版 113). 자방은 작고 융기되어 있다. 연판 판단의 중앙부엔 역삼각형의 삼각돌기가 약하게 양각되었다. 연판 사이의 간판은 양감이 없는 역삼각형으로 처리되었다. 7세기초에 제작되었다.

檜隈寺 瓦當

1+6과의 연자 배치에 11엽의 연판을 보이는 단판 연화문 와당이다

〔圖版 114〕 檜隈寺 出土 瓦當　　〔圖版 115〕 石神遺蹟 出土 瓦當

(本文 圖版 114). 판단 중심의 삼각돌기는 연판의 1/2 지점 가까이 까지 내려와 있다. 판단선은 곡면을 이루며 심하게 꺾여 있으며, 자방 외곽의 원권대는 없다. 7세기초에 제작되었다.

石神遺蹟 瓦當

1+4과의 연자 배치에 10엽의 연판을 보이는 단판 연화문 와당이다 (本文 圖版 115). 연판은 6세기 말의 飛鳥寺 화조와 비교해 큰 차이가 없으나 자방은 다른 양상을 보이고 있어 7세기초에 제작된 것으로 살펴진다. 즉, 전자의 경우 자방 외곽에 1조의 원권대가 돌려지고 1+5과의 연자 배치를 보이는 반면, 후자는 원권대가 없이 1+4과의 연자 배치를 보이고 있다. 이렇게 볼 때 일본의 화조는 7세기를 기준으로 하여 1+5과의 연자 배치가 1+4과로 바뀌고, 자방 외곽의 원권대는 대체로 사라지고 없어짐을 살필 수 있다.[431]

V. 製瓦術

백제 건축기술의 대일전파

〔圖版 116〕 奧山久米寺 出土 瓦當

〔圖版 117〕 北野廢寺 出土 瓦當

奧山久米寺 瓦當

1+8과의 연자 배치에 16엽의 연판을 보이는 단판 연화문 와당이다(本文 圖版 116). 판단 중심의 삼각돌기는 형식화되어 일자형에 가깝다. 판단선은 곡면에 가까우며, 심하게 꺾여 있다. 자방 외곽의 원권대는 없다. 7세기초에 제작되었다.

北野廢寺 瓦當

북야폐사의 창건 와당은 境内窯에서 생산 공급되었다.[432] 연자 배치

---

431) 그러나 7세기 초·중엽의 판전사나 평길유적 출토 와당을 보면 자방의 외곽으로 1조의 원권문이 돌아가고 있다. 하지만 이는 전체 와당에서 볼 때 극히 일부에 해당되므로 주류로는 볼 수 없다.

는 1+6과이며, 연판수는 10엽이다(本文 圖版 117). 삼각돌기는 형식화되어 세장한 이등변 삼각형으로 만들어졌다. 판단선은 연판 중앙의 삼각돌기를 중심으로 동심원상의 원호를 이루고 있다. 연판 사이의 간판 판두는 작게 제작되었다. 7세기초에 제작되었다.

이들 외에 寺谷廢寺에서도 삼각돌기식 와당이 출토되었다.[433) 와당은 단판 8엽 연화문으로 1점이 출토되었다. 飛鳥寺 삼각돌기식 와당과 관련이 있어 보이며, 기와를 공급하였던 가마는 사원과 약 100여m 정도 떨어진 평곡요로 파악되었다. 와당은 7세기 전반에 제작되었다.

이상의 飛鳥寺를 비롯한 기타 유적의 창건 와당(원형돌기식 및 삼각돌기식)을 보면 6세기말과 7세기초의 문양이 세부적으로 약간씩 달라졌음을 볼 수 있다. 이를 원형돌기식과 삼각돌기식으로 나누어 살펴보고자 한다.

---

432) 북야폐사에서는 비조시대 와당 뿐만 아니라 백봉시대, 천평시대, 평안시대 와당까지도 확인되었으며, 백제계 뿐만 아니라 고구려계 와당도 출토되었다. 특히 백제계 와당은 境內窯(3호요)에서 생산되었다. 아울러 窯의 조업형태는 瓦專業이며, 부속사원의 조영활동에 맞추어 단기간만 조업을 행하였다(上村和直, 「廣隆寺-移建か山背最古の寺-」『古代寺院の移建と再建を考える』, 帝塚山考古學研究所, 1995, p.116 및 p.121).

433) 高橋一夫, 「第二章 花寺周邊の古代寺院-入間·比企の古代寺院-」『渡來人と佛敎信仰』, 雄山閣出版, 1994, pp.88~89.

우선 원형돌기식 와당의 연자 배치 차이를 들 수 있다. 飛鳥寺 출토 6세기말 원형돌기식 와당을 보면 주로 1+5顆를 취하고 있는 반면, 7세기 초·전반의 원형돌기식 와당은 대부분 1+6顆나 1+4顆를 보이고 있다. 홀수에서 짝수로 변화하고 있음을 알 수 있다. 이는 삼각돌기식 와당에서도 마찬가지이다. 아울러 飛鳥寺 이외의 7세기 초·전반의 풍포사, 화전폐사, 판전사, 오산구미사, 석신유적 출토 와당을 보면 자방 외곽의 원권대가 대부분 사라지고 없음을 알 수 있다. 이는 결과적으로 6세기말의 製瓦 전통이 7세기대에 이르러서도 飛鳥寺의 경우에만 부분적으로 남아 있음을 의미한다. 하지만 이러한 특징은 더 많은 유적 출토 와당에서 살필 수 없는 것으로 보아 전체적인 製瓦 분위기로는 파악할 수 없다. 이 같은 현상은 삼각돌기식 와당의 경우도 큰 차이가 없다.

이와 달리 삼각돌기식 와당은 삼각돌기와 瓣端線에서 가장 큰 차이를 볼 수 있다. 6세기 말 와당을 보면 삼각돌기의 경우 역삼각형 혹은 세장한 이등변 삼각형을 볼 수 있다. 이러한 삼각돌기는 7세기경에도 큰 차이가 없으나 평길유적 출토 단판 8엽 연화문 와당에서와 같이 자방에 근접하는 삼각돌기도 새롭게 찾아볼 수 있다. 판단선의 처리도 6세기 말의 화조는 삼각돌기를 중심으로 하트형에 가깝게 표현된 반면, 7세기 초의 것은 풍포사, 회외사, 오산구미사, 평길유적 등의 예처럼 심하게 곡면화 되어 있다.

한편, 이러한 원형돌기식 및 삼각돌기식 와당은 7세기 초에 이르면 오산구미사, 판전사 등과 같이 연판이 陜瓣으로 변하는 경우도 있다. 아울러 7세기 중엽에 이르면 목지본폐사, 판전사, 산전사, 오산구미사 등과 같이 연판 내에 꽃술이 표현되기도 한다. 그리고 7세기 말에 이르면 이제 연판은 바야흐로 단엽, 복엽, 귀면(大官大寺) 등 다양하게 변천하였다.

백제 건축기술의 대일전파

VI. 結論

백제에서 일본으로의 문화전파는 그 동안 다양한 분야에서 연구되어 왔다. 그 결과 불상, 탑, 가람, 불경, 傳法僧團과 같은 불교문화를 비롯해 대벽건물지, 성곽·제방축조술 등 각양각색의 건축기술이 전파하였음을 알게 되었다. 그러나 이러한 전반적인 연구에도 불구하고 佛敎考古學的 측면에서의 對日 전파는 가람배치 외에 밝혀진 것이 거의 없었다. 특히 개별 殿閣의 조영과 관련하여 기초시설에 해당하는 基壇石의 연구는 현재까지도 전무한 실정이다.

　백제는 588년 大和政權의 실권자였던 蘇我馬子의 요청으로 造寺工, 瓦博士, 畵工, 露盤博士 등을 일본에 파견하였다. 그 결과 일본에서는 堂塔을 구비한 최초의 사찰인 飛鳥寺가 창건되었고, 이후 사천왕사, 법륭사, 혈태폐사 등이 飛鳥時代에 만들어지게 되었다. 그리고 이들 사찰에는 6세기 후반 당시 백제에서 유행하였던 瓦積基壇과 二重基壇, 그리고 瓦當文樣 등이 부분적으로 채용되기도 하였다. 특히 와당의 경우는 백제와 일본의 매개체로 瓦博士란 존재가 일찍부터 부각되어 많은 연구가 이루어진 바 있다. 그 결과 백제에서 일본으로 전파된 와당 문양이 중국 남조문화와 관련되었음을 알게 되었다. 그러나 당시 백제 와당에는 중국 남조문화 요소뿐만 아니라 북조문화 요소도 포함되어 있었기 때문에 북조문화 요소를 배제한 채 무조건적으로 남조문화 요소만을 강조하는 것은 문화의 복합성을 간과하는 처사가 아닌가 생각된다.

　따라서 본고에서는 우선 이러한 문화의 다양성을 고려하여 백제 와당을 남조문화와 북조문화 요소로 나누고 그 특징을 비교하여 백제 와당의 계통을 밝혀 보았다. 또한 그 동안 飛鳥寺 창건 와당의 시원이 되는 백제 와당에 대해서도 정확한 유물의 검증과 함께, 6세기 후반경의 와당에 대한 충분한 고려가 없어 많은 문제점이 내포되어 있었다. 그러므로 필자는 이러한 부분에 문제의식을 갖고 본 연구를 진행하게 되었다.

한편, 瓦積基壇과 二重基壇의 경우는 그 동안 우리 학계의 관심밖에 머물러 있어 이에 대한 연구가 전무한 실정이었다. 특히 이중기단에 대해서는 용어조차도 통일된 바 없어 논고를 진행하는데 많은 어려움이 있었다. 또한 비조사 동·서 금당에서 확인된 이중기단의 축조술을 논함에 있어서도 새롭게 조사된 유적 사례나 『일본서기』의 기사를 검토하지 않고, 무조건적으로 일제강점기에 조사된 고구려의 金剛寺址(청암리 폐사지)와 관련시켜 보는 등 시대성이 결여되어 있었다. 이러한 학계의 무관심은 와적기단에서도 큰 차이 없이 나타나고 있다. 그러나 중요한 것은 모든 연구자들이 공감하고 있는 백제에서 일본으로의 불교문화 전파 중에 이러한 건축기술이 엄연히 포함되어 있다는 사실이다. 아울러 실증적인 자료 없이 문헌상으로만 백제에서 일본으로의 건축기술 전파를 논한다는 것은 이제 너무 진부한 이야기가 되었다. 따라서 이러한 건축기술의 對日 전파를 논하기 위해서는 불확실한 건축물의 상부구조 보다는 하부구조, 즉 기단에 대한 검토가 필수불가결하게 되었다.

본고는 이러한 측면에서 일본에 전파된 백제의 건축기술을 고고미술사적으로 살펴보았다. 일본에 파견된 백제의 조사공과 와박사는 국가와 국가간에 이루어진 장인의 파견이란 점에서 분명 해당분야의 전문가였음이 확실하다. 따라서 이들이 백제에서 습득하였던 기단 축조술이나 제와술 등은 일본의 비조사를 비롯해 비조・백봉・천평시대의 여러 유적에 자연스럽게 반영되었다. 이렇게 반영된 일본 건축의 기단과 와당을 백제의 그것들과 비교해 봄으로써 일본의 고대 건축문화 형성에 백제의 역할이 심대하였음을 검토해 보았다. 여기서는 앞 장에서 살핀 여러 내용을 요약 정리함으로써 본 연구의 결론으로 삼고자 한다.

瓦積基壇은 기와를 중심으로 하여 점성이 강한 粘土와 함께 기단을 축조하는 방식으로 삼국 중 지금까지 백제의 故土에서만 확인되었다. 특히 사비시대의 유적에서만 확인된 기단으로 寺址를 비롯한 주요 기와집에서 석축기단과 더불어 조사되었다. 사비시대 이전인 웅진시대에는 지금까지 와적기단이 한 곳에서도 조사된 바가 없다. 단지 이의 始原으로 추정해 볼 수 있는 塼土混築基壇이 公山城內의 臨流閣址에서 확인되었을 뿐이다.

와적기단은 그 축조방법에 따라 平積式, 合掌式, 垂直橫列式, 複合式 등으로 구분할 수 있다. 그러나 합장식이나 수직횡렬식의 경우 평적식에 비해 그 사용 예가 많지 않았고 존속기간도 극히 짧았음을 볼 수 있는데, 이는 평적식에 비해 합장식이나 수직횡렬식이 기단의 기능성보다는 장식성에 더 큰 비중을 둔 결과가 아닌가 생각된다.

백제에서 일본으로 전파된 와적기단 축조술은 그 전파시기에 있어 확실한 기록이 없다. 그러나 『日本書紀』 588년조의 기록을 통해 볼 때, 백제에서 일본으로 파견된 造寺工과 瓦博士 등에 의해 法興寺(飛鳥寺)가 창건되었다는 사실에서 그 편린을 유추해 볼 수 있다. 즉, 백제에서 일본으로 건너간 조사공들의 경우 이들은 국가의 대표적인 건축 장인이었으므로 늦어도 6세기 중반 경에는 조영되었을 관북리 추정 왕궁지나 군수리 폐사지 등에 사용된 와적기단의 존재를 충분히 인지하였을 것으로 판단된다. 따라서 공식적인 국가간의 匠人 파견, 곧 백제 조사공들의 일본 파견은 백제 와적기단의 자연스런 일본전파를 추정해 보아도 큰 무리는 없을 것으로 생각된다.

현재 일본에서 검출된 와적기단은 백제와 유사한 평적식, 합장식, 수직횡렬식, 복합식 등이 있으나 백제와 비교하여 약간의 차이가 발견된다. 예를 들어 백제의 軍守里廢寺址에서 확인된 합장식의 경우 기단 아래에서 아무런 시설이 출토되지 않은 반면, 일본 숭복사 미륵당의 경우는 地臺石이란 석재가 1단으로 받치고 있다. 그러나 평적식이긴 하지만 이러한 지대석이 최근 백제의 왕흥사지 및 밤골사지 등에서 발굴된 바 있어 합장식에서의 지대석도 차후 기대해 볼 만하다. 아울러 일본의 伊丹廢寺 금당지에서와 같은 평적식의 玉石積基壇은 그 동안 백제에서 확인된 바 없어 일본의 독특한 기단양식으로 이해된다.

이러한 일본에서의 와적기단은 논쟁의 여지가 있기는 하지만 6세기 전반의 穴太廢寺가 그 시초로 판단되며, 이후 백봉시대에는 크게 성행

Ⅵ. 結論

하여 上淀廢寺·大鳳寺·樫原廢寺·高麗寺·檜隈寺·宮井廢寺·崇福寺·瀨田廢寺 등지에 와적기단이 사용되었다. 아울러 滋賀縣 大津市의 近江國衙 등에서도 와적기단이 확인되고 있어 비조시대 이후 백봉·천평시대에 걸쳐 꾸준하게 사용되었음을 알 수 있다.

 二重基壇은 기단토의 단면이 2층을 의미하는 것으로 일찍이 중국의 漢代 유적에서 확인된다. 즉, 서기 4년 長安城 남쪽에 조영된 明堂의 辟雍이 발굴조사 결과 이중기단으로 판명되었다. 이 외에도 전국시대의 분묘유적에서 이중기단 혹은 오중기단이 확인된 바 있으나 이는 복원도에 의존한 것이어서 신빙하기는 어렵다. 이러한 이중기단은 명당유적 이외에 황제와 관련된 사찰이나 황궁 등에도 조영되었을 것으로 판단되며, 樂浪을 거쳐 고구려에 전파되었을 것으로 생각된다.

 고구려의 이중기단은 현재 定陵寺址에서 최초로 보여지고 있으나 국내성에서의 사찰이나 궁궐 유적 등이 조사된 바 없어 이의 등장 시기는 확언할 수 없다. 현재까지 고구려에서 확인된 이중기단은 정릉사지를 비롯한 금강사지·상오리 폐사지 등 주로 사지의 堂塔에서만 확인되었다. 특히 정릉사지와 금강사지의 금당지에서는 하층기단 상면에서 外陣柱 積心石(礎石)열이 확인되어 백제의 정림사지와 금성산 건물지, 신라의 황룡사지 최종가람, 그리고 일본의 飛鳥寺 동금당지와 관련성이 찾아졌다. 이는 결과적으로 백제의 이중기단이 고구려의 영향하에서 조영되었음을 의미하는 것이라 할 수 있다.

 백제에서의 이중기단은 현재 사비시대의 유적에서만 확인된다. 그러나 지금까지 중국이나 한국·일본 등지에서 조사된 이중기단의 경우, 황제와 관련된 明堂이나 사원의 堂塔에서만 주로 확인되어, 웅진시대 이전의 한성시대까지 그 등장시기가 소급될 수 있다. 이는 차후 한성시대 및 웅진시대의 궁궐유적이나 寺址 등이 발굴조사됨으로써 밝혀질 것이라 생각된다. 지금까지 사비지역에서 발굴조사 된 이중기단의 유적은 정림사지 금당지·능사 금당지 및 목탑지·금성산 건물지·부소산 폐사지 금당지·금강사지 목탑지 및 금당지·미륵사지 동·중·서원 금당지 등이다. 이들 유적에서 살필 수 있는 바와 같이 이중기단은 특수 건물 혹은 사원의 堂塔에만 조영되었음을 알 수 있다. 이는 漢 및 고구려의 유적에서도 살필 수 있듯이 이중기단이 가지고 있는 위엄성 및 장엄성을 나타내주는 것이라 할 수 있다.

  백제의 이중기단은 변화·발전을 거듭하던 중 588년, 일본에 전파되어 飛鳥寺의 동·서금당에 시설되는 계기가 되었다. 종래에는 이중기단의 외형에만 초점을 맞추어 그 시원을 고구려의 금강사지와 연결시켜 보았으나 『일본서기』의 조사공 파견과 백제 건물지 등의 이중기단 유구 현황에서 그 영향이 백제에 의해 이루어졌음을 추정해 볼 수 있다. 이는 금성산 건물지를 통해서도 어느 정도 유추할 수 있다. 즉, 이 건물지의 경우 하층기단은 와적기단으로 이루어진 반면, 상층기단은 할석으로 축조되었다. 이와 같이 이중기단에 瓦積이 사용된 예는 삼국 중 백제가 유일하며, 이러한 축조양상은 일본의 대봉사 금당지에서도 찾아볼 수 있다. 아울러 이러한 기단 양식의 등장은 결과적으로 와적

기단의 축조술이 고구려나 신라에 비해 더욱 발전되었음을 판단케 한다. 따라서 삼국 중 이중기단의 등장이 고구려에서 비롯되었음은 인정할 수 있으나 일본의 飛鳥寺 동·서 금당과 관련되어 이중기단을 설명할 경우에는 백제의 조사공과 연관시켜 보아야 함이 좀 더 타당하리라 생각된다. 이는 당시의 교류관계를 비교적 분명하게 기록하고 있는 『일본서기』의 기록을 통해서도 알 수 있다. 즉, 飛鳥寺가 창건될 즈음 고구려에서의 조사공 파견은 그 어디에서도 찾아지지 않는 반면, 백제의 조사공 파견은 극명하게 나타나고 있다. 그러므로 飛鳥寺가 발굴된 50년대 후반의 상황, 그리고 일제강점기에 발굴조사된 고구려의 이중기단만을 가지고 양자의 관련성을 논하는 것은 위험천만한 일이 아닐 수 없다. 왜냐하면 飛鳥寺 발굴 당시 백제에서의 이중기단은 발굴조사된 바 없으나 최근에 이르기까지 백제의 이중기단은 사비지역 곳곳에서 확인되고 있다. 따라서 이중기단의 외형만이 아닌 문헌기록, 그리고 기단의 축조양상 등을 고려하여 문화전파 관계를 논하는 것이 타당하지 않을까 생각된다. 일본에서의 이중기단은 飛鳥寺 동·서 금당지를 비롯해 법륭사 금당과 몽전, 檜隈寺 金堂址, 上淀廢寺 中塔 등 사원의 주요 건축물에서만 확인되었다. 이는 백제와 비교해 볼 때 큰 차이가 없는 것으로써 이중기단의 위엄성과 장엄성을 느끼게 한다.

　백제 와당은 飛鳥寺의 창건 와당인 원형돌기식 및 삼각돌기식과 직접적인 연관성을 갖고 있으며, 이의 매개 역할은 와박사가 담당하였다. 와박사란 직책으로 보아 당시 백제 窯業의 체계화를 엿볼 수 있다.

飛鳥寺의 원형돌기식 와당은 부여의 가탑리 폐사지 및 부여 부근 출토 와당과 비교되며, 삼각돌기식 와당은 금성산 건물지 및 관북리유적 출토 와당과 蓮瓣面에서 유사하다.

  원형돌기식 와당은 무령왕릉 출토 塼의 영향을 받아 제작된 공주 艇止山遺蹟내 기와집터 출토 와당을 시원으로 한다. 이 유형은 백제 멸망기까지 꾸준하게 제작되었으며, 특히 대통사지 및 부여의 구아리 傳천왕사지 등에서도 확인되고 있어 웅진시대에 이미 사비천도를 위한 준비작업이 이루어지고 있었음을 판단케 한다.

  삼각돌기식 와당은 부여의 정암리요지에서 처음으로 생산된 후 군수리 폐사지, 동남리유적, 금성산 건물지 등에 공급되었다. 亭岩里瓦窯 중 특히 B-8號窯의 경우는 계단식 登窯로 이루어져 있어 飛鳥寺 가마와 직접적으로 연결되고 있다. 이와 같이 와당의 제작과 瓦窯의 축조에 있어 백제의 와박사는 지대한 역할을 담당하였고, 이들에 의해 飛鳥寺 와당이 탄생케 되었다.

  그러나 飛鳥寺의 창건 와당이 백제의 와박사에 의해 제작되었음에도 불구하고 그 문양은 판이하게 다름을 살필 수 있다. 이는 蓮瓣數나 瓣端線의 처리, 그리고 연판의 형태에서 엿볼 수 있다. 이는 결과적으로 백제의 瓦范이 와박사를 통해 일본으로 건너가지 않았음을 보여주는 것이다. 아울러 이러한 문양상의 차이는 결과적으로 와박사가 기존에 백제에서 유행하였던 문양을 따르지 않고 새롭게 창안하였음을 알 수 있다.

Ⅵ. 結論

당시 백제의 와박사는 기존의 제와술을 유지하기 위해 노력하였던 무리와 새로운 제와술을 도안하려는 무리로 양분되었을 것이다. 그러나 새로운 방법이나 문양의 창안이 전통적 조화미로 대표되는 기존의 테두리 내에서 강요된다면 창의적인 와당의 제작은 불가하였을 것으로 판단된다. 따라서 飛鳥寺 창건과 관련되어 일본에 파견된 와박사들은 기존의 보수적 분위기에서 탈피하여 새로운 작품을 창안하기 위해 떠난 선구자들로 생각된다. 그렇기 때문에 이들은 백제에서 일본으로 파견될 때 그 누구도 자신이 사용하였던 瓦范을 소유하지 않았던 것이다. 만약, 일본으로 파견된 백제의 와박사들이 기존의 보수적 이미지에 젖어 있었다면 이들은 마땅히 자신의 瓦范을 가지고 파견되었음이 마땅하다. 아울러 일본에서도 백제의 것과 똑같은 와당이 출현함이 당연하겠으나 지금까지 웅진천도 후 백제 와당과 동일한 飛鳥寺 와당은 출토된 바 없어 이와 같은 추정을 가능케 한다.

飛鳥寺의 창건 와당은 이후 각각 변화·발전하여 일본의 여러 사찰에 사용되었다. 예컨대 원형돌기식 와당의 전통은 法隆寺若草伽藍蹟, 定林寺, 橫井廢寺, 石神遺蹟, 坂田寺蹟, 中宮寺, 法輪寺, 四天王寺, 豊浦寺, 斑鳩寺, 奧山廢寺, 楠葉平野山窯蹟, 新堂廢寺, 御所市上增, 佐田遺蹟 등에서 그 例를 볼 수 있고, 삼각돌기식 와당은 坂田寺, 正法寺, 豊浦寺, 石神遺蹟 등에서 찾아볼 수 있다.

이상에서와 같이 『일본서기』 588년조에 기술된 조사공과 와박사의 기단 축조술 및 제와술에 대하여 살펴보았다. 그러나 차후의 과제로서

기단 축조와 관련된 基壇土의 검토는 금번 연구에서 진행하지 못하였다. 이로 인하여 이들 기단토가 版築工法으로 조성되었는지 혹은 다짐토로 이루어졌는지 밝히지 못하였다. 이는 발굴조사 당시의 문제로도 인식되는 바, 차후 재조사를 통해 밝혀내야 할 것이다. 또한 백제와 고대 일본의 와당에 있어서도 드림새와 수키와의 접합기법, 그리고 와당이 아닌 일반 平瓦에 대한 제와술을 포괄적으로 다루지 못하였다. 이에 대해선 차후 점진적으로 보완해 나가고자 한다.

參考文獻

(1) 史料

『三國史記』,『三國遺事』,『日本書紀』,『彌勒佛光寺事蹟』,『元亨釋書』,『扶桑略記』,『宋高僧傳』,『舊唐書』,『新唐書』,『新增東國輿地勝覽』,『東國輿地志』,『公山誌』,『湖西邑誌』

(2) 報告書

國立慶州博物館,『新羅瓦塼』, 2000.

公州大學校博物館,『大通寺址』, 2000.

국립공주박물관,『百濟瓦當特別展』, 1988.

_____ 외,『南穴寺址』, 1993.

_____,『艇止山』, 1999.

_____,『日本所在 百濟文化財 調査報告書 I -近畿地方-』, 1999.

_____,『日本所在 百濟文化財 調査報告書 II-九州地方-』, 2000.

國立文化財硏究所,『扶蘇山城』, 1996.

대전보건대학박물관,「부여 규암리 문화유적 발굴조사 지도위원회 자료」, 2000.

_____,『發掘遺物特別展示圖錄』, 1998.

百濟文化開發硏究院,『百濟瓦塼圖錄』, 1983.

國立扶餘文化財硏究所,『扶蘇山城 發掘調査 中間報告 II』, 1997.

국립부여박물관,『백제금동대항로와 창왕명석조사리감』, 1996.

_____,『百濟의 瓦塼』, 1989.

_____,「扶餘 陵山里寺址 제6차 발굴조사」지도위원회 자료, 2000.

文化財管理局 文化財硏究所,『彌勒寺』, 1989.

_____,『皇龍寺』, 1989.

扶餘文化財硏究所,『龍井里寺址』, 1993.

_____,『扶餘 舊衙里百濟遺蹟 發掘調査報告書』, 1993.

申敬澈·金宰佑,『金海 大成洞古墳群 I』, 慶星大學校博物館, 2000.

申光燮,「廢寺址 發掘調査報告書(1980년)」『扶蘇山城』, 國立文化財硏究所, 1996.
申光燮・金鐘萬, 『扶餘錦城山百濟瓦積基壇建物址發掘調査報告書』, 國立扶餘博物館, 1992.
_____, 『부여 정암리 가마터(II)』, 國立扶餘博物館・扶餘郡, 1992.
安承周, 『公山城』, 公州師範大學 百濟文化硏究所・忠淸南道, 1982.
安承周・李南奭, 『公山城 百濟推定王宮址發掘調査報告書』, 公州師範大學博物館, 1987.
_____, 『公山城建物址』, 公州大學校博物館・忠淸南道, 1992.
尹武炳, 『定林寺』, 忠南大學校博物館, 1981.
_____, 『金剛寺』, 國立博物館, 1969.
_____, 『扶餘官北里 百濟遺蹟 發掘報告(I)』, 忠南大學校博物館・忠淸南道, 1985.
_____, 『扶餘官北里 百濟遺蹟 發掘報告(II)』, 忠南大學校博物館・忠淸南道, 1999.
李南奭・李勳, 『舟尾寺址』, 公州大學校博物館・忠淸南道 公州市, 1999.
_____, 『水源寺址』, 公州大學校博物館・忠淸南道 公州市, 1999.
_____, 『公山城 池塘』, 公州大學校博物館・忠淸南道, 1999.
李榮文・曺根佑, 『靈巖 道岬寺 I』, 木浦大學校博物館・靈巖郡, 1999.
趙源昌외, 『東穴寺址』, 忠淸埋藏文化財硏究院・忠淸南道 公州市, 2000.
忠南大學校博物館,「扶餘 東南里遺蹟 發掘調査 略報告書」, 1993・1994.
_____, 『聖住寺』, 1998.
忠南大學校 百濟硏究所, 『扶餘 東羅城・西羅城 發掘調査略報告書』, 2000.
忠淸埋藏文化財硏究院,「公州 安永里遺蹟 略報告書」, 1999.
奈良國立博物館, 『奈良國立博物館藏品圖版目錄-考古篇 佛敎考古-』, 1993.
_____,『國分寺』, 1980.
佛敎藝術學會, 『佛敎藝術』 33-特輯・飛鳥寺의 發掘-, 昭和 33年.
四條・市敎育委員會, 『正法寺發掘調査槪要』, 1977.
奈良國立文化財硏究所・飛鳥藤原京跡發掘調査部, 『藤原京と京』, 1991.
帝塚山考古學硏究所, 『古代寺院の移建と再建を考える』, 1995.
朝鮮總督府,「扶餘窺岩面に於ける文樣塼出土の遺蹟と其の遺物」『朝鮮古蹟調査報告』昭和11年,

朝鮮古蹟研究會, 1937.

――――, 「扶餘軍守里廢寺址發掘調査(槪要)」『朝鮮古蹟調査報告』 昭和11年, 朝鮮古蹟研究會, 1937.

――――, 「扶餘に於ける百濟寺址の調査(槪報)」『朝鮮古蹟調査報告』 昭和13年, 朝鮮古蹟研究會, 1938.

(3) 硏究書

김동현, 『한국목조건축의 기법』, 발언, 1998.

김성구, 『옛기와』, 대원사, 1992.

김영태, 『百濟佛敎思想硏究』, 東國大學校出版部, 1985.

――――, 『三國時代 佛敎信仰 硏究』, 불광출판부, 1990.

尹張燮, 『韓國建築史』, 東明社, 1972.

李弘鍾, 『청동기사회의 토기와 주거』, 서경문화사, 1996.

장경호, 『百濟寺刹建築』, 藝耕産業社, 1991.

――――, 『韓國의 傳統建築』, 文藝出版社, 1992.

장경호·이왕기, 『한국건축사』, 기문당, 1996.

輕部慈恩, 『百濟美術』, 寶雲舍, 昭和21年.

高田良信·入江泰吉, 『法隆寺國寶散步』, 株式會社講談社, 1991.

大西修也, 『法隆寺』, 小學館, 1990.

李殿福著·西川宏譯, 『高句麗·渤海の考古と歷史』, 學生社, 1985.

會津八一, 『法隆寺·法起寺·法輪寺 建立年代の硏究 二』, 昭和8年.

(4) 硏究論文

高正龍, 「慶北高靈出土 瓦當에 대한 一考察」『伽倻通信』第18輯, 1988.

김리나, 「百濟初期 佛像樣式의 成立과 中國佛像」『百濟佛敎文化의 硏究』, 忠南大學校 百濟硏究所, 1994.

金善泰, 「百濟塔址에 대한 硏究」, 東亞大學校 碩士學位論文, 1992.

金誠龜,「百濟의 瓦塼」『百濟의 彫刻과 美術』, 公州大學校博物館・忠淸南道, 1992.

──,「扶餘의 百濟窯址와 出土遺物에 대하여」『百濟研究』제21집, 忠南大學校百濟研究所, 1990.

──, 朴榮福,「百濟瓦當の變遷とその特性」『佛敎藝術』209號, 佛敎藝術學會, 1993.

──,「百濟・新羅の瓦窯」『佛敎藝術』209號, 佛敎藝術學會, 1993.

金壽泰,「百濟 威德王代 扶餘 陵山里 寺院의 創建」『百濟文化』第27輯, 公州大學校 百濟文化研究所, 1998.

金永培・朴容塡,「公州西穴寺址에 關한 硏究(Ⅰ)」『百濟文化』第4輯, 公州師範大學附設 百濟文化研究所, 1970.

──,「公州 西穴寺址와 그 遺物」『考古美術』第6卷 第58號, 1965.

──,「水源寺 塔址調査」『百濟文化』第11輯, 公州師範大學附設 百濟文化研究所, 1978.

金鍾萬,「扶餘 陵山里寺址 出土 瓦當考」『日韓古代寺院にみる造營技術の傳播』, 帝塚山大學 考古學研究所, 1998.

──,「舒川 金德里 百濟窯址 出土遺物」『부여 정암리 가마터(Ⅱ)』, 國立扶餘博物館・扶餘郡, 1992.

──,「扶餘 陵山里寺址에 대한 小考」『新羅文化』第17・18合輯, 東國大學校 新羅文化研究所, 2000.

金和英,「蓮花紋 樣式變遷에 대한 研究」, 梨花女子大學校 碩士學位論文, 1965.

──,「三國時代 蓮花紋 研究」『歷史學報』34, 歷史學會, 1967.

──,「韓國蓮花紋研究」, 梨花女子大學校 博士學位論文, 1976.

盧重國,「新羅와 百濟의 交涉과 交流」『新羅文化』第17・18合輯, 東國大學校 新羅文化研究所, 2000.

량연국,『조선문화가 초기일본문화 발전에 미친 영향』, 사회과학출판사, 1991.

文明大,「高句麗 初創佛敎寺院 "省門寺・伊佛蘭寺"의 考察」『講座美術史』10 特輯號 高句麗・渤海研究 Ⅰ, 高句麗・渤海學術研究委員會/社團法人 韓國美術史研究所/韓國佛敎美術史學會, 1998.

──,「扶餘定林寺터에서 나온 佛像과 陶俑」『季刊美術』20, 1981.

──, 「百濟佛像의 形式과 內容」, 『百濟의 彫刻과 美術』, 公州大學校博物館, 1992.

──, 「韓國 石窟寺院의 硏究」, 『歷史學報』 38, 歷史學會, 1968.

朴淳發, 「百濟都城硏究」, 『百濟歷史再現團地造成 調査硏究 報告書 考古美術分野 I』, 충청남도, 1996.

朴容塡, 「公州出土의 瓦當에 關한 硏究」, 『公州敎育大學論文集』 第4號, 公州敎育大學, 1967.

──, 「公州의 西穴寺址와 南穴寺址에 對한 硏究」, 『公州敎育大學論文集』 第3輯, 公州敎育大學, 1966.

──, 「百濟瓦當에 關한 硏究」, 『公州敎育大學論文集』 第5輯, 公州敎育大學, 1968.

──, 「公州 舟尾寺址에 關한 硏究」, 『百濟文化』 第3輯, 公州師範大學附設 百濟文化硏究所, 1969.

──, 「公州出土의 百濟瓦・塼에 關한 硏究」, 『百濟文化』 第6輯, 公州師範大學 百濟文化硏究所, 1973.

──, 「百濟瓦當의 體系的 分類」, 『百濟文化』 第9輯, 公州師範大學 百濟文化硏究所, 1976.

──, 「百濟瓦當の體系的分類-軒丸瓦を中心として」, 『百濟文化と飛鳥文化』, 吉川弘文館, 1978.

──, 「百濟瓦當의 類型硏究」, 『百濟硏究』 第15輯, 忠南大學校 百濟硏究所, 1984.

朴銀卿, 「高麗 瓦當文樣의 編年 硏究」, 『考古歷史學誌』 第4輯, 東亞大學校博物館, 1988.

薛貞連, 「百濟蓮花文瓦當編年에 關한 硏究」, 『月刊文化財』 6月號, 1976.

손량구, 「아스카사의 고구려적 성격」, 『조선고고연구』 제3호, 사회과학출판사, 1989.

申昌秀,「芬皇寺 發掘調査 槪報」『文化史學』제11·12·13號, 韓國文化史學會, 2000.
申榮勳,「韓國의 石窟, 石窟寺院考」『韓國佛敎美術史論』, 民族社, 1987.
沈正輔,「百濟泗沘都城의 築造時期에 대한 一考察」『東北아시아의 古代都城』, 東亞大學校博物館, 1996.
安承周,「百濟寺址의 硏究-公州·扶餘地域을 中心하여」『百濟文化』第16輯, 公州 師範大學 百濟文化硏究所, 1985.
＿＿＿,「公州西穴寺址에 關한 硏究(II)」『百濟文化』第5輯, 公州師範大學附設 百濟文化硏究所, 1971.
尹武炳,「高句麗와 百濟의 城郭」『百濟史의 比較硏究』, 忠南大學校百濟硏究所, 1993.
이건무,「韓·日交流의 考古學」『한·일 고대의 문화교류』, 국립진주박물관, 2001.
李南奭,「百濟蓮花文瓦當의 一硏究」『古文化』第32輯, 韓國大學博物館協會, 1988.
＿＿＿,「百濟泗沘都城의 築造時期에 대하여」『사비도성과 백제의 성곽』, 국립부여문화재연구소, 2000.
李道學,「백제문화의 일본전파」『백제의 역사』, 공주대학교 백제문화연구소, 1995.
이왕기,「백제의 건축양식과 기법」『百濟文化』第27輯, 公州大學校 百濟文化硏究所, 1998.
조대연,「서울 풍납토성 발굴조사 성과」『第43回 全國歷史學大會 考古學部 發表資料集』, 韓國考古學會, 2000.
趙景徹,「百濟의 支配勢力과 法華思想」『韓國思想史學』第12輯, 韓國思想史學會, 1999.
趙源昌,「公州地域寺址硏究-傳 百濟寺址를 中心으로-」『百濟文化』第28輯, 公州大學校 百濟文化硏究所, 1999.
＿＿＿,「西穴寺址出土 石佛像에 對한 一考察」『愚齋安承周博士追慕 歷史學論叢』, 熊津史學會, 1999.
＿＿＿,「熊津遷都後 百濟瓦當의 變遷과 飛鳥寺 創建瓦에 대한 檢討」『嶺南考古學』第27號, 嶺南考古學會, 2000.
＿＿＿,「百濟 瓦積基壇에 대한 一硏究」『韓國上古史學報』第33號, 韓國上古史學會, 2000.
＿＿＿,「熊津遷都後 百濟 瓦當의 中國 南北朝要素 檢討」『百濟文化』第30輯, 公州大學校 百濟文

　　　　化硏究所, 2001.

―――, 「公州地域 穴寺 硏究」, 『國立公州博物館紀要』, 국립공주박물관, 2001.

―――, 「百濟 二層基壇 築造述의 日本 飛鳥寺 傳播」, 『百濟硏究』 第35輯, 忠南大學校 百濟硏究所, 2002.

―――, 「百濟 建築技術의 對日傳播」, 상명대학교 대학원 박사학위 논문, 2002.

―――, 「百濟 熊津期 扶餘 龍井里 下層寺院의 性格」, 『韓國上古史學報』 第42號, 韓國上古史學會, 2003.

趙焄哲, 「定林寺址의 美術史的 考察」, 『蕉雨 黃壽永博士 八旬頌祝紀念論叢』, 韓國文化史學會, 1997.

崔孟植, 「百濟 版築工法에 관한 硏究」, 『碩晤尹容鎭敎授停年退任紀念論叢』, 碩晤尹容鎭敎授停年退任紀念論叢刊行委員會, 1996.

한인호, 「고구려의 탑터와 관련한 몇가지 문제」, 『력사과학』 제2호, 과학백과사전종합출판사·사회과학출판사, 1988.

―――, 「정릉사에 대하여」, 『조선고고연구』 제3호, 사회과학출판사, 1986.

洪思俊, 「虎岩寺址와 王興寺址考」, 『百濟硏究』 第5輯, 忠南大學校 百濟硏究所, 1974.

洪在善, 「百濟 泗沘城 硏究」, 東國大學校 碩士學位論文, 1981.

龜田修一, 「百濟古瓦考」, 『百濟硏究』 第12輯, 忠南大學校 百濟硏究所, 1981.

―――, 「百濟漢城時代の瓦に關する覺書」, 『尹武炳博士 回甲紀念論叢』, 1983.

―――, 「朝鮮半島から日本への瓦の傳播」, 『激動の古代東アジア6・7世紀を中心に』, 帝塚山考古學硏究所, 1995.

大脇潔, 「百濟の軒丸瓦とその製作技術」, 『朝鮮の古瓦を考える』, 帝塚山考古學硏究所, 1996.

藤澤一夫, 「古代寺院の構造に見る韓日の關係」, 『アジア文化』 8-2, アジア文化硏究所, 1971.

―――, 「日本の百濟系·塔伽藍-·塔樣式の伽藍系譜(1)」, 『馬韓·百濟文化』

第4·5輯, 圓光大學校 馬韓·百濟文化研究所, 1982.

北野耕平,「百濟時代寺院址の分包と立地」『百濟文化と飛鳥文化』, 吉川弘文館, 1978.

森郁夫,「日本瓦當お通じて見る韓日關係」『기와를 통해 본 고대 동아시아 삼국의 대외교섭』, 국립
　　　경주박물관·경주세계엑스포2000조직위원회, 2000.

小笠原好彦,『近江の古代寺院』, 眞陽社, 1989.

小田富士雄,『大宰府と新羅·百濟の文化』, 福岡縣敎育委員會, 昭和63年.

小田富士雄·武末純一·龜田修一·金誠龜,「日韓古瓦塼文化の交涉硏究(一)」『韓國考古와 歷史』
　　　Ⅲ, 경원문화사, 1995.

須田勉,「關東の國分寺-改作された國分寺-」『古代寺院の移建と再建を考える』, 帝塚山考古學硏
　　　究所, 1995.

齋藤忠,「扶餘軍守里廢寺跡に見られる伽藍とその源流」『百濟文化と飛鳥文化』, 吉川弘文館,
　　　1978.

田邊征夫,「瓦積基壇と渡來系氏族」『季刊考古學』第60號, 雄山閣, 1995.

田村圓澄,「百濟佛敎史序說」『百濟文化と飛鳥文化』, 吉川弘文館, 1978.

――――,「佛敎の道-古代韓國と日本」『韓國と日本の佛敎文化』, 學生社, 1989.

淺野淸,「飛鳥寺の建築」『佛敎藝術』33, 佛敎藝術學會, 昭和33年.

花谷浩,「畿內の飛鳥·白鳳時代の瓦とその年代」『飛鳥·白鳳の瓦と土器-年代論-』, 帝塚山大學
　　　考古學硏究所歷史考古學硏究會·古代の土器硏究會, 1999.

지은이 약력

조원창

공주사범대학 역사교육과 졸업
공주대학교 대학원 석사과정 사학과 졸업
상명대학교 대학원 박사과정 사학과 졸업
현재 재단법인 중원문화재연구원 책임연구원 및 대전대학교
한국문화사학전공 겸임교수

저서·논저

「삼국시대 鉞에 대한 인식」
「공주지역 사지 연구」
「공주지역 혈사 연구」
「백제 와적기단에 대한 일연구」
「백제 이층기단 축조술의 일본 비조사 전파」
「사찰건축으로 본 가구기단의 변천 연구」
「웅진천도후 백제와당의 변천과 비조사 창건와에 대한 검토」
「웅진천도후 백제 와당의 중국 남북조요소 검토」
「백제 건축기술의 대일전파」
「백제 웅진기 부여 용정리 하층사원의 성격」 등 다수가 있다.

百濟 建築技術의 對日傳播

초판인쇄일 : 2004년 8월 20일
초판발행일 : 2004년 8월 25일

지 은 이 : 조원창
발 행 인 : 김선경
발 행 처 : 도서출판 서경문화사
인　　　쇄 : 한성인쇄
제　　　책 : 반도제책사
등 록 번 호 : 제 1 - 1664호
주　　　소 : 서울 종로구 동숭동 199 - 15(105호)
전　　　화 : 743 - 8203, 8205
팩　　　스 : 743 - 8210
메　　　일 : sk8203@chollian.net

ISBN 89-86931-73-7　　93900

* 파본은 본사나 구입처에서 교환하여 드립니다.

정가　16,000원